JÖRG MANFRED MÖSSNER

Die Völkerrechtspersönlichkeit und die Völkerrechtspraxis der Barbareskenstaaten

Die Völkerrechtspersönlichkeit und die Völkerrechtspraxis der Barbareskenstaaten

(Algier, Tripolis, Tunis 1518-1830)

Von

Jörg Manfred Mössner

Köln

Berlin 1968

WALTER DE GRUYTER & CO.

vormals G. J. Göschen'sche Verlagshandlung · J. Guttentag, Verlagsbuchhandlung
Georg Reimer · Karl J. Trübner · Veit & Comp.

Archiv-Nr. 27 08 683

Satz und Druck: Druckerei Chmielorz GmbH, 1 Berlin 44

Meinen Eltern
in Dankbarkeit gewidmet

Vorwort

Unsere Zeit ist gekennzeichnet durch die politischen Auseinandersetzungen ideologischer Blöcke. Dieser Umstand öffnet den Blick für die Probleme, die beim Aufeinandertreffen solcher Gruppen entstehen. In diesem Zusammenhang ist auch die vorliegende Untersuchung zu sehen, die sich in den großen Bereich der Begegnung von Abendland und Islam einordnen läßt.

Meinem verehrten Lehrer, Herrn Prof. Dr. *Seidl-Hohenveldern*, bin ich für die Anregung und die hilfreiche Förderung während der Entstehung der Arbeit zu tiefem Dank verpflichtet.

Der Dr. Wilhelm-Westhaus-Stiftung darf ich für die großzügige Druckbeihilfe und der juristischen Fakultät der Universität Köln für die Aufnahme in ihre Reihe danken.

Herrn Dr. *Elger Blühm* von der deutschen Presseforschung, Staatsbibliothek Bremen, verdanke ich einige wertvolle Hinweise zur Geschichte der Barbareskenstaaten.

Jörg Manfred Mössner

INHALTSVERZEICHNIS

TEIL IV:

Hinweis:

Das Verzeichnis der Verträge mit ihren Fundstellen befindet sich auf den Seiten 89 bis 101

LITERATURVERZEICHNIS

(Die kursiv gesetzten Teile werden in dieser Arbeit zitiert)

Albertini, Eugène — Marcais, George; Yver,, George; Prigent, Emile: L'Afrique du Nord francaise dans l'Histoire Lyon-Paris 1937

Alexandrowicz, C. H. — Doctrinal aspects of the *universality* of the law of nations, in: The British Yearbook of International Law, 37. Band, S. 506-515; London-New York-Toronto 1961

— An *introduction* to the history of the law of nations in the East Indies. (16th, 17th, and 18th century) Oxford 1967

— A Persian-Dutch *treaty* in the seventeenth century, in: The Indian Year Book of International Affairs, Band VII, S. 201-206 Madras 1958

Aquino, Thomas von — Summa theologica (herausgegeben von Joseph Bernhart) — Taschenausgabe Stuttgart 1954

Aristarchi, Bey — Legislation ottomane, publié par Demétrius Nicolaides; 7 Bände Konstantinopel 1873-1888

Aristoteles — Politik (Rowohlts Klassiker Band 171-173) Rheinbeck 1965

Arnold — The Caliphate Oxford 1924

Aucapitaine, Baron; *Federmann*, H. — Notice sur l'histoire et l'administration du beylik de Teteri, in: Revue Africaine Band IX, S. 280-302

Augustinus, Aurelius — De civitate Dei (Auswahl von Hans Kloesel) Paderborn 1957

Baasch — Die Hansestädte und die Barbaresken Kassel 1897

Bedjaoui, Mohammed — La Revolution Algérienne et le Droit. Bruxelles 1961

Belin, M. — Fetoua relativ à la condition des Zimmis, in: Journal Asiatique, 4. Reihe, Band XVIII Paris 1851

Berber, Friedrich — Lehrbuch des Völkerrechts (Band, Seite)
München-Berlin 1960-1964

Berbrugger, Louis Adrien — Un *consul* à Alger aux XVIII siècle, in: Revue Africaine Band VI, S. 332-348
Algier 1862

— Les *époques* militaires de la Grande Kabylie
Algier-Paris 1857

— La *mort* du fondateur de la régence d'Algier, in: Revue Africaine Band IV, S. 25 ff.
Algier 1859

— *Oran* sous les Espagnoles, in:
Revue Africaine Band XIII, S. 100 ff.
Algier 1869

— Le *Pegnon* d'Alger ou les origines du gouvernement turc en Algerie
Algier 1860

— Voies et moyens du *rachat* des captifs chrétiens dans les états barbaresques, in:
Revue Africaine Band XI, S. 325-332
Algier 1867

— *Traité* de paix avec le gouvernement de la ville et du royaume d'Alger, 1689, in:
Revue Africaine Band VII, S. 433-445
Algier 1863

Bernard, Augustin — L'Algerie
Paris 1929

Bibesco, Prince Nicolas — La grande Kabylie au temps de la Régence d'Alger, in:
Revue des deux Mondes, 1. März 1866, S. 113-149

Bibliography — *Bibliography* of the Barbary States, in: Supplementary Papers of the
Royal Society London
1. R. L. Playfair: Tripoli and the Cyrenaica, Vol. II, Part 4 S. 559 ff.
   London 1889
2. H. S. Ashbee: A Bibliography of Tunesia, London 1889 (selbständig erschienen)
3. R. L. Playfair: A Bibliography of Algeria (1541-1887)
   Vol. II, Part 2, S. 127 ff.

London 1888; selbständig erschienen:
London 1889 mit einem Supplement London 1898

Bishop, William — International Law. Cases and materials
New York 1953

Bluntschli, J. C. — Das moderne Völkerrecht der civilisirten Staaten
2. Auflage Nördlingen 1872

Bodin, Jean — Les six livres de la république
Paris 1583
(lateinische Ausgabe: De Republica ...
Paris 1586)

Boutin, Abel — Les traités de paix et de commerce de la France avec la Barbarie (Thèse pour le Doctorat)
Paris 1902

de Boynes — Naufrage d'un corsaire algérien sur les côtes du Roussillon en 1764, in:
Revue Africaine Band XVI, S. 219-232
Algier 1872

de Brèves, Francois Savary — Relation des Voyages de Monsieur de Brèves ...
Paris 1630

Brown, Philip Marshall — Foreigners in Turkey: Their Juridical Status
Princeton 1914

Buhl, Friedrich — Faßte Muhammad seine Verkündigung als eine universelle, auch für Nichtaraber bestimmte Religion auf? in:
Islamica 2 (Festschrift für August Fischer)
S. 133-149, Leipzig 1926

Bynkershoek, Cornelius van — Quaestionum Juris Publici libri Duo, 1737, (The classics of international Law, edited J. B. Scott)
Oxford-London 1930

Caillé, Jacques — Les accords internationaux du Sultan Sidi Mohammed ben Abdallah (1757-1790)
Paris 1960

de Card, E. Rouard — Traitées de la France avec les pays de l'Afrique du Nord
Paris 1906

Carette — siehe: Frank

Cauchy, Eugène — Le droit maritime international
Band I, Paris 1862

du Caurroy — Législation musulmane sunnite, rite hanêfit, 6. Artikel: De l'aman, in:
Journal Asiatique 4. Reihe, Band XVIII, S. 290-321
Paris 1851

Chalmers, George — A collection of treaties between Great Britain and other Powers (2 Bände)
London 1790

Charrière, Ernest — Negociation de la France dans le Levant (4 Bände)
Paris 1848

Cicero, Marcus Tullius — De Re Publica
Paderborn (ohne Jahr)

Dahm, Georg — Völkerrecht
Band I, Stuttgart 1958

Defontin-Maxange — Alger avant la conquête, Eudj Ali, Corsaire Barbaresque
Paris 1930

Devoulx, Albert — (Schreibweise auch: De Voulx)
Le *canon* dit la Consulaire à Alger, in:
Revue Africaine Band XVII, S. 1 ff.
Algier 1873

— La *marine* de la Régence d'Alger, in:
Revue Africaine Band XVII, S. 1 ff.
Algier 1869

— Le *registre* des prises maritimes, in:
Revue Africaine Band XV, S. 70 ff.; 149 ff.
Algier 1871

— La *tombe* de Khedeur-Pacha, in:
Revue Africaine Band XVI, S. 272 ff.
Algier 1872

Diercks — Nordafrika im Lichte der Kulturgeschichte, 1886

Dumont, Jean — Corps Universel diplomatique du droit des gens (8 Bände)
Amsterdam 1726-1731

Dupuy, Emile — Americains et Barbaresques (1776-1824)
Paris 1910

Eagleton, Clyde — International Government
2. Auflage, New York 1932

Eck, Otto — Seeräuberei im Mittelmeer
München 1940

Enzyklopädie des Islam — 4 Bände, Leiden 1913-1934

Encyclopaedia of Islam — New Edition, Band II
Leiden 1965

Epstein, M. — The early History of the Levant Company
London 1908

Esterhazy, Walsin — De la domination turque dans l'ancienne Régence d'Alger
Paris 1840

Fagnan, E. — Le Djihad ou guerre sainte selon l'école malakite
Algier 1908

Falkenhagen, Jürgen — Landesherrliche Maßnahmen zur Versicherung seefahrender Untertanen gegen Sklaverei und Kaperei durch die Barbaresken im 18. Jahrhundert, in: Schleswig-Holsteinische Anzeigen 1966, S. 2-6

Fenwick, Charles G. — International Law
3. Auflage, New York-London 1948

Feraud, Charles — Annales Tripolitaines, in:
Revue Africaine Band XXVII, S. 207 ff.
Algier 1883

Feraud, Charles	Epoque de l'etablissement des Turcs à *Constantine*, in: Revue Africaine Band X, S. 179 ff. Algier 1866
—	*Lettre* d'Ismael-Pacha à Louis XIV, in: Revue Africaine Band 28, S. 68-73 Algier 1884
—	Expedition du Comte *O'Reilly* contre Alger en 1775, in: Recueil des Notices et Memoires de la Société Archeolique de Constantine, S. 47 ff. Constantine 1865
Fey, Leon	Histoire d'Oran, avant, pendant et après la domination espagnole Oran 1858
Frank, Louis — *Marcel*, J. J.	Histoire de Tunis, zusammen mit: Carette: Algerie; Rozet: Alger, Ferd. Hoefer: Etats Tripolitains Paris 1850
Gentili, Alberico	Hispanicae Advocationis Libri Duo, 1661 (The classics of international Law) New York 1921
Gibb, H. A. R.	Constitutional Organization, in: Law in the Middle East (siehe Khadduri), S. 3-27
Glahn, Gerhard von	Law among Nations New York-London 1965
Gosse, Philip	The history of Piracy London 1934
Gräf, Erwin	Religiöse und rechtliche Vorstellungen über *Kriegsgefangene* in Islam und Christentum, in: Die Welt des Islam, Band VIII, S. 89 ff. Leiden 1962/1963
—	Die *Übertragbarkeit* abendländischer Staatsordnungen auf islamische Länder, in: Die Welt des Islam Band X, S. 131 ff. Leiden 1966/1967
Grammont, Henri Delmas de	Histoire d'Alger sous la domination turque (1515-1830) Paris 1887
—	*Relations* entre la France et la régence d'Alger (Les deux canons de Simon Dansa, La mission de Sanson Napolon, La mission de Sanson le Page, Les consuls Lazaristes et le chevalier d'Arvieux) in: Revue Africaine Band XXII, S. 5 ff., Band XVIII S. 198 ff., 273 ff., 329 ff., 448 ff. Algier 1879-1884

Grotius, Hugo	*De jure belli ac pacis* libri tres, Paris 1625 (deutscher Text von Walter Schätzel, Klassiker des Völkerrechts Band I) Tübingen 1950 (lateinischer Text nach: The classics of international Law) Washington 1913
Haedo, Diego de	Topographie et histoire générale d'Alger (Übersetzung durch Monnerau-Berbrugger) in: Revue Africaine Band 14, S. 364 ff. Algier 1870
Hamidullah, Muhammad	Muslim conduct of State; being a treatise on Siyar 4. Auflage Lahore 1961
Hammer, Joseph von	Geschichte des osmanischen Reiches (4 Bände) 2. Auflage Pesth. 1834-1836
Haneberg, B.	Das muslimische Kriegsrecht, in: Abhandlungen der philosophisch-philologischen Klasse der königlich bayerischen Akademie der Wissenschaften, 12. Band, II. Abteilung, S. 217-290 München 1871
Hartmann, Martin	Die Islamisch-Fränkischen Staatsverträge, in: Zeitschrift für Politik, Band XI, S. 1-64 Berlin 1918
Hatschek, Julius	Der Musta'min (Beiträge zum internationalen Privat- und Völkerrecht) Berlin-Leipzig 1919/1920
Heffening, Willi	Das islamitische Fremdenrecht bis zu den islamisch-fränkischen Staatsverträgen (Beiträge zum Rechts- und Wirtschaftsleben des islamischen Orients Nr. 1) Hannover 1925
Hegewisch, D. H.	Erläuterung der Frage: „Ist es recht, daß wir die Algerier und Tripolitaner Seeräuber nennen? in: Historische, philosophische und literarische Schriften S. 18-33 Hamburg 1793
Heim	Geschichte der Kriege in Algier Königsberg 1861
Hentschel, Rolf	Franciscus de Vitoria und seine Stellung im Übergang vom mittelalterlichen zum neuzeitlichen Völkerrecht Breslau 1937
Herrmann, Friedrich	Über die Seeräuber im Mittelmeer und ihre Vernichtung. Ein Völkerwunsch an den erlauchten Kongreß in Wien. Lübeck 1815

Herrmann, Friedrich	*Appel* aux puissances de l'Europe pour fair cesser les pirateries des Barbaresques dans le Méditerranée Bremen 1816
Hershey, Amos S.	The Essentials of International Public Law and Organisation 2. Auflage New York 1929
Hertslet, Edward	A complete collection of the treaties and conventions and reciprocal regulations, at present subsisting between Great Britain and Foreign Powers London 1827
von der Heydte, Friedrich August Freiherr	Die Geburtsstunde des souveränen Staates Regensburg 1952
Hill, D. H.	A history of diplomacy in the international development of Europe (3 Bände) London 1905-1914
Hobbes, Thomas	Leviathan Oxford 1957
Höffner, Joseph	Christentum und Menschenwürde Trier 1947
Holtzendorff, Franz von	Handbuch des Völkerrechts Band II, Hamburg 1887
Honigsheim, Paul	Zur Soziologie der mittelalterlichen Scholastik (Die soziologische Bedeutung der nominalistischen Philosophie) in: Erinnerungsgabe für Max Weber, Band II, S. 175 ff. München-Leipzig 1923
Horoy	Droit international et droit des gens public d'après le decretum de gratien Paris 1887
Hosack, John	On the rise and growth of the law of nations London 1882
Huber, Max	Die soziologischen Grundlagen des Völkerrechts Berlin 1928
Hyde, Charles Cheney	International Law as interpreted and applied by the United States Boston 1947
Irwin, Ray Watkins	The diplomatic relations of the United States with the Barbary Powers, 1776-1816 (phil. Dissertation New York) Chapel Hill 1931
Islam und Abendland.	Begegnung zweier Welten Vortragsfolge, herausg. von Muhammad Asad und Hans Zbinden Olten-Freiburg/Breisgau 1960

Jahrreiss, Hermann	Mensch und Staat Köln-Berlin 1957
Janson, Hermann	Die rechtlichen und ideologischen Beziehungen des islamischen Staatenkreises zum abendländischen Völkerrecht (jur. Dissertation Bern) Göttingen 1955
Janssen, Wilhelm	Die Anfänge des modernen Völkerrechts und der neuzeitlichen Diplomatie Stuttgart 1965
Jellinek, Georg	Allgemeine Staatslehre 3. Auflage (7. Neudruck) Darmstadt 1960
Jorga, N.	Geschichte des osmanischen Reiches (5 Bände) Gotha 1908-1913
Julien, Ch.-André	Histoire de l'Afrique du Nord Band I, Paris 1951
Jurji, Edward J.	The islamic theorie of war, in: Muslim World, Band XXX, S. 322-342 Harrisburg 1940
Juynboll, Th. W.	Handbuch des islamischen Gesetzes nach der Lehre der schafiitischen Schule Leiden 1910
El - Kairouani	Histoire de l'Afrique (Übersetzung von Pellisier-Remusat) Band 7 von Exploration scientifique de l'Algerie Paris 1845
Kaser, Max	Römisches Privatrecht 3. Auflage München-Berlin 1964
Khadduri, Majid	*Islam* and the Modern Law of Nations, in: The American Journal of International Law Vol. 50, S. 358-372 Concord 1956
—	The *law* of war and peace in Islam London 1940
—	International Law, in: Law in the *Middle East,* (herausg. von Khadduri-Liebesny) Band I, S. 349-372 Washington 1955
—	The Islamic *System,* Its Competition and Co-Existence with Western Systems, in: Proceedings of the American Society of international Law, 1959, S. 49-52
—	The islamic law of nations. *Shaybani*'s Siyar Baltimore 1966

Khadduri, Majid — The islamic *Theory* of International Relations and its Contemporary Relevance, in: Islam and International Relations (ed. by Proctor) S. 24-39 London 1965

Ibn-Khaldun — Al-Muqadamma (Les prolégomènes, traduit par M. de Slane) Paris 1863

Kipp, Heinrich — Völkerrechtsordnung und Völkerrecht im Mittelalter Köln 1950

Klingmüller, Ernst — Der Legalitätsgedanke im islamischen Recht, in: Deutsche Landesreferate zum VI. internationalen Kongreß für Rechtsvergleichung 1962 (herausg. Dölle) S. 100-114 Berlin-Tübingen 1962

Klüber, J. L. — Droit des gens moderne de l'Europe (herausg. von M. A. Ott) Paris 1861

Knolles, Richard — The turkish History from the original . . . (fortgeführt von Paul *Rycaut)* London 1687

Knubben, Rolf — Die Subjekte des Völkerrechts Band II, Teil 1 des Handwörterbuchs des Völkerrechts Stuttgart 1928

Konetzke, Richard — Süd- und Mittelamerika I (Fischer Weltgeschichte Band 22) Frankfurt 1965

Kordt, Erich — *Koexistenz* als politisches Phänomen, in: Moderne Welt Band 1 (1959), S. 23-43

— *Weltherrschaftsstreben* und Völkerrecht, in: Festschrift für Rudolf Laun, S. 178-200 Göttingen 1962

von *Kremer*, Alfred — Geschichte der herrschenden Ideen des Islams Neudruck Darmstadt 1961

Kreyssing, Karl — Über den zu Hamburg zu errichtenden antipiratischen Verein Hamburg 1819

Krauske, Otto — Die Entwicklung der ständigen Diplomatie Leipzig 1885

Krüger, Herbert — Allgemeine Staatslehre Stuttgart 1964

Kruse, Hans — Islamische Völkerrechtslehre. Der Staatsvertrag bei den Hanefiten (jur. Dissertation Göttingen) Göttingen 1953

Larenz, Karl — Methodenlehre der Rechtswissenschaft
Berlin-Göttingen-Heidelberg 1960

Lauterpacht, Hersh — The subjects of international law, in:
Law Quarterly Review Band 63 (1947) S. 438 ff. und Band 64 (1948) S. 97 ff.

Leip, Hans — Bordbuch des Satans. Geschichte der Freibeuterei
München 1965

von Liszt, Franz — Das Völkerrecht
12. Auflage Berlin 1925

Voyages du Sieur Paul *Lucas* dans la Grèce, l'Asie Mineure, la Macedonie et l'Afrique
Band I — Paris 1712
Band II — Amsterdam 1714

Mahmassani, Sobhi — The principles of international law in the light of islamic doctrine, in:
Recueil des Cours 1966 I, S. 205-323

Marcel — siehe Frank

Marchot, Meriade — Abrégé de l'histoire de la Régence de Tunis
Bruxelles 1866

von Martens, Georg Friedrich — *Précis* du droit des gens moderne de l'Europe
Paris 1864 (zuerst 1789 erschienen)

— Recueil des principaux traités (zitiert: *Martens)*
Göttingen 1791 ff.

— *Supplement* au recueil des principaux traités
Göttingen 1802 ff.

— *Nouveau Recueil* des Traités
Göttingen 1817 ff. (Band 1 = Band 5 Supplement)

— Recueil des Traités, *2. ed.*
Göttingen 1817 ff.

— *Nouveau Supplement* au recueil des traités
Göttingen 1839 ff.

— *Nouveau Recueil Général*
Göttingen 1843 ff.

— *Versuch über Caper*
Göttingen 1795

von Martens, Friedrich — Das *Consularwesen* und die Consularjurisdiction im Orient (übersetzt von H. Skerst)
Berlin 1874

— Völkerrecht. Das internationale Recht der civilisirten Völker (2 Bände)
Berlin 1883-1886

Mas-Latrie, Comte de — Relations et Commerce de l'Afrique Septentrionale ou Maghreb avec les Nations Chrétiens
Paris 1886

Mas-Latrie, Comte de — *Traités* de Paix et de Commerce et documents divers concernant les relations des Chrétiens avec les Arabes de l'Afrique Septentrionale au moyen age
Paris 1866

Masson — Histoire des établissements francais dans l'Afrique du Nord
Paris 1903

Meier, Dieter — Die Stellung von Tunis in der Völkerrechtsgemeinschaft
(jur. Dissertation Hamburg)
Hamburg 1939

Meister, Richard — Die Formen der Internationalität, in:
Festschrift für Rudolf Laun, S. 263-269
Göttingen 1962

Menzel, Eberhard — Völkerrecht
München- Berlin 1962

Mercier, Ernest — Histoire de l'Afrique Septentrionale depuis les temps les plus reculés jusqu'à la conquête francaise (3 Bände)
Paris 1888-1891

Milliot, Louis — La conception de l'état et de l'ordre légal dans l'Islam, in:
Recueil des Cours Band 75, S. 597-688
Paris 1949

Montmorency, J. E. G. de — The Barbary States in international Law, in:
Transactions of the Grotius Society, Band IV, S. 87-94
London 1919

Moore, John Bassett — A Didest of International Law (8 Bände)
Washington 1906

Moser, Johann Jacob — Grund-Sätze des jetzt üblichen Europäischen Völcker-Rechts in Fridens-Zeiten
Hanau 1750

Müller, Marc. Jos. — Über die oberste Herrschergewalt nach dem moslimischen Staatsrecht, in:
Abhandlungen der philosophisch-philologischen Classe der Königlich Bayerischen Akademie der Wissenschaften, 4. Band, 3. Abtheilung S. 1 ff.
München 1847

Nau, B. S. — Grundsätze des Völkerseerechts
Hamburg 1802

Nawaz, M. K. — Some aspects of interpretation of islamic law in India in the past, in:
The Indian Year Book of International Affairs Band IX-X, S. 127-135
Madras 1960-1961

Noradounghian, Gabriel	Recueil d'actes internationaux de l'Empire Ottoman Band 1 (1300-1789), Paris 1897 Band 2 (1789-1856), Paris 1900
Noth, Albrecht	Heiliger Krieg und Heiliger Kampf in Islam und Christentum Bonn 1966
Nußbaum, Arthur	Geschichte des Völkerrechts München- Berlin 1960
Nys, Ernest	Les origines du droit international Bruxelles-Paris 1894
Ompteda, Dietrich Heinrich Ludwig von	Literatur des gesamten natürlichen und positiven Völkerrechts (Neudruck der Ausgabe Regensburg 1785) Aalen 1963
Oppenheim, L.- *Lauterpacht*, H.	International Law, a treatise 7. Auflage, London-New York-Toronto 1948
Ortolan, Theodore	Règles internationales et Diplomatie de la mer 4. Auflage, Paris 1864 (Band 2)
Oszstern, Paul	Der „heilige Krieg" nach muhammedanischem Recht, in: Ungarische Rundschau für historische und soziale Wissenschaften, 6. Jahrgang München-Leipzig 1915
Pellegrin, Arthur	Histoire de la Tunisie depuis les origines jusqu'à nos jours Paris 1938
Perels, Ferdinand	Das internationale öffentliche Seerecht der Gegenwart Berlin 1902
Pitois (Pseudonym: Christian)	Histoire des Pirates et Corsaires de l'ocean depuis leur origines jusqu'à nos jours (4 Bände) Paris 1846-1850
Plantet, Eugène	Correspondance des *Beys* de Tunis et des consuls de France avec la Cour Band 1 (1577-1700), Paris 1893 Band 2 (1700-1770), Paris 1894 Band 3 (1770-1830), Paris 1899
—	Correspondance des *Deys* d'Alger avec la Cour de France (1579-1833), (2 Bände) Paris 1889
Playfair, Lambert	The *scourge* of Christdom. Annals of British relations to Algiers. London 1884
Pritsch, Erich	Die islamische Staatsidee. Ein geschichtlicher Überblick, in: Zeitschrift für vergleichende Rechtswissenschaft Band 53, S. 33 ff. Stuttgart 1939

Pufendorf, Samuel — Elementorum Jurisprudentiae Universalis Libri Duo (The Classics of International Law) Oxford-London 1931

Pütter, K. Th. — Beiträge zur Völkerrechtsgeschichte und -wissenschaft Leipzig 1843

Randelzhofer, Albrecht — Völkerrechtliche Aspekte des Heiligen Römischen Reiches nach 1648 Berlin 1967

von Ranke, Leopold — Die Osmanen und die spanische Monarchie im 16. und 17. Jahrhundert Leipzig 1877

Rechid, Ahmed — L'Islam et le droit des gens, in: Recueil des Cours Band 60, S. 375-505 Paris 1937

Reibstein, Ernst — Die *Anfänge* des neueren Natur- und Völkerrechts Bern 1949

— *Völkerrecht*. Eine Geschichte seiner Ideen in Lehre und Praxis (2 Bände) Freiburg-München 1958-1963

Rein, Adolf — Über die Bedeutung der überseeischen Ausdehnung für das europäische Staatensystem Darmstadt 1963

Reland, Hadrien — Institutions du droit mahométan relatives à la guerre sainte (übersetzt von Ch. Solvet) Algier 1837 (Dissertatio de jure militari Mahommedanorum contra Christianos bellum gerentium, in: Dissertationes Miscellaneae — Utrecht 1708)

Rittmeyer, Rudolph — Seekriege und Seekriegswesen (2 Bände) Berlin 1907-1911

Robin, N. — Organisation turque dans la Grande Kabylie, in: Revue Africaine Band XVII, S. 132-140 Algier 1873

Rohlfs, Gerhard — Consulatswesen in Marokko, in: Das Ausland, Nr. 40, (1871), S. 881 ff.

Rommen, Heinrich — Die Staatslehre des Franz Suarez Mönchen-Gladbach 1926

Rotalier, Ch. de — Histoire d'Alger et de la Piraterie des Turcs dans la Mediterranée (2 Bände) Paris 1841

— *Expeditions* des Francais contre Alger sous Louis XIV., in: Revue de l'Orient, Band II, S. 204-222 Paris 1843

Rousseau, Alphonse	Annales Tunisiennes Algier 1864
—	*Chroniques* de la Régence d'Alger Algier 1841
Rozet	siehe Frank
Russel, M.	Gemälde der Berberei Leipzig 1836
Sachau, Eduard	Muhammedanisches Recht nach schafiitischer Lehre Stuttgart-Berlin 1897
Sandoval, C. X. de	Sur la reprise d'Oran en 1732, in: Revue Africaine Band VII, S. 221-226 Algier 1864
Sanhoury, A.	(auch: Sanhuri) Le Califat: Son évolution vers une société des nations Orientales Paris 1926
Schacht, Joseph	*G. Bergsträsser's* Grundzüge des islamischen Rechts Berlin-Leipzig 1935
—	An *introduction* to islamic law Oxford 1964
—	The *origins* of Muhammadan Jurisprudence Oxford 1950
Schleswig-Holsteinische Verordnungen	Band 16 (1720-1755) Universitätsbibliothek Kiel Nr. A 8951-16)
Schlikker, Gerhard	Die völkerrechtliche Lehre von der Piraterie und den ihr gleichgestellten Verbrechen (jur. Dissertation Erlangen) Leipzig 1907
Schlözer, A. L.	Summarische Geschichte von Nordafrika, namentlich Algier, Tunis, Tripolis Göttingen 1775
Schmidt, F. F.	Die occupatio im islamischen Recht, in: Islam I, S. 300 ff. Straßburg 1910
Schumann, Erich	Die Repressalie (Rostocker Abhandlungen Band III) Rostock 1927
Schwally, F.	Der heilige Krieg im Islam in religionsgeschichtlicher und staatsrechtlicher Beleuchtung, in: Internationale Monatsschrift, Spalten 687 ff. Leipzig-Berlin 1916
Schwarzenberger, Georg	The frontiers of international Law London 1962

Seidl-Hohenveldern, Ignaz Völkerrecht
Köln-Berlin-Bonn-München 1965

— Das Recht der *Internationalen Organisationen* einschließlich der supranationalen Gemeinschaften
Köln-Berlin-Bonn-München 1967

Shaler, William — Sketches of Algiers
Boston 1826

Soder, Josef — Die Idee der Völkerrechtsgemeinschaft
Frankfurt/Main-Berlin 1953

Sousa, Nasim — The capitulatory Regime of Turkey
Baltimore 1933

Staedler, E. — Die „donatio Alexandrina" und die „divisio mundi" von 1493, in:
Archiv für katholisches Kirchenrecht
Band 117 (1937), S. 374 ff.

Strothmann, R. — Das Staatsrecht der Zaiditen
Straßburg 1912

Suárez, Francisco — Ausgewählte Texte zum Völkerrecht
(herausgegeben von Josef de Vries, Einleitung — Josef Soder)
(Die Klassiker des Völkerrechts Band IV)
Tübingen 1965

Sumner, Charles — White Slavery in the Barbary States
London 1853

Tableau de la situation des Etablissements Francais dans l'Algerie (herausgegeben vom Ministère de la Guerre)
Band I — en 1839, Paris 1840
Band II — en 1840, Paris 1841
Band III — en 1841, Paris 1842

Tassy, M. Laugie de — Histoire du royaume d'Alger et de la Piraterie dans la Mediterranée
Amsterdam 1725

Taube, Michel von — Etudes sur le développement historique du droit international dans l'Europe orientale, in:
Recueil des Cours Band 11, S. 345-533
Paris 1926

Testa, Ignace de — Recueil des traités de la Porte ottomane avec les puissances étrangèrs (8 Bände)
Paris 1864-1894

Tischendorf, Paul Andreas von — Das Lehnswesen in den moslimischen Staaten
Leipzig 1872

Tonnies, P. D. W. — Merkantilistisch geschichtliche Darstellung der Barbareskenstaaten
Hamburg 1826

Tornauw, Nicolaus von — Das moslemische Recht aus den Quellen dargestellt
Leipzig 1855

Truyol y Serra, Antonio — Die *Entstehung* der Weltstaatengesellschaft unserer Zeit
München 1963

— L'*expansion* de la société internationale aux XIXe et XX siècles, in:
Recueil des Cours, Band 116, S. 95-178
Leyden 1965

— Genèse et structure de la *société* internationale, in: Recueil des Cours, Band 96, S. 557-642
Leyden 1959

Twiss, Travers — Le droit des gens ou des nations
2. Auflage Paris 1887

United States and the Barbary States, in:
Atlantic Monthly Band VI (1860), S. 641-657

Vattel, Emer de — Le droit des gens
(Die Klassiker des Völkerrechts Band III)
Tübingen 1959

Verdroß, Alfred — Völkerrecht
5. Auflage, Wien 1964

Vicente, Luciano Perena — Diego de Covarrubias und die Eroberung Americas, in:
Archiv des Völkerrechts Band 6, S. 129
Tübingen 1956/1957

Vinogradoff, Paul — Historical Types of international law
(Bibliotheca Visseriana I)
Leyden 1923

Vitoria, Franciscus de — De Indis recenter inventis et De jure belli Hispanorum in Barbares
(Lateinisch — Deutsche Ausgabe von W. Schätzel), Einleitung — P. Hadrossek
(Die Klassiker des Völkerrechts Band II)
Tübingen 1952

— Relectiones Tredicim in duos Tomos
(De potestate civile)
Ingolstadt 1580

Waas, A. — Der Heilige Krieg in Islam und Christentum in Vergangenheit und Gegenwart, in:
Welt als Geschichte Band 19, S. 211 ff.
Stuttgart 1959

Wegner, Arthur — Geschichte des Völkerrechts
(Handbuch des Völkerrechts 1. Band, 3. Abteilung)
Stuttgart 1936

Wenck, Fridr. Aug. Guil. — Codex juris gentium recentissimi (3 Bände)
Lipsiae 1781

Wheaton, Henry — *Elements* of international Law
(The classics of international Law
New Yor-London 1964

— *Histoire* des progrès du droit des gens en Europe et en Amérique
4. Auflage, Leipzig 1865

Wiens, Eberhard — Leben der Korsaren Horuk und Hairadin Barbarossa
Münster 1844

Wolff, Christian — Jus gentium, Methodo scientifica Pertractatum
(The classics of international Law)
New York-London 1964

Wörterbuch des Völkerrechts und der Diplomatie
herausgegeben von Karl Strupp
Berlin 1924

Wörterbuch des Völkerrechts
herausgegeben von Hans-Jürgen Schlochauer
Berlin 1960-1962

Young, George — Corps de droit ottoman (7 Bände)
Oxford 1905-1906

Zimmermann, Michel — La crise de l'organisation internationale à la fin du moyen age, in:
Recueil des Cours, Band 44, S. 319-438
Paris 1933

Zinkeisen — Geschichte des osmanischen Staates
Gotha 1856

Zwemer, Samuel M. — Das Gesetz wider den Abfall vom Islam
Gütersloh 1926

ABKÜRZUNGEN

AJIL	The American Journal of International Law
Classics	The Classics of International Law
ma	mittelalterlich
UNTS	United Nations Treaties Series

EINLEITUNG

TEIL I

Kurzer Abriß der Geschichte der Barbareskenstaaten

Gegenstand der vorliegenden Untersuchung ist die Frage, ob und auf welche Weise die Barbareskenstaaten am Völkerrecht beteiligt waren.

Mit dem Namen „Barbareskenstaaten" bezeichnet man jene Gemeinschaften, die Nordafrika im Raume zwischen dem Atlantischen Ozean und Ägypten in der Zeitspanne von etwa 1500 bis 1830 bewohnten.

Die Wortbedeutung ist unklar. Sie kann eine Ableitung von dem Namen der ältesten, bekannten Einwohner, der Berber, sein. Häufig wird dieses Gebiet auch als die Berberei bezeichnet.

Ebenso wahrscheinlich ist die Herleitung vom Worte „Barbar"; denn diese Völker erschienen den Europäern durch diese Jahrhunderte als der Inbegriff ungesitteter, barbarischer Menschen.

Es liegt nahe, daß die Wortbildung „Barbaresken" beide Stämme in sich aufgenommen hat, ohne daß es möglich wäre zu sagen, welcher der vorherrschende war.

Ob mit der Bezeichnung „Barbareskenstaaten" nur Algier, Tripolis und Tunis oder ob auch Marokko hiermit gemeint ist, läßt sich nicht genau bestimmen. In dieser Arbeit werden jedenfalls nur Algier, Tripolis und Tunis berücksichtigt.

Dies ist darin begründet, daß diese drei Staaten eine ähnliche und zusammengehörende Geschichte erlebten, während Marokko hiervon getrennt blieb.

Für die Verhältnisse hinsichtlich Marokkos wird auf das Buch von *Caillé* verwiesen, das die Verträge des marokkanischen Sultans Sidi Mohammed eingehend würdigt.

1. Abschnitt
Vorgeschichte (bis zum Anfang des 16. Jahrhunderts)

Als 1830 „l'oppobre de l'humanité civilisée, de l'Islam"[1], die Geißel der Christenheit[2], Algier, von Frankreich erobert wurde, fand eine Entwicklung ihr Ende, die in der ersten Hälfte des unruhigen 16. Jahrhunderts begonnen hatte. Fast zum gleichen Zeitpunkt als Luther mit seinen Thesen die Auflösung der „Einen" abendländischen

---

[1] *Jorga* V, S. 355; *Mercier* III, S. 537.

[2] *Grammont*; . *Playfair*, Scourge.

Kirche einleitete und Karl V. um die Einheit des europäischen Staatengefüges mit Franz I. von Frankreich und den deutschen Fürsten rang, schreckte der Korsar Khair-ed-Din die seefahrenden Nationen im Mittelmeere. Mit ihm und seinem Wirken begann die eigentliche Existenz der sogenannten Räuberstaaten. Die Nordküste des afrikanischen Kontinentes hatte bis dahin schon eine Reihe von Besiedlungen erlebt, Reiche aufblühen und vergehen sehen.

Die Herkunft der Ureinwohner bleibt dunkel[3]. Geschichtlich[4] faßbar sind zuerst die Siedlungen der Phönizier[5], aus denen sich das mächtige Karthago entwickelte.

Nachdem in den schweren Kämpfen der punischen Kriege[6] Rom seine Macht nach Afrika ausgedehnt hatte, kehrte Ruhe und Wohlstand in die „Kornkammer des römischen Reiches"[7] ein.

Die Vandalen unter Genserich überzogen um 429[8] n. Chr. das Land mit ihrer Herrschaft[9], wurden jedoch schon 534[10] von Belisar, dem Feldherrn des oströmischen Kaisers Justinian, vertrieben, als dieser seinen Traum von einer Renaissance der römischen Weltherrschaft verwirklichen wollte[11]. Obgleich die byzantinische Epoche nur ungefähr hundert Jahre andauerte, brachte sie den Ländern Nordafrikas eine neue Blüte.

In der Mitte des 7. nachchristlichen Jahrhunderts brachen aus Arabien mit großer Kraft die Heere des Islam hervor und eroberten bis zum Ende dieses Jahrhunderts ganz Nodafrika[12]. Die islamisch-arabische Macht erreichte ihre Festigkeit unter dem Omayaden Khalifen Al-Walid, 705—715, dessen Feldherr Tarik die Meerenge von Gibraltar (arabisch: Dschebel-al-Tarik = Berg des Tarik[13]) überschritt und 711 bei Xeres de la Frontera die arabische Herrschaft für über 700 Jahre in Spanien durch einen vollständigen Sieg über die Westgoten unter Roderich einleitete[14].

Der Zerfall der Macht der Omayaden, deren letzter, der dem Blutbad der Abbasiden entkommene Abd Ar-Rahman, 756 das Emirat von Cordoba gründete[15], führte zur allmählichen Auflösung des ara-

---

[3] *Bernard* S. 4 f.; *Julien* S. 30 ff.; Tableau 1840, S. 382 f.; *Albertini* S. 3.

[4] Zur Praehistorie siehe *Bernard* S. 5 ff.

[5] *Bernard* S. 8 ff.; *Julien* S. 63; *Pellegrin* S. 21 ff.; Tableau 1840, S. 384 ff.

[6] *Albertini* S. 47 ff.; *Bernard* S. 10 ff.; *Heim* S. 1; *Julien* S. 70 ff. und S. 128—193; Tableau 1840, S. 387 ff.

[7] *Heim S. 1.*

[8] *Heim* S. 1; *Julien* S. 233 ff.; *Mercier* I, S. 143; *Schlözer* S. 10.

[9] *Albertini* S. 117 ff.; *Bernard* S. 20 f.

[10] *Albertini* S. 119/120; *Bernard* S. 21 f.; *Julien* S. 245 f.

[11] *Julien* S. 260; Tableau 1840, S. 399 f.

[12] *Bernard* S. 22 ff.; *von Kremer* S. 325; *Schlözer* S. 11 f.

[13] *Esterhazy* S. 28.

[14] Tableau 1841, S. 397 f.

[15] *Bernard* S. 26; *Schlözer* S. 18 ff.

bischen Großreiches und zur Begründung einer Anzahl kleinerer Teilreiche auf nordafrikanischem Boden.

So wechselten Edrisiden[16], Aglabiden[17], Fatimiden[18], Zereiden[19] Hafsiden[20] und Almoraviden[21] einander ab. Seit Anfang des 12. Jahrhunderts vereinigten die Almohaden noch einmal weite Teile Nordafrikas in einem Reich. Dauernde Kämpfe in Spanien erschöpften ihre Kräfte, so daß auch dieses Reich sich in viele kleinere Herrschaften auflöste[22].

Seit etwa 1340 hatte die spanische Reconquista einen dauernden Erfolg. Die Mauren wurden aus Spanien vertrieben und siedelten sich in Nordafrika als willkommene Gäste an.

Während dieser Zeit bestanden enge Handelsbeziehungen zu den italienischen Staaten, die sich in einer reichen Vertragspraxis niederschlugen. Viele Handelsniederlassungen der Europäer sind bekannt. Die ersten Konsulate wurden eingerichtet[23].

Mit der Eroberung Granadas, 1492, und der sich anschließenden Entrechtung der Mauren in Spanien begann ein neues Kapitel in der Geschichte Nordafrikas:

Vom Haß auf alles Spanische, ja auf alles Christliche, erfüllt, ließen sich die Flüchtlinge aus Spanien in den Küstenstädten der Berberei nieder und verwendeten alle Energie darauf, Rache an Spanien zu nehmen. Sie widmeten sich der schon seit dem Altertum[24] im Mittelmeer heimischen Piraterie[25].

Kardinal Ximenez beschloß, Nordafrika unter spanische Oberhoheit zu bringen, sei es, um dadurch der Piraterie zu begegnen[26], sei es, um die Reconquista auf Nordafrika auszudehnen[27], wobei auch die Vorstellung eines Kreuzzuges nicht ausgeschlossen erscheint[28].

---

[16] Von 808 bis etwa 930.

[17] *Carette* S. 193.

[18] Benannt nach der Tochter des Propheten, Fatima, vgl. *Russel* S. 157; *Schlözer* S. 24.

[19] *Pellegrin* S. 105 ff.

[20] *Mercier* III, S. 126/127; sie herrschten bis ins 16. Jahrhundert in Tunis.

[21] Seit etwa 1070; vgl. insgesamt zu diesem bunten Bild der Dynastien: *Albertini* S. 129 ff.; *Bernard* S. 26 ff.; *Carette* S. 194 ff.; *Esterhazy* S. 36 ff., S. 58/59; *Mercier* Band II; *von Kremer* S. 381 ff.; *Pellegrin* S. 99 ff.

[22] Vgl. *Bernard* S. 32.

[23] Die Verhältnisse hat *Mas-Latrie* sehr eingehend in seinen Werken: Traités und Relations untersucht.

[24] Vgl. die Sagen von Theseus und Homer, Odyssee 9. Gesang Verse 39 ff.

[25] *Grammont* S. 4; *Diercks* S. 227 ff.; *Heim* S. 6; *Herrmann* S. 104/105.

[26] *Gosse* S. 14/15.

[27] *Grammont* S. 4/5; Tableau S. 356; auch *Hegewisch* S. 28 ff.; *Herrmann* S. 151/152.

[28] *Berbrugger*, Pegnon S. 6; *Bernard* S. 36; *Esterhazy* S. 117.

1505 gelang die Eroberung Mers-el-Kebirs[29]. 1509 folgte Oran[30]. Diese Erfolge ermutigten Spanien zu größeren Aktionen, die ihm weite Teile Nordafrikas als tributpflichtiges Land einbrachten[31].

Die Algerier riefen den arabischen Scheich Selim ben-Eutemi zu Hilfe[32], der aber von Spanien zu Tributzahlungen gezwungen wurde und der die vor Algier liegende Insel — El Penon — den Spaniern als Festung überlassen mußte[33].

In dieser bedrängten Lage rief ben-Eutemi einen Mann zu Hilfe, dessen Name schon damals berühmt war: Horuk[34] Barbarossa. Mit ihm beginnt die Geschichte der Barbareskenstaaten.

2. Abschnitt: Algier

1. Kapitel: Die Brüder Barbarossa und ihre Nachfolger

Horuk war der Sohn des Jacub aus Mitilene auf Lesbos[35], eines rumelinischen Sipahis[36], und hatte drei Brüder: Elias, Ishak und Khair-ed-Din[37].

Horuk und Khair-ed-Din, beide wegen eines unverkennbaren äußeren Zeichens „Barbarossa" genannt, wandten sich dem Seehandwerk, d. h. der Piraterie, zu.

1509 trafen sie mit dem Hafsiden Mulei Mohammed von Tunis ein Abkommen, wodurch sie den Hafen von Tunis als Operationsbasis für ihre Raubzüge erhielten[38]. Erfolgreiche Unternehmungen zu Wasser und zu Lande[39] vermehrten ihre Macht. Es ist daher verständlich, daß sich ben-Eutemi an den „Helden des Islams", Horuk, wandte. Doch diese Hilfe wurde dem Herrscher von Algier selbst zum Verhängnis Horuk ermordete ihn und setzte sich selbst an seine Stelle[40].

---

[29] *Esterhazy* S. 115; *Grammont* S. 5 ff.; vor allem aber: Tableau 1839, S. 342—355 und *Berbrugger*, Oran.

[30] *Grammont* S. 13.

[31] Insgesamt vgl. *Grammont* S. 4—19.

[32] *Gosse* S. 15; *Rozet* S. 23; *Playfair*, Scourge S. 3.

[33] *Diercks* S. 253; *Esterhazy* S. 118; *Berbrugger*, Pegnon S. 14 ff.; *Playfair*, Scourge S. 2; Tableau 1841, S. 406.

[34] Auch: Arudj, Haroudj oder ähnlich.

[35] *Boutin* S. 1.

[36] Ritter, vgl. *Knolles-Rycaut*, Band II, Buch III S. 88.

[37] Auch: Cheiredin, Khair-al-Din, Schereddin oder ähnlich.

[38] Vgl. über diese Zeit *Albertini* S. 203; *Carette* S. 215; *Gosse* S. 12 ff.; *Hammer* II, S. 126; *Tonnies* S. 52; *Wiens* S. 5 ff.

[39] 1513 wird Cherchel erobert, *Carette* S. 215; *Diercks* S. 236; *Rousseau*, Chroniques S. 15 ff.; *Wiens* S. 15 ff.

[40] 1517, vgl. *Bernard* S. 38.

Bei den Kämpfen um die Festigung der Herrschaft gegen innere und äußere Feinde (vor allem Spanien) fiel Horuk vor Tlemcen[41].

Sein Bruder Khair-ed-Din, der ihm im Amte folgte[42], erkannte die bedrängte Lage Algiers und trug im September 1518 der Pforte die Vasallenschaft an[43]; ein Angebot, das der osmanische Sultan Selim gerne annahm und durch die Verleihung des Titels „Bey" und die Entsendung einer 2000 Mann starken Janitscharentruppe belohnte[44].

So wurde aus der privaten Unternehmung der Brüder Barbarossa eine Provinz des osmanischen Reiches, und es begann eine Verbindung zwischen Nordafrika und der Pforte, die mehrere Jahrhunderte andauerte.

Khair-ed-Din fügte 1529 den Spanien eine schwere Niederlage zu[45] und vertrieb sie 1530 von der Insel Penon[46]. Er erneuerte die Lehnsverbindung zur Pforte. Sein Sohn Hassan-Bey überbrachte Geschenke nach Konstantinopel[47]. Sultan Suleiman der Große dankte mit einem Sendschreiben, worin er Khair-ed-Din anwies, die französische Küste zu schonen[48]. Dieser scheint sich aber wenig nach den Wünschen seines Herrn gerichtet zu haben: 1531 unternahm er einen großen Raubzug an der französischen Küste[49]. Franz I. von Frankreich schloß 1533 einen dreijährigen Waffenstillstand mit Khair-ed-Din[50].

Im gleichen Jahr begab sich Khair-ed-Din nach Konstaninopel, wo ihm Bau und Führung der osmanischen Flotte übertragen wurden[51].

In Algier wurde die Macht von einem Statthalter ausgeübt. Dies war zunächst Hassan-Agha, ein alter Kampfgefährte Khair-ed-Dins[52].

In seine Regentschaft fällt der Versuch Kaiser Karls V., Algier zu erobern. 1538 war die christliche Flotte bei Preveza, dem antiken Aktium, vernichtet worden[53]. 1540 gelang Piali Achmed die Eroberung Gibraltars[54]. Diese Vorgänge veranlaßten Karl V. dazu, allen Warnungen zum Trotz, noch im Oktober 1541 aufzubrechen. Vor

---

[41] Vgl. *Gosse* S. 15; *Schlözer* S. 59; *Heim* S. 8; Tableau 1841, S. 407; *Grammont* S. 27; *Berbrugger*, mort; *Berbrugger*, Pegnon S. 67 f.

[42] *Bernard* S. 39; *Diercks* S. 238; *Tassy* S. 36.

[43] *Grammont* S. 45; *Schlözer* S. 60/61; *Tassy* S. 37; *Wiens* S. 30.

[44] *Gosse* S. 18; *Mercier* III, S. 21; *Wiens* S. 30/32.

[45] *Gosse* S. 19; *Diercks* S. 257.

[46] *Wiens* S. 42.

[47] *Wiens* S. 45.

[48] *Hammer*, Geschichte II, S. 127.

[49] *Wiens* S. 45: mit 40 Schiffen nach Marseille und Toulon.

[50] *Charrière*, Negociations I, S. 255—258; *Zinkeisen* II, S. 757.

[51] *Carette* S. 255; *Grammont* S. 40 f.; *Wiens* S. 54—59.

[52] *Mercier* III, S. 54.

[53] *Gosse* S. 24/25; *Jorga* II, S. 379.

[54] *Diercks* S. 263.

Algier geriet die Armee in ein Unwetter und wurde zu einem verlustreichen Rückzug gezwungen[55].

Nach diesem Fehlschlag Spaniens war die osmanische Flotte bis 1571 unangefochten Herr des Mittelmeers.

Hassan-Agha wurde 1543 von El-Hadj-Bekir abgelöst, der seinerseits schon Ende Juni 1544 dem Sohne Khair-ed-Dins, Hassan-Bey, weichen mußte[56], der dann bis zum September 1551 in Algier regierte[57]. Mit dem Tode Khair-ed-Dins am 4. Juli 1546 ging die Beylerbeywürde, die Khair-ed-Din inzwischen verliehen worden war, auf ihn über. Piali und der Korsar Torgud (auch: Dragut) wurden seine Nachfolger als Führer der osmanischen Flotte[58].

Um 1550 hatte das osmanische Reich den Gipfel seiner Macht erreicht:

In Nordafrika war alles Land vom Nildelta bis zur Meerenge von Gibraltar osmanisches Gebiet. Auch Algier wurde nach osmanischen Gesetzen verwaltet[59].

An der Spitze dieser Provinz stand der Beylerbey, der zumeist aus der Foederation der Reis[60], der „Taiffe“, hervorgegangen war. Die ersten Beylerbeys hatten sich alle schon unter Khair-ed-Din ausgezeichnet, wie Salah-Reis und der kalabrische Renegat Eudj-Ali.

Die Taiffe, die als „division navale de l'Ouest des flottes ottomanes“[61] eine wesentliche Rolle im osmanischen Reich spielte[62], hielt die Macht in Algier in Händen, allerdings ständig angefochten von den Janitscharen, die von den Reis als der „Abschaum Klein-Asiens“[63] angesehen wurden.

So hatten sich im Innern die Beylerbeys der Janitscharen zu erwehren und außerdem mußten sie die unterjochten einheimischen Völkerschaften im Zaume halten, die durch Tributzahlungen die Anerkennung der algerischen Oberhoheit bekundeten[64].

Nach außen richtete sich der Kampf gegen Spanien, den Erbfeind der islamischen Staaten: Raubzüge entlang der Küsten, Kapern aller

---

[55] Einzelheiten z. B. bei *Carette* S. 228 ff.; *Diercks* S. 264 f.; *Esterhazy* S. 146 f.; *Heim* S. 11—17; *Mercier* III, S. 49 ff.; zeitgenössische Literatur bei *Playfair,* Bibliography Algier Nr. 1 ff.

[56] *Mercier* III, S. 61/62.

[57] *Mercier* III, S. 72.

[58] Vgl. *Gosse* S. 31 ff.; *Hammer* II, S. 292 und 327; *Jorga* III, S. 95/96.

[59] So *Zinkeisen* III, S. 6.

[60] Reis = Kapitän eines Kaperschiffs.

[61] *Grammont* S. 50; vgl. auch *Bernard* S. 43; *Devoulx,* marine.

[62] Über die Rolle der Reis in der osmanischen Flotte vgl. *Zinkeisen* IV, Seite 325 ff.

[63] *Grammont* S. 47.

[64] Über die Politik der Beylerbeys vgl. *Grammont* S. 48 ff.; Tableau 1841, S. 409; zur Chronologie der Beylerbeys siehe *Albertini* S. 213; *Bernard* S. 44 ff.; *Mercier* III, S. 555; *Rousseau,* Chroniques S. 203 ff.

spanischen Schiffe, so daß der spanische Mittelmeerhandel völlig zum Erliegen kam, und Unterstützung der in Spanien noch verbliebenen Mauren, der sog. Morisken, waren die Kampfmittel in diesem „Heiligen Krieg" gegen die Ungläubigen (djihad)[65]. Zwar war es ein „guerre de chicane"[66], aber es wäre ein Irrtum anzunehmen, Algier sei zur Zeit der Beylerbeys ein Hort von Piraten und Banditen gewesen. Der Kampf richtete sich ausschließlich gegen Spanien; Waffengefährte war sogar Frankreich, wie aus der die Zeitgenossen stark erregenden Begebenheit hervorgeht, als 1543 der „allerchristliche" König Franz I. den Feind aller Christen, Khair-ed-Din, bei der Belagerung Nizzas zur Unterstützung rief[67]. In den späteren Jahren gestattete Frankreich den algerischen Schiffen das Anlaufen der französischen Häfen, um Proviant für größere Fahrten aufnehmen zu können[68]. So entwickelte sich eine „ancienne amitié"[69], die schließlich zur Errichtung eines französischen Konsulats in Algier im Jahre 1577 führte[70].

Tribute, Zölle, Abgaben zur Ausübung der Korallenfischerei und zur Errichtung von Handelsniederlassungen der europäischen Staaten und die Einnahmen aus der Kaperei bildeten die Staatseinnahmen Algiers, von denen ein Teil an die Pforte abgeführt wurde[71].

In dieser Epoche der Geschichte Algiers wurden die Befehle der Pforte befolgt[72], vor allem deshalb, weil sie durch die Besetzung der Beylerbeystelle mit sehr fähigen Männern, die sich im politischen Ränkespiel in Algier durchzusetzen wußten, unmittelbaren Einfluß auf den Verlauf der Geschehnisse hatte.

2. Kapitel: Algier unter den Paschas (1587 — 1658)

1587 wurde die Beylerbeyschaft Algier in ein Paschalik umgewandelt. Die Pforte entsandte für jeweils drei Jahre einen Pascha als Leiter der Verwaltung.

Das Paschalik Algier wurde seinerseits unterteilt in drei Verwaltungsbezirke, an deren Spitze ein Bey stand: das Beylik des Westens (Oran)[73], das des Südens (Titeri)[74] und das des Ostens (Constantine)[75].

---

[65] Hierzu vgl. *Haedo,* Topographie Cap. XXI (S. 518 f.).

[66] *Grammont* S. 50.

[67] *Gosse* S. 27; *Wiens* S. 64.

[68] *Gosse* S. 46; *Grammont* S. 53.

[69] *Grammont* S. 53, vgl. auch *Charrière,* Negociations, Band II, S. 378 f.; III, S. 388, 854; IV, S. 50, 61, 300.

[70] Im einzelnen *Grammont* S. 63 f.

[71] *Grammont* S. 50, 54/55.

[72] *Grammont* S. 52/53.

[73] Vgl. *Esterhazy* S. 163 ff.; *Fey.*

[74] Vgl. *Aucapitaine-Federmann.*

[75] Vgl. *Feraud,* Constantine.

So standen sich jetzt drei Kräfte in Algier gegenüber:

1. die Verwaltung (Pascha mit seinem Diwan und den Beys),
2. die militärische Organisation der Janitscharen mit einem Agha und einem Diwan an der Spitze und
3. die Taiffe der Reis, die im Grunde durch die Umorganisation entmachtet worden war.

Somit unterschied sich Algier erheblich von der Verwaltung anderer osmanischer Provinzen, deren Aufbau darauf beruhte, daß das Land der Verwaltung vieler kleiner Lehensempfänger, den sog. Timarli, unterstellt wurde[76].

In Algier blieb aber das Land im Besitz der Araber und Mauren. Die osmanische Herrschaft wurde nur durch den Pascha repräsentiert. So war Algier eine atypische Provinz, die — nicht aus einer staatlichen Aktion erworben — auch keinen Gewinn für die Verteilung von Timaren erbrachte[77]. Schon von Beginn an war daher nur eine lose Verbindung zur Pforte gegeben. Hinzu kam, daß der Pascha, der seine Stelle in Konstantinopel gegen Geld erworben hatte[78], versuchte, in den drei Jahren seiner Regierungszeit Reichtümer zu sammeln. Er konnte sich daher nicht erlauben, mit den Janitscharen oder den Reis Feind zu sein. So gewannen diese immer größeren Einfluß, dem der Pascha sich nicht zu widersetzen wagte[79]. Vor allem die Janitscharen wurden die Herren von Algier[80]. Immerhin entsandte die Pforte für ungefähr 60 Jahre ziemlich regelmäßig alle drei Jahre einen neuen Pascha[81].

In den folgenden Jahren nahm der Seeraub unter der Leitung der berüchtigten Korsare Murad[82] und Mami-Arnaute[83] erheblich zu.

Frankreich, das inzwischen Niederlassungen in Algier (La Calle und Bastion de France) besaß, hatte unter den Übergriffen der Janitscharen zu leiden. Als 1604 der Sultan Geld zur Entschädigung französischer Kaufleute sandte, bemächtigte sich der Pascha Kheder dieses Geldes[84]. Heinrich IV. verlangte daraufhin Schadenersatz[85]. Im Mai 1605 wurde Kheder vom neuen Pascha Mohammed-Kuza hingerichtet[86].

---

[76] Vgl. *Ranke*, passim S. 1—20.

[77] *Jorga* III, S. 159; *Grammont* S. 46.

[78] *Gosse* S. 49.

[79] Im einzelnen vgl. z. B. *Zinkeisen* IV, S. 327.

[80] *Grammont* S. 125, vgl. auch *Brèves* S. 359/360.

[81] Chronologie bei *Mercier* III, S. 555/556.

[82] *Gosse* S. 40 ff.

[83] *Gosse* S. 42.

[84] *Mercier* III, S. 180.

[85] Heinrich IV. erhielt wohl des öfteren Schadenersatz. 1601 soll der Sultan ihm für Schäden, die ein algerischer Korsar französischen Schiffen zufügte, Ersatz geleistet haben, Tableau 1841, S. 417.

[86] Vgl. *Devoulx*, tombe.

Weitere Genugtuung war zunächst nicht zu erreichen trotz mehrfacher Botschaften de Castelanes und Brèves[87], der in Begleitung des Botschafters der Pforte Kuza-Mustafa die Durchführung des zwischen dem Sultan und Heinrich IV. geschlossenen Vertrages erreichen wollte. Erst das Einlenken Murads brachte einen Teilerfolg: Der Austausch von beiderseitigen Gefangenen wurde vereinbart[88]. Die Respektierung der französischen Flagge war aber auch diesmal, wie schon 1599 von Konsul de Vias[89], nicht zu erreichen. Immerhin, die gestörten Beziehungen fingen an, wieder in friedliche Bahnen zu gelangen, zumal die folgenden Paschas eine friedlichere Politik betrieben.

1607 erhielt ein Angehöriger der jungen „Turkey-Company“ das Recht, in Stora und Collo Handelskontore einzurichten[90], obwohl Frankreich, das sein Handelsmonopol aufgehoben sah, scharf protestierte.

Der 1605 vereinbarte Gefangenenaustausch kam aber dennoch nicht zustande. Der Grund hierfür war folgender:

Der berühmte Korsar Simon Danza, ein holländischer Renegat, hatte sich 1609 mit zwei wertvollen Kanonen nach Marseille abgesetzt[91].

Mit dem Gefangenenaustausch sollten nun auch die beiden Kanonen an Algier zurückgegeben werden. Da sie in Frankreich schon anderweitig verkauft worden waren, entstanden neue Schwierigkeiten, die zu einem Abbruch der Beziehungen führten. Als 1611/12 eine derart schlimme Hungersnot herrschte, führte dies zum Ansteigen der Piraterie[92]. Hierdurch erlitten die Marseiller Kaufleute großen Schaden, so daß sie 1617 den Ritter de Vinciguerra zu Unterhandlungen entsandten, der die Vereinbarung eines Gefangenenaustausches schon für Ende 1617 erreichte. Bevor es aber dazu kam, entstanden neue Streitigkeiten zwischen dem Pascha und den Janitscharen, die die Herausgabe der Gefangenen verweigerten. Die Pforte entsandte Hussein-Scheich nach Algier, dessen Wirken zum Abschluß eines Vertrages am 21. März 1619 in Marseille führte. Die algerische Verhandlungskommission weilte noch in Marseille, wo die algerischen Gefangenen zum Austausch zusammengeführt wurden. Da die Kanonen des Danza immer noch nicht zur Stelle waren, gab es Verzögerungen.

---

[87] *Carette* S. 241.

[88] Zum Ganzen *Mercier* III, S. 180 f.; *Grammont* S. 146 f.

[89] *Grammont* S. 141.

[90] *Playfair,* Scourge S. 32 ff.; *Grammont* S. 148; *Bernard* S. 71 ff.

[91] Über die Hintergründe und Einzelheiten vgl. *Leip* S. 142—145, der im wesentlichen der Darstellung *Merciers* III, S. 189 f. folgt, und *Grammont:* Les deux canons; *Gosse* S. 49 ff.

[92] *Mercier* III, S. 191.

Im Februar 1620 kaperte Redjeb-Reis aus Algier ein Marseiller Schiff im Golf von Lyon. Die Nachricht hiervon brachte das Volk von Marseille so auf, daß man über die algerischen Gefangenen herfiel und alle tötete[93]. Daß hierdurch alle Friedensbemühungen vernichtet wurden, ist nicht verwunderlich.

1620 unternahm der englische Admiral Mansel eine Aktion gegen Algier[94], die zum Abschluß eines Vertrages (1622) führte[95].

Der Pascha Khusru mußte gegen Oran und Tlemcen vorgehen. Der Stamm der Kuku, mit Spanien verbündet, wurde in einem der vielen Kriegszüge in den ständigen Unruheherden der Kabylei[96] unterjocht[97].

Mit Tunis lag man im Streit wegen der Grenzen zwischen dem Beylik Constantine und der Regentschaft Tunis. 1614 hatte man sich zwar friedlich geeinigt, aber im Mai 1628 kam es zur Schlacht bei Es-Settara, wo der tunesische Bey Jussuf eine Niederlage hinnehmen mußte, woraufhin es zur vertraglichen Grenzregelung kam[98]. Trotz dieser Schwierigkeiten im Inneren fand Pascha Khusru, der bis zu seinem Tode 1627 das Paschalik leitete, noch Gelegenheit, die Kaperei zu unterstützen. Simon Danza hatte die Algerier mit den neueren Kenntnissen der Segeltechnik vertraut gemacht, so daß sie sich auch auf den Atlantik wagten[99].

1627 landete Murad-Reis (= Jan Janzs) in Island (!) und nahm 400 Einwohner gefangen[100]. Die Reis hatten bei ihren Fahrten solchen Erfolg, daß dem französischen Mittelmeerhandel große Verluste zugefügt wurden. Deshalb beauftragte 1626 Ludwig XIII. Sanson Napollon, der 1614 bis 1616 Konsul in Alepo gewesen war, mit Verhandlungen mit Algier, nachdem die wiederholten Zusagen und Firmane des Sultans sich als wirkungslos erwiesen hatten[101].

Sanson gelang am 19. September 1628 gegen viel Geld und unter dem Versprechen, die Kanonen des Danza zu liefern, der Abschluß

---

[93] Zum Ganzen vgl. *Mercier* III, S. 197—200.

[94] *Playfair,* Scourge S. 38 ff.; *Mercier* III, S. 200 f.

[95] *Playfair* a. a. O. S. 46; Text des Vertrages ist unbekannt.

[96] Vgl. hierzu *Mercier* III, S. 167, 169, 190, 208, 230, 233; *Berbrugger,* époques S. 45—139 (67 ff., 78 f., 94 f., 109 f.: Stamm der Kuku); *Bibesco* S. 121 ff.; *Robin,* Organisation, S. 135.

[97] *Mercier* III, S. 207 ff.; Tableau 1839, S. 347 Anm. 1.

[98] *Mercier* III, S. 209.

[99] *Gosse* S. 51. Hierdurch wurden die christlichen Sklaven als Galeerenruderer überflüssig. Man konnte wegen der geringeren Menge benötigten Proviantes weiterfahren.

[100] *Mercier* III, S. 208; *Bernard* S. 56; auch *Gosse* S. 54, 57, der über Raubzüge an den englischen Küsten berichtet; *Leip* S. 160; *Playfair,* Scourge Seite 52.

[101] *Mercier* III, S. 209; *Bernard* S. 75.

eines Vertrages[102], in dem der Austausch der Gefangenen, die Vereinbarung, daß der Handel nicht durch Kaperei oder Gefangennahme der Angehörigen beider Nationen gestört werden dürfe, und die Wiedererrichtung des Kontors in Bastion de France festgelegt wurden.

Schon 1623 bis 1626 hatte sich der Holländer Cronelius Ponnaker beim „Vizekönig“ von Algier aufgehalten, um einen Vertrag zu schließen[103]. Erfolg war aber nur Sanson de Napollon beschieden, vor allem dadurch, daß der Vertrag auch durchgeführt wurde: Algier erhielt nun endlich die beiden Kanonen zurück[104].

1629 jedoch machte Frankreich sich der Vertragsverletzung schuldig, als französische Schiffe in drei Fällen algerische Schiffe erstürmten und die Besatzung ermordeten oder zu Sklaven machten und verkauften[105].

Auch die Entsendung des Sonderbotschafters Ricon konnte Repressalien seitens Algiers nicht verhindern: Viele Franzosen — einschließlich des Konsuls — wurden gefangengenommen und mißhandelt[106].

Am 7. Juli 1640 konnte Du Coquiel den Abschluß eines Vertrages erreichen, dem aber Richelieu nicht die Zustimmung erteilte, so daß während dieser Jahre Algier und Frankreich in Krieg miteinander standen[107].

1645 erhielt die algerische Flotte den Befehl, dem Sultan in seinem Kampf gegen den Malteser-Orden und Venedig zu Hilfe zu kommen. Die Algerier trotzten aber diesem Befehl; 1638 hatten sie in Valona, als sie für den Sultan kämpften, eine schwere Niederlage erlitten[108]. Da die Schiffe im Eigentum der einzelnen Reis standen, waren sie nur mehr bereit, bei erfolgversprechenden Aktionen den Sultan zu unterstützen. Der Sultan besaß nicht mehr die Macht, sich gegen die Algerier durchzusetzen, wenngleich er 1645 den widerstrebenden Führer der Taiffe ermorden ließ[109].

Während die europäischen Staaten ihre Kräfte im 30jährigen Kriege verbrauchten, waren die Algerier die Herren des Mittelmeeres. Der offizielle Loskauf der Sklaven, der von geistlichen Orden durchgeführt wurde[110], konnte nur wenige der immer zahlreicher

---

[102] *Grammont* S. 165; *Carette* S. 241 f.

[103] *Mercier* III, S. 212.

[104] *Mercier* III, S. 211; über Sanson Napollons Auftrag vgl. *Grammont*, Relations.

[105] *Mercier* III, S. 213.

[106] Vgl. die Dokumente und Anmerkungen bei *Plantet*, Deys I, S. 41 ff.

[107] *Mercier* III, S. 231.

[108] *Zinkeisen* IV, S. 559 ff.

[109] *Mercier* III, S. 235—237; *Grammont* S. 192 ff.

[110] Vor allem der Trinitarier und Lazaristen, vgl. zu dem Verfahren der Sklavenbefreiung aus der umfangreichen Literatur z. B.: *Berbrugger*, rachat; *Boutin* S. 182 ff.; *Gosse* S. 70 ff.; *Falkenhagen*.

werdenden Unglücklichen von ihrem Schicksal erlösen. Saint Vincent de Paul[111], einst selbst tunesischer Gefangener, gründete „l'oeuvre des esclaves", dessen vielfältige Beziehungen sich auch die Politik zunutze machte.

Das Konsulat in Algier, ursprünglich im Besitz der Marseiller Familie de Vias, wurde den Lazaristen zugesprochen[112]. St. Vincent entsandte 1646 den Pater Barreau, der schon 1647 vom Pascha verhaftet wurde. Hiermit wollte dieser die Reis ablenken, die sich dem Befehl des osmanischen Sultans, eine Flotte zu entsenden, widersetzten[113]. Dem Sultan blieb später nichts anderes übrig, wenn er die Dienste der algerischen Reis in Anspruch nehmen wollte, als hierfür zu zahlen[114]. 1645 und 1649 nahmen die Schiffe der Reis an den Seeschlachten von Foggia und Candia teil, die beide verloren gingen, was aber den sonstigen Erfolgen der Reis keinen Abbruch tat. 1651 schloß Holland einen Vertrag mit dem Diwan von Algier, dessen Durchführung die Reis verweigerten[115]. 1646 hatte England zwar Vereinbarungen mit Algier getroffen, aber die Korsaren griffen sogar englische Schiffe vor der englischen Küste an[116].

1653—1655 erreichte Blake, von Cromwell entsandt, bei allen Barbaresken die Freigabe der englischen Gefangenen[117]. Aber auch Venedig[118], Frankreich und Holland[119] fügten den Barbaresken erheblichen Schaden zu. Außerdem wütete 1654 die Pest[120].

3. Kapitel: Algier unter den Deys (1671 — 1830)

1658 entstand zwischen dem Pascha und der Taiffe ein Streit über die Verteilung der vom Sultan für die Teilnahme der Algerier an seinen Kriegszügen gezahlten Gelder. Diese Zwistigkeiten nutzten die Janitscharen für sich aus: Sie rebellierten, entmachteten den Pascha, dem nur einige Ehrenrechte verblieben[121], und erreichten, daß

[111] Vgl. *Grammont* S. 195—199; *Gosse* S. 82 ff.

[112] *Bernard* S. 76/77.

[113] *Mercier* III, S. 238.

[114] *Mercier* III, S. 241.

[115] *Gosse* S. 59 berichtet über die Wirkungslosigkeit der Vereinbarungen zu dieser Zeit; vgl. besonders *Mercier* III, S. 241.

[116] *Playfair,* Scourge S. 64 ff.: 242 Engländer wurden ausgelöst. Der Text der Vereinbarung ist jedoch unbekannt.

[117] *Mercier* III, S. 246 f. und *Gosse* S. 59; über weitere englische Aktionen vgl. *Gosse* S. 60 ff.; *Playfair,* Scourge S. 70 ff.

[118] Admiral Morsini.

[119] Admiral Ruyter zerstörte 1656 vor Gibraltar ein algerisches Geschwader, *Mercier* III, S. 247.

[120] *Mercier* III, S. 249.

[121] Tableau 1841, S. 423.

die Reis 1/10 aller Beute an die Janitscharen zahlen mußten[122]. Die Leitung des Staates lag in den Händen des Diwan, an dessen Spitze der Agha stand[123]. Der erste Herrscher nach dieser Revolution war Chalil-Agha. Er senkte die Zölle und versuchte, mit Frankreich in gute Beziehungen zu kommen.

Der französische Konsul berichtete über die nach seiner Ansicht günstige Lage nach Frankreich, doch die französische Regierung weigerte sich, mit den neuen Machthabern einen Vertrag zu schließen, weil dies der Anerkennung der offenen Rebellion gegen die befreundete Regierung des Sultans gleichkomme[124]. Ob diese Ansicht richtig war, muß bezweifelt werden; denn die Erhebung der Janitscharen verdeutlichte nur die tatsächlichen Verhältnisse, die schon lange bestanden[125]. Die Macht der Pforte reichte schon lange nicht mehr dazu aus, den Algeriern Befehle zu erteilen. Sie waren nach dem Urteile Hammers[126]: „Titularuntertanen" des osmanischen Reiches.

Das neue Regierungssystem war wenig stabil: Die Herrscher wurden alle nach kurzer Amtsdauer von den Janitscharen ermordet[127].

Am meisten hatten aber die Reis zu leiden. Da die ständigen Regierungswechsel zu Übergriffen auf die in Algier wohnenden Europäer führten, begannen die europäischen Staaten mit zahlreichen Unternehmungen gegen Algier[128]. Mit Frankreich konnte 1666 das gute Einvernehmen wiederhergestellt werden[129]. Bastion de France wurde unter der Leitung von Jacques Arnaud wieder errichtet. 1127 gefangene Franzosen erhielten die Freiheit.

Die innere Verwirrung nahm jedoch immer mehr zu, so daß die Taiffe 1671 den Reis Hadj-Mohammed nach tunesischem Vorbild zum Dey wählte, dem es, auf die Macht der Taiffe gestützt, gelang, wieder einigermaßen geordnete Verhältnisse zu schaffen[130].

Die Macht wurde nun durch den Dey ausgeübt, der vom Diwan gewählt wurde[131]. Der Diwan bestand aus 48 Obersten und Hauptleuten der Janitscharen und 18 Ältesten aus der Stadt Algier. Wegen dieses Übergewichtes der Janitscharen kann man Algier seit dieser Zeit als Militärrepublik[132] bezeichnen. Der Diwan besaß die Verfügungsgewalt über den Staatsschatz und bestimmte den Dey nach freiem Belieben.

---

[122] *Mercier* III, S. 250.
[123] *Bernard* S. 48.
[124] *Mercier* III, S. 251.
[125] Vgl. *Hammer,* Geschichte II, S. 325—327; *Tassy* S. 53.
[126] Geschichte III, S. 27.
[127] Vgl. *Mercier* III, S. 251, 252, 266, 274.
[128] *Rotalier,* Expeditions, S. 204—207; *Playfair,* Scourge S. 79 ff.
[129] *Planet,* Deys I, S. 60 f.
[130] Zum Ganzen *Mercier* III, S. 274.
[131] Zur Organisation vgl. *Grammont* S. 226 ff.; Tableau 1841, S. 411 f.
[132] *Shaler* S. 16: „military republic".

Der Pascha der Pforte übte nur noch die Funktion eines ständigen Gesandten der Pforte aus[133].

Während der Regierungszeit der ersten Deys[134], aus deren kurzer Amtszeit man leicht die zunächst noch wenig gefestigte Lage erkennen kann, blühten Piraterie und Sklavenhandel in großem Ausmaße[135].

Die europäischen Staaten versuchten, durch Verträge und zahlreiche kriegerische Aktionen Sicherheit für ihre Untertanen zu erhalten[136].

Von besonderem Interesse ist die Entwicklung der algerisch-französischen Beziehungen. 1681 hatte der französische Admiral Duquesne einen Gefangenenaustausch mit Algier vereinbart. Frankreich brachte seine Gefangenen aber nicht nach Algier, sondern nach Konstantinopel, vielleicht aus Versehen, vielleicht um der Pforte ein Druckmittel gegen Algier zu verschaffen. Der Diwan war hierüber derart erbost, daß er am 18. Oktober 1681 den Krieg erklärte, der dem französischen Handel schwere Verluste zufügte[137].

Duquesne bombardierte daraufhin Algier in den Jahren 1682[138] und 1683[139]. Die hierdurch angerichteten Verwüstungen ließen die Algerier zur Vernunft kommen: 1684 konnte Tourville einen Friedensvertrag abschließen. Der Dey entschuldigte sich bei Ludwig XIV. für die Übergriffe[140] und entsandte einen Botschafter, Hadj-Djafer-Agha, nach Versailles[141]. Alle diese Beteuerungen freundlicher Absichten blieben fruchtlos, solange einzelne Reis französische Schiffe kaperten. Als Frankreich die Bewaffnung aller seiner Schiffe anordnete und ein französisches Geschwader algerische Schiffe ohne Rücksicht darauf, ob sie vertragstreu waren, angriff, entstand in Algier eine große Unruhe, in deren Verlauf der Konsul Piolle schwer mißhandelt und elf französische Schiffe im Hafen konfisziert wurden[142].

Frankreich, welches diese Maßnahmen nicht dulden wollte, entsandte Admiral Estrée, der am 26. Juni 1688 vor Algier erschien.

---

[133] *Mercier* III, S. 280.

[134] Zur Chronologie vgl. *Mercier* III, S. 556 f.

[135] *Gosse* S. 70 ff.; *Playfair,* Scourge S. 8 ff.

[136] Vgl. *Playfair,* Scourge S. 88—136; *Mercier* III, S. 280 ff.

[137] *Plantet,* Deys I, S. 79/80 Anm. 2; *Rotalier,* Expeditions, S. 208 ff.

[138] *Bernard* S. 78 ff.; *Rittmeyer* S. 403 ff.; *Pitois* IV, S. 201 ff.

[139] *Gosse* S. 62; *Mercier* III, S. 295; Tableau 1841, S. 427 ff.; Dokumente bei *Plantet,* Deys I, S. 84 ff.; der Dey Mezzo-Morte ließ den französischen Konsul Le Vachers durch eine Kanone erschießen. Diese Kanone — „La consulaire" genannt — kam später nach Brest, *Plantet,* Deys I, S. 85 und *Devoulx,* canon.

[140] *Plantet,* Deys I, S. 87 ff.

[141] *Mercier* III, S. 297; vgl. dessen Rede bei *Plantet,* Deys I, S. 90 f.

[142] *Mercier* III, S. 305; vgl. den regen Briefwechsel zwischen Frankreich und Algier in der Zeit von 1684 bis 1688: *Plantet,* Deys I, S. 95—157.

Beide Seiten drohten sich gegenseitig, die in ihrer Macht befindlichen Angehörigen der anderen Seite umzubringen[143]. Am 1. 7. wurde von Estrée das Feuer eröffnet, das bis zum 16. 7. andauerte und verheerende Folgen in Algier hatte. Mezzo-Morte ließ als Entgegnung am 1./2. 7. den Konsul Piolle und 42 andere Franzosen vor Kanonen binden und so umbringen[144]. Ende 1688 kam in Algier der alte Ismael[145] an, dessen Ernennung zum Pascha von Algier Frankreich bei der Pforte erreicht hatte. Mezzo-Morte fühlte sich so stark, daß er noch nicht einmal einen Delegierten der Pforte dulden wollte. Er verweigerte Ismael die Landung, der daraufhin nach Marokko weiterreiste, wo er bald verstarb[146].

Diese Machtdemonstration des Deys ließ die Janitscharen um ihren Einfluß fürchten. Noch Ende 1688 setzten sie Mezzo-Morte ab und wählten Hadj-Chabane zu seinem Nachfolger[147]. Die Beziehungen zu Frankreich, die schon 1688 durch eine Mission Girardins[148] wieder aufgenommen worden waren, besserten sich, vor allem als der neue Dey Mohammed-el-Amine als Botschafter nach Frankreich[149] schickte. Am 24. September 1689 unterzeichnete Marcel einen Vertrag in Algier.

1708 gelang unter dem Dey Mohammed-Baktache die Eroberung Orans[150], dessen Schlüssel nach Konstantinopel gesandt wurden[151]. 1710 entsandte die Pforte nach langen Jahren, in denen sie darauf verzichtet hatte, wieder einen Pascha: Charkan-Ibrahim. Der Dey

---

[143] Vgl. Estrées Schreiben vom 29. Juni 1688: *Plantet,* Deys I, S. 157.

[144] Über die Einzelheiten siehe *Mercier* III, S. 305 f.; auch *Bernard* S.80 f.; *Rotalier,* Expeditions, S. 218 ff.; *Plantet,* Deys I, S. 159.

[145] Er war schon 1659 Pascha von Algier gewesen, *Plantet,* Deys I, S. 56 ff.

[146] Pascha Ismael hatte am 10. Oktober 1688 einen Brief an Ludwig XIV. geschrieben, worin er sich über die Algerier beklagte. Hierin heißt es, daß Algerier ihm erklärt hätten: „Votre Sultan n'a rien à voir ni aucun intérêt à démèler en ce pays. Nous n'avons aucun besoin de Pacha et nous n'en voulons point. Retournez au lieu d'où vous étes venu, sinon vous verrez ce qui vous arrivera. Chaque Prince est maître dans son pays; il s'y maintient par son épée et par sa puissance, et il s'acquitte du gouvernement de son Etat sans se soucier de personne, et nous en usons de même. Le royaume d'Alger n'est pas trop pour nous, et, par la bénédiction qui s'attache à notre sabre et à notre puissance, nous ne craignons rien. Nous ne demandons ni espérons aucune chose de personne. Nous administrons notre Etat et nous nous acquittons du gouvernement du pays comme nous devons, sans appréhender qui que ce soit. Retirez-vous au plus tôt, sinon, vous vous repentirez!" *Féraud,* Lettre S. 71/72; *Planet,* Deys I, S. 159 ff.

[147] *Mercier* III, S. 307.

[148] *Mercier* III, S. 306.

[149] *Plantet,* Deys I, S. 261—294.

[150] Vgl. *Grammont* S. 273; *Mercier* III, S. 332—335; *Carette* S. 250.

[151] *Mercier* III, S. 336.

wies ihn schroff ab und erreichte von der Pforte das Versprechen, in Zukunft auf einen Pascha in Algier zu verzichten[152], wodurch die Selbständigkeit Algiers auch von der Pforte anerkannt wurde.

1712 hatte Holland einen Vertrag geschlossen, konnte aber wegen Geldmangels den darin vereinbarten Sklavenfreikauf nicht durchführen, weshalb der Vertrag von seiten Algiers aufgehoben wurde. Auch mit England lag Algier in Krieg[153].

Die europäischen Mächte waren bemüht, Algiers Unabhängigkeit zu zerstören, und auch die Pforte wurde wieder aktiv. Sie mußte aber hinnehmen, daß der Dey ihr vorwarf, bei den Bombardierungen keine Hilfe geleistet zu haben, und daß er ihr den 1710 gegebenen Verzicht auf Oberhoheit entgegenhielt[154]. Die Folge war, daß die Pforte keinen ständigen Gesandten mehr in Algier besaß, sondern sich darauf beschränkte, bei besonderen Angelegenheiten Botschafter zu senden[155]. Hiermit fand ein irgendwie geartetes Verhältnis der Unterordnung zwischen Algier und der Pforte auch sein formales Ende, eine Art Bundesgenossenschaft trat an seine Stelle[156].

1732 gelang Spanien die Rückeroberung Orans[157], was der 88jährige Dey nicht überlebte (3. September 1732). Sein Schwager Ibrahim folgte ihm als Dey[158]. In Algier gewannen ruhigere Elemente die Oberhand. Vor allem bemühte man sich, die Verträge einzuhalten, sei es, daß man die daraus resultierenden Vorteile schätzen, sei es, daß man die bei Verletzungen üblichen Repressalien fürchten gelernt hatte.

1741 waren zwei algerische Schiffe an der französischen Küste vertragswidrig aufgebracht worden, woraufhin sieben französische Schiffe in Algier beschlagnahmt und der Konsul de Janville zu Zwangsarbeit verpflichtet wurde. Dieser Streit wurde durch Zahlungen Frankreichs 1742 beigelegt[159]. Im September 1750 explodierte ein Pulverlager, welches Schweden und Dänemark ersetzen mußten[160]. September 1753 brachten die Reis den französischen Kapitän Prépaud nach Algier, weil er angeblich ihre Schiffe angefallen hatte[161].

---

[152] *Mercier* III, S. 337.

[153] *Rittmeyer* I, S. 593; *Mercier* III, S. 338; *Playfair,* Scourge S. 162 ff.

[154] *Mercier* III, S. 350.

[155] 1725 entsandte sie Ismael Agha, der Algier zum Abschluß eines Friedensvertrages mit Österreich bewegte, *Hammer,* Geschichte IV, S. 218.

[156] *Tonnies* S. 62.

[157] Vgl. *Mercier* III, S. 353—358; *Grammont* S. 288; *Carette* S. 251; *Sandoval,* Oran S. 221 ff.

[158] *Mercier* III, S. 358.

[159] *Mercier* III, S. 371; vgl. die Dokumente bei *Plantet,* Deys II, S. 190 ff.

[160] *Mercier* III, S. 382.

[161] *Plantet,* Deys II, S. 216 Anm. 2.

Der Dey verurteilte ihn zur Prügelstrafe, an deren Folgen Prépaud starb. Als der französische Konsul daraufhin 1754 abberufen wurde, erwartete man den Krieg, den die Janitscharen durch die Ermordung des Dey und Versöhnung Frankreichs abwenden wollten[162].

Ali-Nekcis, der neue Dey, geriet in Auseinandersetzungen mit Frankreich (1763)[163].

Aber schon 1764 war mit Frankreich das Einvernehmen wieder hergestellt, was man aus der Behandlung algerischer Schiffbrüchiger in Frankreich erkennt[164]. Dänemark sah sich 1772 zu einem demütigenden Frieden, in dem Geld und Waffen als Leistung zu erbringen waren, gezwungen[165]. 1775 rüstete Spanien eine große Expedition unter O'Reilly aus, deren unentschlossenes Vorgehen zu einem Mißerfolg führte[166]. Aber auch ein 1782 mit der Pforte geschlossener Vertrag, in dem die Barbaresken aufgefordert wurden, dem Beispiel der Pforte zu folgen[167], brachte Spanien keine Sicherheit, weil Algier den Firman des Sultans zurückwies[168]. Erst erneute Expeditionen[169] 1783/1784 führten zum Vertragsabschluß am 14. Juni 1786.

1790 wurde Oran durch ein großes Erdbeben zerstört[170], das dann vom Bey des Westens, Mohammed, angegriffen wurde, aber nicht genommen werden konnte[171]. Am 12. September 1791 unterschrieb der neue Dey Hassan in Algier einen Vertrag, den der spanische König am 9. Dezember ratifizierte. Hierdurch wurde Spanien das Recht eines eigenen Kontors bei Mers-el-Kebir und andere Privilegien gegen Räumung von Oran zugestanden[172].

Unter Hassan siedelten sich zwei jüdische Bankiers aus Livorno, Nephtalé Busnach und Joseph Bacri, in Algier an[173], die schon bald wegen der ihnen eingeräumten Monopole auch politischen Einfluß nahmen[174]. Durch ihre Beziehungen zu den europäischen Banken konnte Algier in Frankreich erhebliche Gelder aufnehmen[175].

---

162 *Grammont* S. 305.

163 *Mercier* III, S. 395; *Plantet,* Deys II, S. 269—286; über das Wirken des englischen Konsuls Bruce vgl. *Berbrugger,* consul, vor allem S. 337.

164 *de Boynes,* Naufrages 1764.

165 *Mercier* III, S. 401.

166 *Grammont* S. 326 ff.; *Féraud,* O'Reilly.

167 *Noradounghian* I, S. 348 — Art. 17.

168 *Grammont* S. 331.

169 *Mercier III,* S. 413 f.

170 *Mercier* III, S. 431.

171 *Mercier* III, S. 432 f.

172 *Mercier III,* S. 434, zum Ganzen auch: Tableau 1839 (Domination espagnole), S. 352 ff.

173 *Mercier* III, S. 445, zu diesem auch *Bernard* S. 92 ff.; *Casette* S. 253.

174 Bei der Besetzung der Bey-Stelle von Constantine, *Mercier* III, S. 446.

175 Z. B. 1793 5 Mill. Francs, *Mercier* III, S. 445.

1798 eroberte Napoleon Malta und beseitigte den Erbfeind Algiers[176]. Als Napoleon in Ägypten einfiel und der Bruch mit Konstantinopel eintrat, entsandte der Sultan mehrere Firmane nach Algier mit der Aufforderung, Frankreich als Feind zu behandeln. Schließlich wurden am 21. 12. 1798 der französische Konsul Moltedo und sein Personal verhaftet, aber am 2. 2. 1799 schon wieder freigelassen[177]. Mehr war Algier nicht bereit, für seinen Bündnispartner zu tun. Im September 1800 kam es wieder zum Vertragsschluß durch Dubois-Thainville, der 1801 das Konsulat übernahm[178].

Unruhen in Constantine[179] führten zu Unruhen im Lande. Mehrere[180] Attentatsversuche wurden auf den Dey verübt. Am 25. Juni 1805 begann auf die Ermordung Busnachs hin ein Progrom gegen die Juden[181]. Am 30. Juni 1805 erlag der Dey einem Attentat[182]. Den neuen Deys gelang es nicht, Ruhe zu schaffen. Sie wurden vielmehr bald nach Amtsantritt enthauptet[183]. In Algier herrschte eine allgemeine Anarchie[184], die noch verstärkt wurde durch die Maßnahmen Lord Exmouths, der im Interesse[185] der auf dem Kongreß zu Wien 1815 versammelten Mächte 1816 Algier bombardiert und dem Dey einen Frieden diktiert hatte[186], in dem vor allem die Aufgabe der Piraterie und die Freilassung aller europäischen Sklaven[187] vereinbart wurde.

Damit war die Grundlage des Staates angegriffen, die Existenz aller Einwohner bedroht. Unruhen konnten nicht ausbleiben.

Diese unruhigen Zustände[188] fanden erst ein Ende, als 1818 Hussein-Dey die Macht übernahm. Mit Unterstützung Yahia-Aghas gelang ihm die Befriedung der Provinzen[189].

Mit den europäischen[190] Staaten und den USA[191] lebte Algier nun in geordneteren Beziehungen.

---

[176] *Mercier* III, S. 448; vgl. *Plantet,* Deys II, S. 486 f.

[177] *Mercier* III, S. 449; *Plantet,* Deys II, S. 488, Anm. 1.

[178] *Mercier* III, S. 452; nachdem Frankreich Genugtuung erbracht worden war; *Grammont* S. 357 f.

[179] *Mercier* III, S. 458 ff.

[180] März 1804, Mai 1805.

[181] *Grammont* S. 360 f.

[182] Vgl. zur Lage *Mercier* III, S. 461 f.

[183] *Mercier* III, S. 476; vgl. auch *Carette* S. 254.

[184] *Mercier* III, S. 484; *Grammont* S. 372.

[185] Zwar war kein Beschluß zustande gekommen, England handelte jedoch im Sinne aller Mächte; *Playfair,* Scourge S. 253 ff.

[186] Tableau 1841, S. 414.

[187] *Playfair,* Scourge S. 259.

[188] Vgl. *Mercier* III, S. 499 ff.

[189] *Mercier* III, S. 503 f., 508, 515, 519—521.

[190] *Playfair* S. 297 ff.; viel Material findet sich bei *Shaler,* der in dieser Zeit amerikanischer Konsul in Algier war.

[191] *Dupuy* S. 321 ff.; *Irwin* S. 176 ff.

Als der französische Konsul Deval den Dey am 29. April 1827 wieder einmal[192] an die Bezahlung der von Bacri und Busnach in Frankreich gemachten Schulden erinnerte, schlug Hussein den Konsul mit einem Fliegenwedel ins Gesicht[193]. Als Reaktion auf diese Völkerrechtsverletzung verhängte Frankreich am 16. Juni 1827 eine Blockade über Algier[194] und griff, als dies nicht den gewünschten Erfolg zeitigte, 1830 zu Lande an.

Diesem massiven Druck war Algier nicht gewachsen: am 4. Juli 1830 unterzeichnete der Dey die Kapitulation, die Frankreich die Regierungsgewalt übertrug. Der Dey ging außer Landes und lebte bis zu seinem Tode in Livorno.

Frankreich besetzte im Laufe einiger Jahre das gesamte Gebiet von Algier, so daß mit dem Jahre 1830 die Geschichte des Barbareskenstaates Algier endet.

3. Abschnitt: Tunis

1. Kapitel: Die Begründung der türkischen Macht

Die Geschichte des Barbareskenstaates Tunis beginnt ebenfalls mit dem Eingreifen Khair-ed-Din Barbarossas. Im August 1534 brach er mit der osmanischen Flotte von Konstantinopel aus nach Tunis auf. Folgendes hatte sich zuvor ereignet:

Der Hafside Aban-Abd-Allah-Mohammed (auch Muley Mohammed), derselbe Herrscher von Tunis, der Horuk und Khair-ed-Din in den Jahren 1509 bis 1511 in der Hoffnung, seine eigene Macht zu stärken, Zuflucht und Hilfe angeboten hatte[195], war 1526[196] nach 34jähriger Herrschaft gestorben. Er hinterließ vier Söhne, deren jüngster, Mulei-Hassan, auf Betreiben seiner Mutter den Thron usurpierte und sich seiner drei Brüder durch Meuchelmord zu entledigen suchte, was bei zweien gelang. Der dritte jedoch, Al-Raschid, der als ältester der rechtmäßige Nachfolger war, konnte entkommen und wandte sich in Algier an Khair-ed-Din, um Schutz und Gerechtigkeit für sich zu erbitten, ohne aber zu erkennen, daß er dabei an den gefährlichsten Gegner seiner Dynastie geriet[197].

Khair-ed-Din nahm Al-Raschid mit nach Konstantinopel, wo man sich aus seiner Anwesenheit politischen Nutzen versprach. Danach steuerte er im August 1534 Tunis an, dessen Einwohner durch Gesandte davon unterrichtet wurden, daß die türkische Flotte ihren

---

192 Vgl. die vorangegangenen Schreiben: *Plantet*, Deys II, S. 557 ff.

193 Über die Einzelheiten siehe *Mercier* III, S. 526; *Plantet*, Deys II, S. 563 Anm. 2.

194 Vgl. das Ultimatum Capitain Collets vom 15. Juni 1827: *Plantet*, Deys II, S. 563 f.; zur Blockade: *Plantet* a. a. O. S. 565 Anm. 1.

195 *Mercier* III, S. 6.

196 *Mercier* III, S. 29; nach anderen Quellen 1533 vgl. *Hammer* II, S. 128; *Schlözer* S. 65.

197 *Marcel* S. 175.

rechtmäßigen Herrscher Al-Raschid mit sich führe. Die Stadt ergab sich am 18. 8. 1534 kampflos[198], nachdem sie Mulei-Hassan vertrieben hatte[199]. Am 22. 8. hielt Khair-ed-Din seinen feierlichen Einzug in Tunus[200], womit sein Auftrag erfüllt war[201]. Al-Raschid und die hafsidische Dynastie wurden nicht wieder eingesetzt. Wahrscheinlich war er schon vor dem Auslaufen in Konstantinopel ermordet worden[202]. Statt seiner wurde Sinan Pascha als türkischer Statthalter Herrscher über Tunis[203]. Zuvor hatte man mögliche Anhänger der Hafsiden — es soll eine beträchtliche Anzahl gewesen sein — ermordet und die türkische Herrschaft so gefestigt[204]. Sinan Pascha setzte einen Bey zu seiner Unterstützung ein, und sein Diwan bestand aus Mitgliedern der türkischen Miliz[205].

Dieser Versuch, auch das Gebiet der Hafsiden dem osmanischen Reich untertan zu machen, war nicht von dauerndem Erfolg gekrönt. Mulei-Hassan war am Leben geblieben und verwandte alle Kraft darauf, seinen Thron wieder zu besteigen. Natürlicherweise suchte er daher, den Feind der Osmanen, Kaiser Karl V., für seine Sache zu gewinnen[206]. Die spanische Macht hatte durch die Tätigkeit Khair-ed-Dins erhebliche Verluste in Nordafrika hinnehmen müssen. Im Kampf mit Franz I. bahnte sich eine neue Entwicklung an, da dieser schon 1533 mit Khair-ed-Din und durch diesen mit der Pforte Verbindungen geknüpft hatte, die 1535 zum Abschluß eines Vertrages führten[207]. Karl V. erhoffte sich von einem glänzenden Sieg in Afrika günstige Auswirkungen auf seine europäischen Pläne. Schon am 23. Mai 1535 brach die spanische Flotte von Barcelona auf[208]. Am 27. Juli war Tunis erobert[209].

Karl V. schloß mit Mulei-Hassan einen Vertrag ab[210], worin Karl V. seine Unterstützung zusagte und Mulei-Hassan Karl V. als seinen Lehnsherrn anerkannte und die Tunis vorgelagerte Insel „La Goulette" auf ewig an Spanien abtrat.

Beim Abrücken ließ Karl V. eine Schutztruppe zurück, mit deren Hilfe Mulei das Reich der Hafsiden wieder herzustellen suchte[211].

---

198 *Mercier* III, S. 35.
199 *Herrmann* S. 90.
200 Vgl. *Wiens* S. 57.
201 *Hammer* II, S. 128, 129; *Diercks* S. 258/259; Tableau 1841, S. 408.
202 *Herrmann* S. 90; *Diercks* S. 259; *Mercier* III, S. 35.
203 *Herrmann* S. 92.
204 *Mercier* III, S. 35.
205 *Herrmann* S. 92.
206 *Marcel* S. 176.
217 Vgl. *Hill* II, S. 435 ff.
208 *Mercier* III, S. 37.
209 *Hammer* II, S. 130; *Wiens* S. 57; *Schlözer* S. 67; *Casette* S. 226 f.
210 Vgl. *Rotalier*, Anhang Band 1, Nr. III.
211 Vgl. *Hammer* II, S. 133; *Zinkeisen* II, S. 761; *Schlözer* S. 68; *Herrmann* S. 91; *Jorga* II, S. 379; *Russel* S. 57 und 60.

Zwar hatten die Spanier 1541 nach erfolgreichen Eroberungen Andrea Dorias 1540 den Höhepunkt ihrer Macht erreicht[212], aber nach 1541 bröckelte diese schon stark ab, als Karl V. vor Algier vernichtend geschlagen wurde. Mulei, der sich der Feindschaft der gesamten mohammedanischen Welt ausgesetzt wußte, suchte daher einen anderen Beschützer für seine gefährdete[213] Herrschaft. 1542 begab er sich, nachdem er sein Vermögen dem spanischen Kommandanten von Goulette, Don Francisco de Tavar, übergeben hatte, nach Italien, um von dorther bei den europäischen Fürsten vorzusprechen. In seiner Abwesenheit bemächtigte sich sein Sohn Achmed[214], bis dahin Gouverneur von Bona, der Macht. Als Mulei mit einer in Mittel-Italien angeworbenen Truppe unter dem Neapolitaner Lofredo sich in Tunis durchsetzen wollte, fand er den Tod[215]. Auch Achmed, dem besondere Grausamkeit nachgesagt wurde, sah sich von allen Seiten bedroht:

Die Spanier besaßen die Festung Gouletta, von Mehdijeh aus drängte Draguth und die einheimischen Fürsten erstrebten die Unabhängigkeit von Tunis. Achmed blieb nichts anderes übrig, als die spanienfreundliche Politik seines Vaters fortzusetzen.

Die Türken erlangten in diesen Jahren eine erhebliche Vormachtstellung im Mittelmeer. Als im März 1568 Eudj-Ali die Paschastelle in Algier einnahm, unternahm er sofort einen Kriegszug gegen Tunis und seinen persönlichen Feind, Achmed[216]. Im Oktober 1569 zog der türkische Pascha ohne Schwertstreich in Tunis ein, Achmed hatte die Stadt verlassen und bei dem spanischen Fort Chekli Zuflucht gesucht[217]. Eudj-Ali ließ Chaid-Ramdane als Statthalter mit einer Besatzung von 1000 Türken zurück. Tunis war zum zweiten Male türkisch geworden[218], aber auch diesmal nicht endgültig. Schon 1571 wurde in der Schlacht von Lepanto die türkische Seemacht gebrochen. Don Juan d'Austria, 1547 als Sohn Karls V. und seiner deutschen Geliebten Barbara Blomberg in Regensburg geboren und somit Halbbruder Philips II., hatte nach seinem großen Sieg bei Lepanto die Belagerung Anfang Oktober 1573 entgegen den Weisungen Philips II., der die afrikanischen Besitzungen Spaniens wegen zu hoher Kosten und zu geringem militärischen Nutzen aufgeben wollte, aufgenommen, vielleicht weil er hoffte, sich die Krone eines nordafrikanischen Königsreiches aufzusetzen, um so seiner königlichen Abkunft auch sinnfälligen Ausdruck zu geben.

---

212 *Mercier* III, S. 46.
213 Draguts drängte von Mehdijeh her, *Mercier* III, S. 56.
214 Auch Hamida oder Hamuda.
215 Vgl. hierüber *Mercier* III, S. 56, und Enzyklopädie des Islam, IV, S. 914.
216 *Mercier* III, S. 106; *Defontin-Maxange* S. 121.
217 *Mercier* III, S. 107.
218 Vgl. zum Ganzen auch *Schlözer* S. 68; *Herrmann* S. 92; *Tonnies* S. 64.

Chaid-Ramdane leistete keinen Widerstand, sondern setzte sich nach Kairuwan ab, so daß Don Juan schnell Herr der Stadt war, die somit wieder einmal den Besitzer gewechselt hatte. Don Juan ließ als seinen Statthalter den Bruder des Achmed, Mulei-Mohammed, zurück, gab ihm aber Graf Serbelloni mit einer Truppe von 4000 Mann zur Seite[219]. Doch dieses spanische Lehen konnte nicht lange gehalten werden, zumal es gegen den Willen des Königs bestand. Schon 1574 rüstete Eudj-Ali erneut gegen Tunis[220], das sehr schnell mit der Hilfe von Sinan Pascha erobert wurde[221]. Heider-Pascha wurde als osmanischer Statthalter eingesetzt[222].

In Tunis hatte sich nun endlich die Ablösung der Hafsidischen Dynastie nach einem spanischen Zwischenspiel durch die Türken vollzogen. Die türkische Macht wurde von einem Pascha im Range eines Beylerbeys repräsentiert, dem ein Verwaltungsrat, der Diwan, assistierte. Dieser Diwan wurde von Führern der Janitscharen gebildet[223].

Die Janitscharen bildeten Odyaks, d. h. räumliche Bezirke mit einer organisatorischen Spitze. In der Berberei waren die Odyaks mit den Paschaliks identisch. Dieser Dualismus von staatlicher und militärischer Verwaltung ist für die Entwicklung Nordafrikas unter den Osmanen äußerst wichtig geworden.

Sinan-Pascha, der gemeinsam mit Eudj-Ali die Eroberung von Tunis durchgeführt hatte, hatte 4000 Janitscharen — eingeteilt in 40 Bataillone — zurückgelassen[224]. Die Führer dieser Bataillone trugen den Beinamen Dey, was soviel bedeutet wie Onkel mütterlicherseits[225].

2. Kapitel: Die Herrschaft der Deys (1590 — 1705)

Der Übermut der Janitscharen führte 1590 zu einer Revolution, in deren Verlauf alle Mitglieder des Diwan niedergemacht wurden[226]. Einer der vierzig Deys — Ibrahim Roudseli — erhielt das Kommando über die Truppen[227]. Der Pascha, der über keine eigenen Truppen verfügte, war auf die Gnade des Dey angewiesen und besaß keine Macht mehr. Ende 1593 wurde Othmane zum Dey gewählt, der wegen seiner besonderen Fähigkeiten erwähnt werden muß. Er gab

---

[219] Vgl. *Mercier* III, S. 115; *Hammer* II, S. 427; *Schlözer* S. 69; *Diercks* Seite 272.

[220] *Hammer* II, S. 427.

[221] *El-Kairouani* S. 311 ff.; *Schlözer* S. 69; *Diercks* S. 272/273.

[222] *Mercier* III, S. 118.

[223] *Mercier* III, S. 148; *Pellegrin* S. 135; *Marcel* S. 182 f., zur militärischen Organisation auch *Esterhazy* S. 251 ff.

[224] *Pellegrin* S. 135.

[225] *Mercier* III, S. 148.

[226] *Pellegrin* S. 136; *Herrmann* S. 93.

[227] Vgl. *Mercier* III, S. 557.

der Staatsverfassung unter der Bezeichnung „Mizan“[228] eine festere Gestalt und verstand es, auch im Innern des Landes für Ordnung zu sorgen. Durch die Abgaben der Piraten, die auch hier in der „Taiffe“ zusammengefaßt waren, wurde der Staatsschatz vermehrt[229]. Nachdem 1588 die spanische Armada vernichtet worden war, beherrschten die Schiffe der Barbaresken das Mittelmeer. Als Philip III. 1609 die Morisken aus Spanien vertrieb und dadurch nach dem äußeren Machtverlust auch den kulturellen Niedergang Spaniens einleitete, wurden diese befähigten Menschen vor allem von Tunis aufgenommen, was der einheimischen Produktion besonders zugute kam[230]. Dey Othmane designierte schon zu seinen Lebzeiten seinen Schwiegersohn Youssouf zu seinem Nachfolger. Als Othmane am 30. September 1610 starb, vollzog sich der Übergang ohne die sonst üblichen Wirren; Youssouf wurde zum neuen Dey gewählt[231]. In diese Zeit fällt der Bruch mit Frankreich[232], das noch 1605 durch de Brèves[233] hatte unterhandeln lassen.

Die Folge der Spannungen war, daß Youssouf die Kriegsführung der Barbaresken, d. h. den Seeraub, besonders begünstigte, wobei er sich der seeerfahrenen Renegaten Ward und Sanson bediente[234]. Durch die Maßnahmen wurden vor allem die Marseiller Reeder geschädigt, die daher mit Dey Youssouf um einen Frieden verhandelten, dessen Abschluß 1617 in greifbare Nähe gerückt war, als der französische Unterhändler de Vinciguerra[235] mit einer zum Vertragsabschluß bevollmächtigten tunesischen Delegation nach Marseille zurückkehrte[236]. Zwischenfälle in Algier und Marseille, wobei eine große Anzahl von Menschen den Tod fand[237], führten jedoch zu einem regelrechten Kriegszustand zwischen den europäischen und den Barbaresken-Staaten. Die Kaperschiffe der nordafrikanischen Reis meldeten große Erfolge[238]. Erst die Pest 1621 und beständige Angriffe der Engländer und Holländer zwangen Tunis 1622 zum Einlenken. Ein Friedensvertrag mit Holland wurde abgeschlossen und von 1625 bis 1629 weilte Lambert Verhoer als Konsul in Tunis[239]. Auch

---

[228] Enzyklopädie des Islam, IV, S. 914.

[229] Vgl. *Pellegrin* S. 136.

[230] Vgl. *Mercier* III, S. 184 ff.; *Pellegrin* S. 141.

[231] Über ihn siehe im einzelnen *El-Kairouani* S. 346 ff.

[232] *Mercier* III, S. 190; es handelt sich um die Folgen der Flucht Simon Dansas, vgl. *Leip* S. 143/144. Frankreich unterhielt seit 1577 ein Konsulat in Tunis, *Plantet*, Beys I, S. 1 f.

[233] *Mercier* III, S. 180, und *Brèves,* Relation.

[234] *Mercier* III, S. 191.

[235] *Plantet,* Beys I, S. 11 ff.

[236] *Mercier* III, S. 197.

[237] Näher *Mercier* III, S. 198/199 — s. oben S. 10.

[238] *Mercier* III, S. 199.

[239] *Mercier* III, S. 216.

den anderen europäischen Mächten gegenüber trat eine solch starke Entspannung ein, daß Papst Urban VIII. dem Dey Youssouf für die humane Behandlung der christlichen Sklaven dankte[240].

Die staatliche Verwaltung des Paschalik gliederte sich in Provinzen, den sogenannten Beyliks, deren nähere Einteilung nicht festgehalten ist, sei es, daß sie nicht feste Formen angenommen hatte, sei es, daß die Überlieferung insoweit lückenhaft ist[241]. Fest steht jedenfalls, daß zur Zeit Youssoufs Mourad-Bey, der von der Pforte zum Pascha ernannt worden war[242], und Hammouda-Bey als Beys tätig waren. Mourad machte sich zur wichtigsten Stütze des Dey, indem er für Ordnung im Innern Sorge trug. Die Insel Djerba wurde dem tunesischen Machtbereich eingegliedert, die Oasen erkannten die tunesische Oberhoheit an, und eine große Bautätigkeit setzte ein[243]. Die Macht Mourad-Beys war so stark, daß er seinem Sohn Hammouda den Titel Bey weitervererbte. Hierdurch bahnte sich die Erblichkeit der Beywürde an, die zu einem stabilen Faktor der Machtausübung werden sollte.

Nach 27jähriger Herrschaft starb am 30. 11. 1637 Dey Youssouf, sein Nachfolger wurde Mourad-Pascha, der bis Juni 1640 regierte[244]. Zu dessen Nachfolger wählten die Janitscharen einstimmig[245] Ali-Khoudja, der seine Regierung unter ungünstigen Vorzeichen antrat. 1640 herrschte eine Hungersnot und am 24. August fielen die Ritter von Malta ins Land ein und richteten große Verwüstungen an[246].

Auch in den folgenden Jahren trat keine große Persönlichkeit unter den Deys hervor[247], so daß Hammouda, als er 1631[248] die Nachfolge seines Vaters Mourad als Bey antrat, die Macht der Beys weiter ausbauen konnte. Es kam soweit, daß die inneren Angelegenheiten ausschließlich vom Bey erledigt wurden, der zu diesem Zweck regelmäßig Rundreisen zu den unterworfenen Volksstämmen[249] unternahm, begleitet von einem Kadi, der die anstehenden Rechtsfälle entschied[250].

---

[240] *Mercier* III, S. 216.

[241] Weder *Tischendorf* S. 85 noch *Mercier* III, S. 148 f., geben mehr als knappe Erwähnungen.

[242] *Pellegrin* S. 133.

[243] Vgl. *Mercier* III, S. 216, 232.

[244] Über ihn *El-Kairouani* S. 341 ff.

[245] *El-Kairouani* S. 354.

[246] Vgl. *Mercier* III, S. 232.

[247] Vgl. *El-Kairouani* S. 356 ff.

[248] Enzyklopädie des Islam IV, S. 915.

[249] Französisch = tribus; vielleicht beruht die von *Herrmann* S. 94 angegebene Überlieferung, er habe Tribut eintreiben sollen, auf einem Übersetzungsfehler.

[250] Vgl. *Mercier* III, S. 255.

Der Dey verlegte seine Tätigkeit vornehmlich auf die Pflege der auswärtigen Angelegenheiten. 1654 arrangierte man sich mit General Blake[251]. Dey Mustafa-Laz hatte 1660 seinen „ersten Offizier" Sidi-Ramdane mit der Botschaft des Wohlwollens zu Ludwig XIV. entsandt[252]. Am 5. Oktober 1662 war es zum Abschluß eines Friedens- und Navigationsvertrages mit England gekommen. Am 30. September 1663 erreichte Admiral Ruyter ähnliche Bedingungen für Holland[253].

Zwar bot der Hafen von Tunis vielen Piraten Schutz, aber dennoch war der Abschluß von Verträgen möglich und sinnvoll, denn anders als in Algier herrschten in Tunis geordnete Zustände. Vor allem gab es eine Regierung, die Ansehen im Lande genoß, zu vertraglichen Vereinbarungen bereit war „et qui etait au mesure de donner les réparations légitimes"[254]. Obgleich der Pascha den Zeitgenossen nicht mehr erwähnenswert war, betrachteten sich die Tunesier als Untertanen des Sultans[255]. 1638 hatten sie 8 Galeeren in Valona verloren[256].

Am 25. November 1665 wurden die 1660[257] eingeleiteten Verhandlungen mit Frankreich durch den Abschluß eines Vertrages gekrönt, den auf tunesischer Seite der neue Dey[258], Kara Kouz, unterzeichnete. Als Kara Kouz 1666 von den Janitscharen ermordet worden war[259], setzte der Kampf um die Macht im Staate ein, dessen Folge eine einige Jahre andauernde Anarchie im Lande war.

Hatte Hammouda-Bey die ihm zustehende Macht zurückhaltend ausgeübt, so versuchte nun Mourad, nachdem 1663 die Macht auf die drei Söhne Hammoudas Mourad, Mohammed und Hassan, übergegangen war[260], Einfluß auf die Besetzung des Dey zu erlangen[261]. Hierüber entstanden Streitigkeiten[262], aus denen Mourad 1673 als endgültiger Sieger hervorging. Aber schon bald überließ er die Macht seinen Söhnen Mohammed und Ali und zog sich nach Bardo zurück, wo er Ende 1675 starb[263].

---

251 *Mercier* III, S. 246.
252 *Mercier* III, S. 254.
253 *Mercier* III, S. 254.
254 *Mercier* III, S. 254.
255 *Mercier* III, S. 254.
256 *Mercier* III, S. 282.
257 *Plantet*, Beys I, S. 150 ff.
258 Er hatte am 21. Juli die Nachfolge Moustafas angetreten; *Mercier* III, Seite 266; *El-Kairouani* S. 361.
259 *Mercier* III, S. 267.
260 *Mercier* III, S. 254.
261 Vgl. im einzelnen *Mercier* III, S. 267, 281.
262 *Mercier* III, S. 282; zum Folgenden siehe auch *Marcel* S. 185 ff.
263 *Pellegrin* S. 138.

Mohammed konnte sich nach Kämpfen mit Ali durchsetzen, Dey und Diwan huldigten ihm als neuen Bey im Dezember 1675[264]. Ali, der verbannt worden war, kehrte jedoch 1676 zurück. Anarchie begann aufs neue, Ali und Mohammed kämpften mit wechselndem Geschick um die Macht[265]. Erst als Algier, mit dem Tunis seit 1614 mehrere Streitigkeiten ausgefochten hatte, unter Baba Hassan eingriff, konnte sich Ali 1680 durchsetzen[266], wobei Ali-Bey den Oberbefehl und Mohammed die Verwaltung des Kairuwaner Gebietes erhielt. Ihr Onkel El-Hafsi, der schon 1675 zum Bey von Dey und Diwan ernannt worden war[267], repräsentierte als Pascha den osmanischen Großherrn[268]. 1681 unternahm Ali einen erfolgreichen Kriegszug gegen den aufsässigen Stamm der Ouklad-Said[269].

Der auf Grund des von Algier vermittelten Kompromisses eingetretene Frieden hielt nicht lange an. Schon 1682 brachen zwischen allen Beteiligten Kämpfe aus[270], in die sich 1684, nachdem Duquesne abgezogen war, auch der algerische Dey Mezzo-Morte einschaltete. 1685 entsandte die Pforte einen Gesandten, der für Ruhe in den Provinzen sorgen sollte[271], aber genau das Gegenteil erreichte. Mohammed und Ali hatten sich inzwischen versöhnt und kämpften gemeinsam im Bündnis mit Algier darum, die Macht des Dey — es war Ahmed-Tchalabi — zu brechen. Der französische Admiral d'Estrée, der 1685 in Tunis zum Abschluß von Verträgen weilte, schloß daher am 30. August mit Tunis und am 4. September mit Ali und Mohammed gesonderte Verträge ab. Erst im Mai 1686 hatten die Brüder sich ganz durchgesetzt: Tchalabi fand den Tod. Unruhen flackerten jedoch in Tunis noch einmal auf, in deren Verlauf Ali von den Einwohnern ermordet wurde[272], womit Mohammed als alleiniger Machthaber übrig blieb. Die algerischen Truppen zogen zwar wieder ab; diese Intervention blieb aber der Anlaß der Schwierigkeiten in späteren Jahren[273].

Der Pforte blieb nichts anderes übrig, als die Zustände anzuerkennen. Sie verzichtete darauf, einen neuen Pascha zu benennen, sondern übertrug diesen Titel dem Dey Baktache, der ein Geschöpf des Bey Mohammed war[274]. 1689 sandte die Pforte dann auch einen Fir-

[264] Zu den folgenden Kämpfen der Söhne Mourads vgl. auch *Pellegrin* Seite 138 f.; *Lucas* II, S. 109 ff.

[265] Vgl. Einzelheiten bei *Mercier* III, S. 283, 284, 285, 297 ff.

[266] *Mercier* III, S. 297 ff.

[267] *Mercier* III, S. 283.

[268] *Mercier* III, S. 299.

[269] *Mercier* III, S. 299; *Lucas* II, S. 114.

[270] *Mercier* III, S. 300 f.

[271] *Mercier* III, S. 301.

[272] 18. Juni 1686, *Mercier* III, S. 301 *Lucas* II, S. 134.

[273] *Mercier* III, S. 302.

[274] *Mercier* III, S. 302.

man, „par lequel son autorité était reconnue et consacrée“[275]. 1692 versuchte ein gewisser Mohammed-Ben-Tchaker, mit algerischer Hilfe Mohammeds Macht zu brechen[276], was fast gelang, denn zeitweise wurde Ramdane[277] zum Bey ausgerufen. Mohammed versuchte daher, mit dem marokkanischen Sultan Moulei-Ismail ein Bündnis gegen Algier zu schließen. Der Dey von Tripolis ergriff hiergegen die Initiative und schlug dem Dey von Algier einen gemeinsamen Zug gegen Tunis vor, was auch im Frühjahr 1694 geschah. Mohammed, der durch das Angebot von Tributzahlung das drohende Unheil abwenden wollte, wurde schließlich vertrieben und Hadj-Châbane setzte Ende 1694 Ben-Tchaker als seinen „tributaire“ ein. Allerdings schon am 1. Mai 1695 konnte Mohammed-Bey, der sich mit den einheimischen Stämmen verbündet hatte, Ben-Tchaker schlagen. Mohammed hatte wieder einmal seine Macht erhalten können[278]. Am 5. Oktober 1696 starb er. Zunächst wurde sein Bruder Ramdane, der zwischenzeitlich beim Herzog der Toskana geweilt hatte[279], von der Bevölkerung unter Zustimmung von Dey, Diwan und Armee zum Bey gewählt. Dieser bestätigte die Verträge mit den europäischen Nationen[280].

Er beging aber die Unklugheit, auf Anraten eines Renegaten, seinen Neffen Mourad, den Sohn Ali-Beys, gefangenzunehmen und blenden zu lassen. Mourad erlangte jedoch das Augenlicht mit Hilfe eines französischen Renegaten wieder und nahm unverzüglich den Kampf gegen seinen Onkel auf. Am 10. März 1699 wurde Ramdane ermordet. Mourad zog als neuer Bey in Tunis ein[281]. Im Bündnis mit Marokko fiel Mourad 1700 über Algier her und belagerte Constantine[282]. Algier wählte einen neuen Dey, Hadj-Moustafa, einen energischen Mann, der sofort den Kampf gegen Mourad aufnahm und am 3. Oktober 1700 die tunesische Armee in die Flucht schlug. Mourad entsandte nach seiner Rückkehr nach Tunis eine Deputation unter dem Agha der Spahis, Ibrahim-Cherif, nach Konstantinopel[283], da sich die Algerier dort über seinen Angriff beschwert hatten. Sultan Moustafa II. schlug einen Freundschaftsvertrag vor, Mourad lehnte es jedoch ab, sich dieser Entscheidung zu unterwerfen und bereitete einen neuen Angriff vor[284]. Ende April 1702 gab er den Befehl, nach Westen vorzurücken, was bei den Janitscharen, die sich noch zu gut der

---

275 *Mercier* III, S. 311.
276 *Mercier* III, S. 312; *Lucas* II, S. 135 ff.
277 *Lucas* II, S. 145; *Marcel* S. 187.
278 Zum Ganzen *Mercier* III, S. 312—315; *Lucas* II, S. 158 ff.; *El-Kairouani* Seite 362 ff.
279 *Rousseau* S. 72 ff.
280 *Mercier* III, S. 316.
281 *Mercier* III, S. 317; zu ihm siehe im einzelnen *Lucas* II, S. 221 ff.
282 *Mercier* III, S. 319.
283 *Lucas* II, S. 236, 241.
284 *Mercier* III, S. 320/321.

Niederlage von 1700 erinnerten, wenig Begeisterung auslöste. Ibrahim-Cherif nutzte dies aus und gewann die Truppen für sich. Am 13. Mai 1702 fiel Mourad einem Attentat zum Opfer, das Ibrahim ausführte. Um seine Macht zu sichern, wurden auch die Verwandten Mourads enthauptet. Einstimmig wurde Ibrahim zum Bey gewählt. Er überprüfte die politische Machteinteilung und kam zu dem Ergebnis, daß der Dey eigentlich keine Aufgabe mehr erfüllte. Die Pforte verlieh ihm daher neben dem Titel des Pascha den des Dey[285], „de sorte qu'il réunit en sa personne les trois pouvoirs établis dans l'origine pour se faire contre-poids"[286].

3. Kapitel: Die Hussaniden-Dynastie (1705 — 1830)

Ibrahim fiel schon am 11. Juli 1705 den erneuten Kämpfen zwischen Algier und Tunis zum Opfer[287]. Sein Nachfolger in allen Ämtern wurde der Agha Hussein-ben-Ali, den Diwan und Bevölkerung anerkannten. Der algerische Dey El-Hadj-Mustafa bot am 10. August einen ehrenhaften Frieden an. Es kam jedoch zu keiner Einigung[288]. Nach einer schmachvollen Niederlage zog Mustafa-Dey Anfang Oktober nach Algier zurück[289]. Trotz weiterer Angriffe konnte sich Hussein endgültig durchsetzen. Er begründete die erbliche Dynastie der Hussaniden, die bis 1957 regierte[290].

Die Pforte erkannte diesen Zustand an, indem sie Hussein den Titel eines Vize-Königs von Ifrikya verlieh[291].

Die Dynastie der Hussaniden sah folgende Herrscher auf dem Throne von Tunis[292]:

1735—1756 Ali,
1756—1759 Mohammed,
1759—1782 Ali,
1782—1814 Hammuda,
1814—1824 Machmud,
1824—1855 Achmed.

In der gesamten Zeit erfuhr die Verfassung keine wesentliche Veränderung mehr. Der Bey von Tunis war einem König im europäischen Sinne vergleichbar. Sein Verhältnis zur Pforte bestand in der Aner-

---

[285] *Pellegrin* S. 139; vgl. zu Ibrahim auch *Lucas* II, S. 245 ff.
[286] *Mercier* III, S. 323; *Marchot* S. 18.
[287] *Pellegrin* S. 139, im einzelnen siehe *Mercier* III, S. 324 ff., besonders Seite 326; auch *Lucas* II, S. 249 ff.; *Marcel* S. 187 ff.
[288] *Mercier* III, S. 326.
[289] *Mercier* III, S. 327.
[290] Ab 1881 unter französischem Protektorat.
[291] *Mercier* III, S. 328; *Pellegrin* S. 150; *Lucas* II, S. 269.
[292] Vgl. *Marcel* S. 214.

kennung einer Hegemoniestellung des Sultans, mehr im religiösen als im politischen Sinne, wenn sich auch beide Bereiche nicht immer sauber trennen ließen.

So nahmen z. B. tunesische Soldaten 1827 und 1855 auf türkischer Seite an Kriegen teil[293].

Unmittelbaren Einfluß auf die Gestaltung des politischen Lebens besaß die Pforte nicht mehr. Die Verträge mit europäischen Staaten wurden vom Bey völlig selbständig im eigenen Namen abgeschlossen. Immer seltener wurden die Barbaresken in den Verträgen der Pforte mit den europäischen Mächten erwähnt.

Seit dem Beginn des 18. Jahrhunderts verfolgte Tunis eine selbständige Politik, deren Schicksal und Ziele nur zeitweise mit der der osmanischen Großmacht, die eigentlich diesen Namen nicht mehr verdiente, verbunden waren.

Ausgangspunkt hierfür war die lange und glückliche Regierungszeit des Hussein-Bey, der dem von den Nachfolgern Murads heruntergewirtschafteten Land einigen Wohlstand und Frieden brachte.

Die Errichtung einer erblichen Dynastie stieß zunächst auf gewisse Schwierigkeiten.

Hussein, der keine männlichen Nachkommen hatte, übertrug schon 1707 den Titel Bey seinem Neffen Ali. 1709 erhielt der Harem Husseins den Zuwachs einer gefangenen 13jährigen Genueserin[294], die ihm drei Söhne, Mohammed, Ali und Machmud schenkte. Hussein führte nun die Erbfolge nach dem Erstgeborenen der männlichen Nachkommen an. Um Ali, der dadurch gleichsam enterbt wurde, zu versöhnen, sorgte er dafür, daß dieser „le titre platonique de pacha" von der Pforte erhielt[295].

Hussein lebte in relativ geordneten Verhältnissen mit den europäischen Staaten. Seine Kaper achteten weitgehend die bestehenden und die später geschlossenen Verträge[296].

1724 wurde der französische Gesandte bei der Pforte, d'Audrezel, auf seiner Fahrt nach Konstantinopel mit großen Ehren in Tunis empfangen. 1725 schloß Hussein auf Drängen der Pforte einen Vertrag mit Österreich[297].

1727 trat eine zeitweilige Verschlechterung der Beziehungen zu den europäischen Staaten ein, die schon 1728 durch einen Vertrag mit Frankreich beseitigt wurde. Diesem Vertrag war eine „formule du pardon" beigefügt, in der Hussein sich für die Übergriffe seiner Kaperschiffe entschuldigte. Die Durchführung des Vertrages führte

---

[293] Enzyklopädie des Islam IV, S. 915.
[294] *Pellegrin* S. 151.
[295] *Mercier* III, S. 339; vgl. auch *Pellegrin* S. 152.
[296] *Pellegrin* S. 151.
[297] *Mercier* III, S. 341.

aber zu neuen Streitigkeiten, so daß 1731 ein französisches Geschwader vor Tunis erschien, um den französischen Forderungen Nachdruck zu verleihen[298].

Ali-Pascha hatte sich nach Algier zurückgezogen und wurde, als Hussein 1735 Algier angriff und besiegt wurde, als Bey in Tunis eingesetzt[299]. Hussein, der sich nach Kairuwan zurückgezogen hatte, wurde vom Sohne Alis ermordet[300]. Ali, der in allem Rache an Hussein nahm, setzte Frankreich großen Schwierigkeiten aus, wobei er von England und Holland unterstützt wurde[301]. Frankreich verhängte daraufhin eine Blockade über die tunesischen Häfen, deren Folgen Tunis 1742 zum Vertragsschluß zwangen[302].

In den folgenden Jahrzehnten schlossen fast alle bedeutenden europäischen Staaten Verträge mit Tunis.

Am 31. August 1756 erstürmten die Söhne Husseins Tunis und töteten Ali-Pascha[303]. Die folgende Regierungszeit der Hussaniden ist gekennzeichnet durch gute Beziehungen zu Frankreich, mit dem man allerdings wegen der Anerkennung Korsikas als französisches Gebiet längere Zeit uneins war[304]. Am 4. Oktober 1769 wurde dann eine vorläufige Anerkennung geleistet[305], die durch den Vertrag vom 25. August 1770 (Art. 2) und die Zusatzvereinbarung vom 13. September 1770 (Art. 1) bestätigt wurde.

Nicht unerwähnt bleiben dürfen die verschiedentlichen Konflikte mit Algier, in deren Verlauf Tunis mehrfach Tributzahlungen an Algier zu erbringen hatte[306]. Erst 1813 kam es zur endgültigen Aussöhnung mit Algier[307].

Erwähnenswert sind noch die Verwicklungen mit den USA[308] und die Aktionen Lord Exmouths im Jahre 1816, die auch in Tunis zum Abschluß einer Reihe von Verträgen führten.

Die Eroberung Algiers durch Frankreich konnte nicht ohne Auswirkungen auf Tunis bleiben: Am 8. August 1830 kam ein Vertrag zwischen Tunis und Frankreich zustande, in dem Tunis endgültig die Sklaverei aufhob und jedem Seeraub entsagte. Dieser Vertrag beendete die Geschichte des Barbareskenstaates Tunis. Die in den fol-

---

298 *Mercier* III, S. 347.
299 *Mercier* III, S. 362 ff.
300 *Pellegrin* S. 152.
301 *Mercier* III, S. 367 ff.
302 *Mercier* III, S. 370 f.
303 *Pellegrin* S. 153.
304 Korsika war am 15. August 1768 von Genua auf Frankreich übergegangen. Über die sich daraus ergebenden Verwicklungen mit Tunis vgl. im einzelnen *Marcel* S. 193 ff.
305 *Plantet*, Beys II, S. 672.
306 Vgl. *Mercier* III, S. 469 ff., 478 ff.; *Marchot* S. 23.
307 *Mercier* III, S. 482.
308 Siehe *Irwin* S. 161 ff.

genden Jahrzehnten unternommenen Reformen führten zum Staatsbankerott, der Frankreich 1881 willkommenen Anlaß zur Intervention und Errichtung eines Protektorates bot[309].

4. Abschnitt: Tripolis[310]

1510 hatte Piedro de Navarra auf seinem Eroberungszug in Nordafrika auch Tripolis besetzt. Bis 1530 hielt sich die spanische Herrschaft. In diesem Jahre übertrug Karl V. dem von Rhodos vertriebenen Johanniter-Orden Malta und Tripolis zu Lehen, der im Jahre 1551 nach dem vereinten Angriff von Sinan Pascha, Murad und Dragut die Stadt aufgeben mußte.

Murad Agha wurde als Beylerbey der Pforte in Tripolis eingesetzt, so daß seit dieser Zeit auch Tripolis dem osmanischen Machtbereich eingegliedert war.

1580 versuchten die einheimischen Araber die Fremdherrschaft zu beseitigen, indem sie den Beylerbey Ramdan ermordeten. Aber dies, wie auch die wiederholten Angriffe der Malteserritter, konnten der türkischen Macht keinen wesentlichen Abbruch tun.

Inzwischen war auch Tripolis in ein Paschalik umgewandelt worden, so daß es das dritte osmanische Odjak in der Berberei war. Infolge der schon beschriebenen Stellung der Paschas und der Macht der Janitscharen entzog sich auch Tripolis im Laufe seiner Geschichte immer mehr dem osmanischen Willen.

Auch in Tripolis wurde zunächst die Herrschaft vom Pascha und seinem Diwan ausgeübt, während der Dey die Verwaltung leitete. Das gesamte 17. Jahrhundert ist dadurch gekennzeichnet, daß die verschiedenen Gruppen um die Macht kämpften.

Aus dieser Zeit ist besonders erwähnenswert, daß 1605 *de Brèves* auf seiner Reise von Konstantinopel nach Tunis auch in Tripolis Station machte und die Freilassung der französischen Gefangenen erreichte[311].

1630 entsandte Ludwig XIII. von Frankreich Bérenguier nach Tripolis, der die Freilassung von 100 französischen Gefangenen und das Versprechen, daß in Zukunft Frieden zwischen Frankreich und Tripolis sein sollte, erreichte. Du Molin residierte seit dieser Zeit als Konsul in Tripolis. Ob ein förmlicher Vertrag damals geschlossen wurde, ist unbekannt geblieben.

---

[309] Vgl. Enzyklopädie des Islam IV, S. 915/916.

[310] Die folgenden Ausführungen beruhen im wesentlichen auf den Annales Tripolitaines von *Féraud* und dem entsprechenden Artikel in der Enzyklopädie des Islam. Beides ist von mäßigem Umfange und relativ gut zugänglich, so daß, anders als bei den vorangegangenen Darstellungen, ein summarischer Überblick ausreicht.

[311] *Brèves* S. 374.

Etwa um diese Zeit hatte sich die Verfassung von Tripolis dahingehend geändert, daß der Dey der eigentliche Herrscher geworden war. Vor allem der dritte Dey, Mohammed von Chio, der 1631 die Macht übernahm, erwies sich als sehr fähiger Mann, der es verstand, die Macht der Deys zu festigen. Sein ihm 1649 folgender Schwiegersohn Osman verfolgte diese Linie weiter.

Die infolgedessen relativ geordneten Zustände begünstigten die Piraterie, der man sich besonders widmete, so daß außerdem in diesen Jahren Tripolis erheblichen Zuwachs an Vermögen verzeichnen konnte.

Frankreich versuchte in dieser Zeit, mit Tripolis in friedliche Beziehungen zu gelangen. 1641 erbauten zwei Missionare, Pascal und Pacifique, eine Kirche für die Sklaven und konnten 50 Franzosen auslösen. 1643 wurde der Pater Alipe, der zum Islam übergetreten war und sich dann wieder zum Christentum bekannte, vor den Toren der Stadt bei lebendigem Leibe verbrannt. Pascal und Pacifique wurden als Folge der Stadt verwiesen.

1655 entsandte Cromwell den Admiral Blake ins Mittelmeer, der mit Tripolis einen Vertrag schloß, dessen Inhalt allerdings nicht bekannt ist, und der Samuel Toker als Konsul in Tripolis zurückließ.

1662 erschien der holländische Admiral Ruyter vor Tripolis, 1669 der Franzose d'Alméras. Am 15. August 1672 kam Marquis de Martel mit einem Geschwader von sechs Schiffen nach Tripolis und erklärte den Krieg. In der Stadt entstand eine Revolte, in deren Verlauf Dey Osman plötzlich starb.

1675 drohte England mit Krieg. Tripolis lenkte ein: 1676 wurde ein Vertrag geschlossen.

1681 verbrannte Duquesne als Reaktion auf wiederholte Übergriffe den größten Teil der tripolitanischen Flotte, als er mit seinen Schiffen in den Hafen von Tripolis eindrang. Tripolis mußte einem Vertrag zustimmen. Von diesem schweren Schlag gegen die Grundlage seiner Existenz hat sich Tripolis nie mehr so recht erholt. Der ausländische Einfluß wurde in Tripolis immer stärker. Die rivalisierenden Konsule Englands und Frankreichs gewannen ganz erheblichen Einfluß auf die Geschicke der Stadt.

Die inneren Kämpfe dauerten bis 1711 an, als Ahmed Karamanli die Macht errang. Er begründete die erbliche Dynastie der Karamanlis. Er selbst war eine sehr energische Persönlichkeit, die in den 34 Jahren seiner Herrschaft für relativ stabile Verhältnisse in Tripolis sorgte. Das Regierungssystem sah so aus, daß der Dey, der auch den Titel des Pascha übernommen hatte, an der Spitze stand, zunächst noch assistiert vom Diwan, dessen Macht aber allmählich nachließ. Der Bey kommandierte die Truppen, der Agha war der Führer der Janitscharen. Daneben gab es noch den Kahya, den Berater des Pascha und Leiter der zivilen Verwaltung, den Rais, den Chef der Flotte, den Khaznadar, den Staatsschatzkanzler, den Sheikh, den

Verwalter der Stadt Tripolis, und eine Reihe von Khodjas, die die Aufgaben von Staatsnotaren wahrnahmen. Sie alle erschienen meist als Unterzeichner der zahlreichen Verträge mit europäischen Staaten.

Nach dem Begründer der Karamanli-Dynastie herrschten sein Sohn Muhammad Pascha von 1745 bis 1754, danach dessen Sohn Ali Pascha (1754—1793) und Jusuf Pascha (1795—1832).

Von 1793 bis 1795 hatte ein Abenteurer, namens Ali Bourghoul, die Macht an sich gerissen. Die Karamanlis flohen nach Tunis und errangen mit der Hilfe des tunesischen Beys Hamuda ihren Thron wieder zurück.

Durch die französischen Pläne zur Eroberung Ägyptens gewann Tripolis große Bedeutung, die sich im Vertrage zwischen Frankreich und Tripolis vom 18. Juni 1801 niederschlug. Von 1801[312] bis 1815 gab es mehrere Verwicklungen mit den Vereinigten Staaten von Amerika. Amerika verhängte eine Blockade über Tripolis, die von den Schiffen Vixen und Philadelphia durchgeführt wurde. Während im Oktober 1803 die Vixen nach Cap Bone fuhr, lief die Philadelphia auf Grund auf, als sie sich zu nahe ans Land wagte. Diese Gelegenheit nutzten die Tripolitaner aus, um das Schiff zu erstürmen[313]. Die USA versuchten mit Hilfe des aus Tripolis verbannten[314] Bruders des Pascha, Hamet, einen Aufstand im Gebiet von Derne zu erreichen[315].

Der Pascha wußte aber seine Macht zu erhalten, und die USA verpflichteten sich im Vertrage von 1805, der die Streitigkeiten beendete, ihre Truppen aus Derne abzuziehen, den Aufständischen keine Hilfe mehr zu gewähren und auf Hamet dahingehend einzuwirken, den Kampf aufzugeben (Art. 3 des Vertrages).

Die Expedition Lord Exmouths, die auch hier zu Verträgen führte, und die Eroberung Algiers durch die Franzosen hatte die Aufgabe der Kaperei und Sklaverei zur Folge.

Am 11. August 1830 schloß Tripolis einen Vertrag mit Frankreich, der den grundlegenden Wandel auch rechtlich besiegelte.

Hiermit endete die Geschichte des Barbareskenstaats Tripolis. 1835 unterwarf eine Streitmacht der Pforte dieses Gebiet wieder der türkischen Herrschaft[316].

---

[312] Vgl. *Irwin* S. 106; United States S. 641 f.
[313] *Irwin* S. 134.
[314] *Irwin* S. 110.
[315] *Dupuy* S. 231 ff.; *Irwin* S. 121, 146 ff.
[316] Vgl. Enzyklopädie des Islam IV, S. 884/885.

TEIL II

Der Begriff der Völkerrechtspersönlichkeit

1. Abschnitt: Einleitende Überlegungen

Unter Völkerrechtspersönlichkeit versteht die heutige Lehre jeden Träger völkerrechtlicher Rechte und Pflichten[1].

Als solche kommen zunächst und vor allem die Staaten[2] in Betracht. Ein Staat wird bestimmt durch seine Elemente: Staatsgebiet, Staatsvolk und Staatsgewalt[3].

Die Existenz eines Staates ist eine Frage der politisch-sozialen Wirklichkeit. Es ist umstritten, ob jedes Gemeinwesen, das dem von der Staatslehre entwickelten Staatsbegriff genügt, ohne weiteres auch Völkerrechtspersönlichkeit besitzt oder ob es hierzu noch eines weiteren Aktes, nämlich der Anerkennung als Völkerrechtssubjekt, seitens der schon vorhandenen Völkerrechtspersönlichkeiten bedarf[4].

Dieser Streit um die deklaratorische oder konstitutive Wirkung der Anerkennung läßt sich dadurch entscheiden, daß man die Anerkennung in zwei Vorgänge aufteilt[5]: die Feststellung, daß ein Staat im Sinne der staatsrechtlichen Definition vorliegt, und die mit dieser Anerkennung ausgedrückte Bereitschaft zur Aufnahme amtlicher Beziehungen. Da die Feststellung lediglich den bestehenden Zustand anerkennt, ist sie deklaratorisch, während die Bereitschaft zum zwischenstaatlichen Verkehr konstitutiv wirkt.

Schon wegen der bloßen Tatsache seiner Existenz ist der Staat Völkerrechtspersönlichkeit[6]. Bei der heute bestehenden Universalität des Völkerrechts ist es absurd anzunehmen, es gäbe Staaten, die nicht den allgemeinen Regeln des Völkerrechts unterlägen[7].

Es fragt sich, ob an diesen kurz skizzierten heutigen Vorstellungen über die Völkerrechtspersönlichkeit auch ohne weiteres diejenige der Barbareskenstaaten gemessen werden kann.

---

[1] *Berber* I, S. 110; *Menzel* S. 109; *Seidl-Hohenveldern* Randziffer 429; *Verdroß* S. 188.

[2] Vgl. zur gegenwärtigen Diskussion um die Völkerrechtssubjekte z. B.: *Berber* I, S. 110 ff., und *Lauterpacht*, subjects, jeweils mit Nachweisen.

[3] So überwiegend (vgl. Zusammenstellung bei *Berber* I, S. 144 f.) im Anschluß an *Jellinek*, 13. Kapitel, S. 394 ff.; siehe auch: Convention on rights and duties of States, Montevideo 1933: Art. 1 (Text: *Bishop* S. 210) und weitgehend übereinstimmend *Verdroß* S. 191—195.

[4] Siehe z. B. *Seidl-Hohenveldern* Randziffern 465 ff.

[5] So grundlegend *Verdroß* S. 246 ff.

[6] *Seidl-Hohenveldern* Randziffer 473.

[7] *Berber* I, S. 229.

Randelzhofer hat seiner Untersuchung über völkerrechtliche Aspekte des Heiligen Römischen Reiches deutscher Nation nach 1648 die heutigen Begriffsinhalte zugrunde gelegt. Er begründet dies damit, daß ein solches Verfahren zur „Vergegenwärtigung“ historischer Sachverhalte beitrage[8]. Das Ziel der vorliegenden Arbeit ist es jedoch zu klären, ob die Barbareskenstaaten zur Zeit ihres Bestandes am Völkerrecht teilgenommen haben. Das kann nicht nach dem Maßstabe heutiger Theorien beantwortet werden. Mit Bedjaoui[9] muß es daher als offensichtlich angesehen werden, daß die heutigen Vorstellungen nicht in vollem Umfange auf die Barbareskenstaaten übertragen werden können.

Es soll daher zunächst den westlichen Vorstellungen über die Subjekte des Völkerrechts in ihrer geschichtlichen Entwicklung nachgegangen werden. Hierbei dienten die Werke von der Heydtes und Höffners als gute Wegweiser. Erörterungen über den Begriff der Völkerrechtspersönlichkeit im allgemeinen sind bis etwa 1840 unbekannt. Wen die einzelnen Autoren als Träger der völkerrechtlichen Rechte und Pflichten ansahen, kann folglich nur aus gelegentlichen und verstreuten Anmerkungen geschlossen werden, so daß im Einzelfall für die Fragestellung dieser Untersuchung nicht zu vertretende umfangreiche Darlegungen erforderlich geworden wären.

Sodann werden die islamischen Vorstellungen über die rechtlichen Beziehungen der islamischen Staaten untereinander und zur nichtislamischen Umwelt erörtert. Für die Beurteilung einer möglichen Völkerrechtspersönlichkeit der Barbareskenstaaten darf eben nicht außer acht gelassen werden, daß sie nicht zum abendländisch-christlichen Bereich zählten, sondern ein Teil der islamischen Staatenwelt waren. Verstünde man das Völkerrecht als auf die christlichen Staaten beschränkt[10], so wäre eine Völkerrechtssubjektivität der Barbareskenstaaten schon begrifflich undenkbar.

Abschließend soll daher untersucht werden, wie die Beziehungen christlicher zu islamischen Staaten völkerrechtlich zu werten sind. Es zeigt sich hierbei, daß bei der Begegnung von derartigen, in sich geschlossenen Völkerrechtskreisen der mittelbaren Anerkennung der Völkerrechtspersönlichkeit durch den Abschluß von Verträgen konstitutive Wirkung zukommt, da eine Übertragung der Vorstellungen über den Staat von einem Kreis in den anderen der grundsätzlich verschiedenen Struktur nicht gerecht werden kann und zwangsläufig zu wenig sachgerechten Urteilen führt.

---

[8] S. 22.
[9] S. 18.
[10] Wie etwa *Oppenheim-Lauterpacht* I, S. 45.

2. Abschnitt: Nach europäischem Recht

1. Kapitel: Mittelalter

I. Die Bedeutung der bellum-iustum-Lehre[11]

Die Lehre vom gerechten Krieg hat die völkerrechtlichen Vorstellungen und Begriffe erheblich beeinflußt. Auch die Lehre von der Völkerrechtspersönlichkeit fand in ihrem Rahmen die erste Ausdeutung. Noch 1737 griff Bynkershoek bei der Erörterung der Frage, ob die Barbareskenstaaten als Staaten anzusehen seien, auf die bellum-iustum-Lehre zurück. Es ist hier nicht der Ort, die Lehre vom gerechten Krieg in ihren Wandlungen, Ausprägungen und Fortwirkungen nachzuzeichnen. Nur das Wesentlichste kann in der durch den Zweck gebotenen Kürze aufgezeigt werden.

Das aus dem römischen Fetialenrecht stammende Institut des „bellum iustum"[12] wurde für die christliche Lehre von Augustinus[13] fruchtbar gemacht und durch Thomas von Aquino[14] gültig formuliert.

Die ursprünglich moraltheologische Bedeutung dieser Lehre, die darin bestand, daß sie die Frage der Sündhaftigkeit des Kriegsführens mit den Vorstellungen von der Gerechtigkeit der Sache, um die gekämpft wird, verknüpfte, erhielt Aktualität für das gesamte Mittelalter. Nußbaum[15] hebt als besonders charakteristisch für diese Zeit die ständigen Privatkriege (Fehden) hervor, denen man mit der Verkündigung von Gottes- und Landfrieden begegnen wollte. Krieg, „bellum", bezeichnet in der Tat damals jede gewaltsame Auseinandersetzung zweier Personen. Es überrascht dann nicht mehr, wenn sogar Grotius noch 1625 die Einteilung der Kriege in öffentliche und private vornimmt[16]. War aber die Kriegsführung nicht auf die Herrschaftsverbände beschränkt, so konnte Krieg nicht als Fortführung staatlicher Politik mit anderen Mitteln gelten, sondern mußte im Bewußtsein der Zeit einen anderen Inhalt haben. Diesen hatte schon Augustinus vorgezeichnet, indem er den Krieg nur dann als „iustum" betrachtete, wenn er als Reaktion auf erlittenes Unrecht erfolgte. Bellum war für den mittelalterlichen Menschen ein Mittel der Rechtsverfolgung[17] und wurzelte in den gleichen Vorstellungen, aus denen sich später das Rechtsinstitut der Repressalien entwickelt hat[18].

---

[11] Vgl. *Reibstein,* Völkerrecht, Band I, S. 121 ff. und *Jansen* S. 20 ff.
[12] Vgl. *Nußbaum* S. 11 f.
[13] Siehe *Nußbaum* S. 39 und die dort in Anm. 90 aufgeführte Literatur.
[14] Summa II, II, qu. 40.
[15] Vgl. S. 19, 42; s. auch *von der Heydte* S. 44 Anm. 7; *Knubben* S. 33/52.
[16] De iure belli ac pacis, 1. Buch, 3. Kap., I, 1 (Kl. S. 83).
[17] Vgl. die bei *von der Heydte* S. 278 ff. aufgeführten.
[18] Vgl. *Schumann* S. 3; auch *Verdroß,* VR S. 96.

Die werdenden Staaten[19] konnten solche private Rechtsverfolgung nicht dulden, widersprach sie doch ihrem erstrebten „Justizgewährungsmonopol“. Folgerichtig spricht der Aquinate[20], allen, die ihr „Recht bei der Obrigkeit verfolgen“[21] können, das Recht der Kriegsführung ab. Nur die „auctoritas principis“ ermächtigt jetzt zum Krieg zur Gewalt. Es läge nahe zu vermuten, daß das Mittelalter als princeps nur den Kaiser angesehen hätte, da doch innerhalb des Reiches jeder Fürst und Private sein Recht durch Anrufung des Kaisers erlangen konnte.

Das Reich als ein alle abendländischen Staaten umfassender Herrschaftsverband war jedoch Idee geblieben, die Wirklichkeit sah auch dann, als es schien, „als stehe das Reich vor der Erfüllung“[22], anders aus. England, Frankreich, Spanien und Sizilien[23] standen immer außerhalb des Reiches. Die Theoretiker der Reichsidee versuchten diese Tatsache durch die juristischen Konstruktionen der Teilung der Reichsgewalt[24], der Exemption durch Verleihung[25] oder Ersitzung[26] oder der Unterscheidung zwischen dem Imperium de iure und de facto[27] mit dem Universalitätsanspruch des Reiches in Einklang zu bringen.

Im 13. Jahrhundert tauchte dann als politische Leitidee das Schlagwort vom Fürsten, der auf Erden keinen Höheren anerkennt, auf[28]. Hierbei ist für unsere Untersuchung wesentlich, daß als entscheidendes Kriterium das Fehlen eines übergeordneten irdischen Gerichts angesehen wurde[29]: Der werdende Staat zeigte sich in dem Fehlen einer über ihm stehenden richterlichen Gewalt. Dieser Umstand führte dann dazu, daß der Staat und nur noch dieser, sein Recht im „bellum“ suchen durfte. Oberste Gerichtshoheit und Kriegsführungsrecht sind die ersten, sich gegenseitig bedingenden Merkmale des Staates und sind die Kennzeichen der Subjekte der werdenden Völkerrechtsgemeinschaft[30].

---

[19] *von der Heydte* beschreibt eingehend den Vorgang, wie der neue Staat den über- und untergeordneten Verbänden „die rechtliche Macht bestreitet“ und an sich zieht; z. B. S. 54.

[20] Summa II, II, qu. 40.

[21] Übersetzung aus Kröners Band 109.

[22] *von der Heydte* S. 17.

[23] Vgl. *von der Heydte* S. 36 ff., 54 auch S. 70 f., Anm. 62; *Nußbaum* Seite 26.

[24] *von der Heydte* S. 28.

[25] *von der Heydte* S. 29 f.

[26] *von der Heydte* S. 31 ff.

[27] *von der Heydte* S. 36 ff., jeweils mit weiteren Nachweisen.

[28] *von der Heydte* S. 61 f.

[29] *von der Heydte* S. 60, 83.

[30] Vgl. *von der Heydte* S. 272.

II. Die respublica christiana[31]

Die Ablehnung der Reichsidee traf zusammen mit der Betonung der Notwendigkeit einer christlich-abendländischen Staatengemeinschaft[32], in der die Mitglieder sich als gleichberechtigt gegenüberstehen und die den übrigen Staaten der Welt übergeordnet sein sollte. Noch das gratianische Dekret (um 1140) hatte die Normen hinsichtlich des gerechten Krieges auch den Sarazenen gegenüber angewandt[33]. Die nichtchristlichen Staaten wurden als ebenbürtig erachtet. Die mit ihnen geschlossenen Verträge mußten gehalten werden[34]. „Kreuzzugsideologie“[35] und Ungläubigenproblem[36] ließen eine andere Ansicht Boden gewinnen: Nur der christliche Glaube gewährt den rechtmäßigen Genuß der irdischen Güter, alle Feinde des Christentums, insbesondere die Muslime, müssen unterworfen werden. Krieg gegen sie ist Pflicht[37]. Verträge mit ihnen entbehren jeder Verpflichtungskraft. „Eide einem Ungläubigen zu halten, wäre ein noch größeres Verbrechen als sie zu brechen“, hatte Wilhelm von Tyrus (gest. 1190) geschrieben[38].

Heinrich von Segusia (gest. 1271)[39], Aegidius Romanus (gestorben 1316)[40] und Alvaro Pelayo (gest. 1349)[41] gaben dieser Vorstellung von der Überordnung der christlichen Staaten in scharfen Worten Ausdruck: „Daher kann, wer außerhalb der Kirche steht, auch niemals einen gerechten Krieg führen noch wahre Gerichtsgewalt ausüben“, hatte Pelayo geschrieben[42]. Keinen gerechten Krieg führen können, das bedeutet, wie wir oben[43] sahen, sein Recht nicht durchsetzen dürfen. Ungläubige waren nach dieser Ansicht rechtlos, nicht Rechtspersönlichkeit[44]. „Die Heiden können Christen gerechterweise nicht anklagen.“[45]

---

[31] Vgl. *Zimmermann* S. 332 ff. und *Janssen* S. 37 ff.

[32] So z. B. besonders Pater Dubois, vgl. *von der Heydte* S. 224, Anm. 20.

[33] Text bei *Horoy* S. 343 (Dispar).

[34] *von der Heydte* S. 250.

[35] Siehe *von der Heydte* S. 232 ff.

[36] *Höffner* S. 38 ff. und S. 47 ff.

[37] *Höffner* S. 52 ff. und passim.

[38] *Nys*, Les origines, S. 142.

[39] Siehe *Höffner* S. 43; *von der Heydte* S. 295.

[40] *Höffner* S. 49.

[41] *von der Heydte* S. 239.

[42] Zitiert nach *von der Heydte* S. 239.

[43] S. 36/37.

[44] Die von *von der Heydte* S. 239 als „interessant“ hervorgehobene „Verbindung zwischen Krieg und Rechtsprechung“ bestätigt den oben S. 37 dargelegten Sinn der Lehre vom gerechten Kriege als einer Rechtsverfolgung.

[45] Pelayo, zitiert nach *von der Heydte* S. 239.

Mit dieser Rechtlosstellung der Ungläubigen ging einher die Hervorhebung der Stellung des Papstes als aller irdischer Macht übergeordnet[46].

Dieser Universalismus der respublica christiana fand seinen sinnfälligsten Ausdruck in der Versklavung der im Kriege gefangenen Ungläubigen[47], was so im abendländischen Bereich anerkannt war, daß man durchaus von einer Kriegsrechtsregel sprechen kann, die im übrigen von den Mohammedanern auch auf die Christen angewandt und von Grotius[48] als Völkerrecht gesehen wurde. Aber so wenig wie die Reichsidee als die ausschließlich vertretene für das Mittelalter gelten kann, so fand auch die Idee von der weltumspannenden Berechtigung der Christen, dieser intolerante Imperialismus, seine Gegner.

Die schon ältere Idee von der Einheit des Menschengeschlechts[49], in der die Christen als besondere Gruppe eingebettet sind, fand Verstärkung und Vertiefung im Laufe des 13. Jahrhunderts durch die Verbreitung der Lehren des Aristoteles, den man durch den stärkeren Kontakt mit der arabischen Welt während der Kreuzzüge durch arabische Vermittlung erst vollständig kennenlernte[50].

III. Der Einfluß der Aristotelischen Philosophie

Schon während der Kreuzzüge hatte sich ihr religiöser Sinn eines Unternehmens der gesamten Christenheit verändert in eine politische Zielsetzung der daran beteiligten Staaten[51]. Der werdende Typ des neuen Herrschaftsverbandes „Staat" setzte bei seinen Unternehmungen die eigenen Zwecke als Richtschnur.

Der Erfolg der aristotelisch-thomistischen Lehre von der irdischen Zwecksetzung der Staaten scheint daher zu rühren, daß sie gleichsam die Theorie der politischen Praxis[52] war. Aristoteles hatte gelehrt, daß die Menschen von Natur als soziale Wesen auf Staatsbildung hin angelegt seien, um ihr Menschentum entfalten zu können[53]. „Staat" war für Aristoteles die menschliche Gemeinschaft, die Autar-

---

[46] Z. B. *Höffner* S. 25 für Aegidius Romanus, S. 29 für Pelayo.

[47] Siehe hierüber eingehend *Höffner* S. 60—66.

[48] De jure belli ac pacis, 3. Buch, 7. Kapitel, § 1.

[49] Wie *von der Heydte* dargelegt hat, als einer Friedensgemeinschaft (S. 227) einer Gemeinschaft aller Gotteskinder (S. 228) und auf Grund der Normen eines alle Menschen umfassenden Naturrechts (S. 230).

[50] Vgl. z. .B *von der Heydte* S. 166 f.

[51] Vgl. z. B. *von der Heydte* S. 245 f., Anm. 73, und die Einnahme Konstaninopels 1206 durch das Kreuzfahrerheer im Interesse Venedigs (Doge Enrico Dandolo).

[52] So auch *von der Heydte* S. 167.

[53] Politik, 1. Buch, 2. Kap. 5.

kie[54] besaß. „Autarkie", das war nach innen hin bestmögliche Erfüllung aller Bedürfnisse der Mitglieder und bedeutete Selbständigkeit nach außen.

„Telos", Ziel und Aufgabe des Staates war die Glückseligkeit (eudaimonia) der Staatsbürger[55]. Glückseligkeit wurde aber keineswegs nur materiell verstanden, sondern Aristoteles spricht von „der vollendeten Verwirklichung der Tugend in einem absoluten Sinne"[56]. Diese Lehre wurde durch den Aquinaten dahin ergänzt, daß er diesen von Aristoteles gemeinten Herrschaftsverband der Polis auf die werdenden Staaten seiner Zeit übertrug[57] und die naturrechtliche Begründung aller Herrschaftsverhältnisse hervorhob[58]. Der Begriff der Autarkie wandelt sich bei ihm in den der communitas perfecta[59].

Diese Lehren wurden vielfach übernommen. So schreibt 1302 Johann Quidort von Paris: „So gibt es auch ohne Christi Regiment vollkommene und wirkliche Gerechtigkeit, die Voraussetzung eines Königreiches ist, und zwar dann, wenn Ziel der Ordnung dieses Königsreiches die Ermöglichung eines Lebens sittlicher Tüchtigkeit ist."[60] Die Wirkungen des Aristoteles sind bis zu den Formulierungen hin spürbar.

Eine solche Einschätzung der heidnischen Staaten war nicht neu, sondern sogar während der Kreuzzüge latent vorhanden. So hatten z. B. Papst Innozenz IV., Raimund von Pennafort, Wilhelm von Rennes und Vinzenz von Beauvais[61] die Ansicht vertreten, daß die Staaten der Heiden als gleichberechtigt[62] anzusehen seien, da „Herrschaftsgewalt . . . für jedes vernunftbegabte Geschöpf bestimmt"[63] sei. Ein Blick auf die Staatenpraxis jener Zeit, wo christliche Staaten mit heidnischen Verträge und Abkommen schlossen[64], lehrt, daß die Verneinung der Rechtspersönlichkeit heidnischer Staaten, so stark und vorherrschend sie auch zeitweise gewesen sein mag, nicht als die einzige Ansicht jener Zeit gelten kann.

---

[54] Politik, 1. Buch, 2. Kap. 4.

[55] Politik, 7. Buch, 13. Kap. 2.

[56] Politik, 7. Buch, 13. Kap. 2.

[57] *von der Heydte* S. 168.

[58] Z. B. II, II, qu. 10, art. 10.

[59] *von der Heydte* S. 169 ff.

[60] J. Quindort, De potestate regia et papali, 19. Kap., zitiert nach *von der Heydte* S. 264.

[61] *von der Heydte* S. 260/261 jeweils mit Nachweisen.

[62] Maßgebende Gesichtspunkte waren z. B., ob man ihren Besitz wegnehmen dürfe, ob Verträge zu halten seien und ob der Christ ihnen Zoll und Zins zahlen müsse.

[63] Innozenz IV. in seinem Dekretalienkommentar, 3. Decr., cap. „Quod super his" zitiert nach *von der Heydte* S. 260.

[64] Vor allem im Mittelmeerraum mit den nordafrikanischen Araberreichen (s. o. S. 3), vgl. *Mas-Latrie,* passim, auch *von der Heydte* S. 251 ff.

Der Ausschließlichkeitsanspruch der abendländischen Welt und das Bewußtsein der menschlichen Verbundenheit und Gleichheit aller Rassen und Religionen sind zwei mächtige Tendenzen gewesen, die — im Mittelalter wurzelnd — entscheidenden Einfluß auf die Geschichte der Völkerrechtsidee, vor allem in Hinblick auf die Mitglieder der Völkerrechtsgemeinschaft, ausübten.

IV. Legitimitätsvorstellungen

Zusammenfassend wird man sagen können, daß oberste Gerichtshoheit und Kriegsführungsrecht das Wesen der staatlichen Gewalt im Mittelalter ausmachten[65].

Die Frage danach, wie sich diese beiden Faktoren in concreto in einer Person vereinigten, entschied sich unter dem rechtlichen Gebot der Friedenserhaltung[66] und der Legitimität[67].

Friedenssicherung entschied sich an der Durchsetzungsmöglichkeit des Willens und des Urteilsspruchs dessen, der keinen Höheren auf Erden anerkannte[68]. Sie war demnach eine Frage des Tatsächlichen, der Effektivität. Versagte der Herrscher, indem er sich nicht in seinem Herrschaftsbereich durchsetzen konnte[69] oder indem er im Verhältnis zu anderen Verbänden seinen Bürgern keinen Schutz zu gewähren vermochte[70], so verlor er seine Herrschermacht. Er haftete im ersten Falle dem fremden Staat[71], im zweiten seinen Bürgern[72]. Solche Machtentfaltung zur Erreichung einer Ordnung, als die dem mittelalterlichen Menschen das Recht schlechthin erschien[73], trug ihre Rechtfertigung schon in sich[74]. Doch wurde die Macht als im Dienste des Rechts stehend angesehen. Der „rex propter bonum commune“[75] war seiner Pflichten wegen zur Herrschaft legitimiert.

Römische und aristotelisch-arabische Herrschervorstellungen[76], die etwa 300 Jahre später von Macchiavelli in seinem Buch „Il principe“ als das Ergebnis einer langen Entwicklung formuliert worden sind,

---

[65] So auch *von der Heydte* S. 283, 293.

[66] Vgl. *von der Heydte* S. 272 ff.

[67] Vgl. *von der Heydte* S. 314 ff.

[68] Wie *von der Heydte* S. 287 ff. gezeigt hat, dem ich mich insoweit anschließe.

[69] *von der Heydte* S. 287.

[70] *von der Heydte* S. 303.

[71] Dies war dann das Rechtsinstitut der repressalia, das Bartolus in seinem tractatus de repressaliis beschrieben hat, vgl. z. B. *von der Heydte* Seite 291 f.

[72] *von der Heydte* S. 302 mit Nachweisen.

[73] *von der Heydte* S. 305.

[74] Vgl. *von der Heydte* S. 328 Anm. 30.

[75] *von der Heydte* S. 319.

[76] *von der Heydte* S. 320 ff.

wandelten auch das Bild von der Legitimation des Herrschers zum Herrschen schon zu Anfang des 13. Jahrhunderts grundlegend. Es war nun weniger die Legitimität der sittlichen Pflichtenübernahme, als vielmehr die Anerkennung des Regierenden durch die übrigen Regenten[77], mit denen er auf gleicher Ebene vermittels diplomatischer Gesandte verkehrte, und durch seine Gewaltunterworfenen[78], die ihm das Recht zum Herrschen gab.

Die tatsächliche Macht und die Anerkennung konnten verschiedene Grade und Stufen einnehmen, so daß schon im Mittelalter eine Gliederung der einzelnen Herrschaftsverbände nach ihrer Stellung zueinander vorgenommen wurde.

Von der Heydte[79] hat nachgewiesen, daß eine grundsätzliche Scheidung in selbständige und eingegliederte Gemeinschaften vorgenommen wurde[80].

Das zentrale Problem der mittelalterlichen „Staatslehren" war die Frage nach der Rechtmäßigkeit des Tyrannenmordes.

Der Tyrann hatte seine Legitimiation verloren, da ihm die Anerkennung versagt wurde. Seine Macht war daher rechtswidrig[81]. Ein Aufstand gegen ihn war rechtmäßig, konnte sogar zur Pflicht werden.

Zum Abschluß dieser Betrachtungen sei noch auf die Bedeutung der von Johann von Salisbury in die politische Theorie eingeführte „Corpus-Theorie" hingewiesen[82]. Nach ihr war der werdende Staat wirklich und wahrhaftig ein Organismus, in dem jedes Glied auf das Ganze hin geordnet blieb.

Diese Lehre kam der mittelalterlichen Vorstellung von der hierarchischen Ordnung der Welt entgegen[83] und legte den Grund einer Vorstellung vom Staate, die schließlich in der Lehre von der Mediatisierung der Einzelpersonen im Völkerrecht[84] ihren deutlichen Ausdruck fand.

---

[77] *von der Heydte* S. 341 ff., über die Wirkungen einer Anerkennung durch den Papst, vgl. *von der Heydte* S. 336 ff.

[78] *von der Heydte* S. 345 ff.

[79] S. 295 ff.

[80] Sehr instruktiv sind in dieser Hinsicht die a. a. O. auf S. 301 zitierten Ausführungen von *Bartolus*.

[81] *von der Heydte* S. 362 ff.

[82] Vgl. auch *von der Heydte* S. 46 f. Anm. 10, S. 203 Anm. 35; S. 212 ff. Anm. 2.

[83] Vgl. *von der Heydte* S. 16.

[84] Siehe z. B. *Seidl-Hohenveldern* Randziffern 632 ff., erst der Nominalismus (*Honigsheim* S. 195 ff.) wirkte hier entgegen und findet heute seine Fortwirkung in der Streitfrage, ob die Staaten oder die Einzelpersonen die eigentlichen Völkerrechtssubjekte sind — vgl. hierzu etwa *Lauterpacht,* Subjects.

Wir konnten feststellen, daß alle heutigen Lehren hinsichtlich der Völkerrechtspersönlichkeit im Kern schon in den mittelalterlichen Lehren vorgezeichnet sind[85].

Im folgenden werden wir uns daher darauf beschränken können zu zeigen, zu welcher Zeit die Entfaltung und Festigung zu einer ausdrücklichen Rechtsnorm stattfand.

2. *Kapitel: Anfänge der Neuzeit*

Die Begegnung der abendländischen Staaten mit solchen, die außerhalb der respublica christiana standen, vollzog sich während des Mittelalters im Mittelmeerraum mit den Sarazenen, im Ostseeraum mit den Slaven und über Handelswege in Asien und zu Wasser mit den Mongolen und Chinesen.

Cajetanus (1469—1534) hatte für das Verhältnis zu diesen Staaten eine allgemein anerkannte Dreiteilung gebraucht[86].

Das Erstarken Spaniens an der Wende vom 15. zum 16. Jahrhundert nach Chr. hatte eine verstärkte Konfrontation mit der Welt der außereuropäischen Mächte im Gefolge.

Für die Geschichte des Begriffs der Völkerrechtspersönlichkeit war dies insofern von Bedeutung, als hier große und tiefgründige Diskussionen über die Weite einer möglichen Völkerrechtsgemeinschaft und deren Mitglieder angestellt wurden.

I. Rechtstitel der Eroberungen

Das Eindringen der Spanier in Nordafrika um 1500 hatte — wie wir sahen — die Entstehung der Barbaresken-Staaten zur Folge. Diese spanischen Eroberungen wurden noch unmittelbar aus dem Gedanken der Reconquista gerechtfertigt, indem man Nordafrika als den Vandalen gehörendes Land empfand[87], das man aus der Fremdherrschaft befreien müsse. Rechtliche Erörterungen hierüber wurden nicht als notwendig erachtet.

Als jedoch die iberischen Staaten[88], vor allem seit der Entdeckung Amerikas im Jahre 1492, mit der Eroberung von Gebieten begannen, die so weit von den Mutterländern entfernt waren, konnte der Rechtstitel der Wiedereroberung eigenen Landes nicht mehr Anwendung

---

[85] Wenn *von der Heydte* S. 371 f. feststellt, daß das völkerrechtliche Institut der Anerkennung von Aufständigen dem ma VR fremd sei, so widerspricht dies nicht meiner Feststellung. Erst die römisch-rechtliche Vorstellung, daß die Gewaltunterworfenen Eigentum des Herrschers sind, deren Einflüsse erst später wirken, führen beim Zusammenprall mit ma Legitimitationsvorstellung zu den VR-Regeln hinsichtlich der Aufständigen.

[86] Vgl. z. B. *Höffner* S. 47.

[87] *Konetzke* S. 27.

[88] Wegen der größeren Aufarbeitung spanischen Materials bleiben die nachfolgenden Erötrerungen hauptsächlich auf Spanien beschränkt.

finden[89]. Neue Rechtstitel mußten gefunden werden, um diese Eroberungen vor der Mitwelt und möglichen Mitbewerbern um diese Gebiete[90] zu rechtfertigen.

Portugal, das seit Beginn des 15. Jahrhunderts Niederlassungen an der westafrikanischen Küste gründete, hatte sich diese Besitzungen 1454 von Papst Nikolaus V. als Auftragslehen übertragen lassen. Spanien folgte 1493, indem es sich von Papst Alexander VI. Gebiete in Amerika ebenso zuweisen ließ. Der Text dieses Ediktes war zuvor mit Portugal ausgehandelt worden. 1494 wurde dann im Vertrag von Tordesillas zwischen Spanien und Portugal eine Interessensphärenteilung der Neuen Welt vorgenommen[91].

Diese Lehen waren für die Völkerrechtsentwicklung unergiebig, setzten sie doch die Anerkennung der Lehnshoheit des Papstes im mittelalterlichen Sinne[92] voraus. Außerdem wurde vor allem der Staatsvertrag von Tordesillas von den emporstrebenden Nationalstaaten England und Frankreich heftig angegriffen, so daß er eine völkerrechtlich-normative Wirkung nicht entfalten konnte.

Es ist schon oft[93] darauf hingewiesen worden, daß die Vorstellung von einem „ius gentium" als einem „ius inter gentes" das Entstehen der Nationalstaaten nach dem Zerfall des mittelalterlichen, lehnsrechtlichen Universalreichsgedankens zur Voraussetzung hatte. Der Gedanke einer lehnsrechtlichen Vergabe neu entdeckter Gebiete beruhte jedoch auf diesem mittelalterlichen Universalismus[94].

Als weiterer Rechtstitel für die Eroberungen dient der der *Okkupation,* eines auch heute noch anerkannten[95], römischen[96] Rechtssatzes.

Hiernach kann Land, das terra nullius ist, durch Besetzung[97] zu Eigentum erworben werden.

Man versuchte nun, auch das Land, welches bewohnt war, auf Grund dieses Rechtstitels für sich zu erwerben. Um dies zu können, mußte man das Land von Eingeborenen als terra nullius ansehen, d. h. den Einwohnern und ihren Staaten jegliche Rechtspersönlichkeit absprechen. Man griff hierbei auf gewisse mittelalterliche Theorien, die im Zusammenhang mit dem Ungläubigen- und Ketzerpro-

---

[89] Dennoch versuchte 1535 Gonzalo de Oviedo Amerika als spanisches Stammland auszuweisen, vgl. *Konetzke* S. 28.

[90] Vgl. *Höffner* S. 168.

[91] Zum Ganzen vgl. *Höffner* S. 160 ff.; *Reibstein,* Völkerrecht I, S. 268 ff.

[92] Vgl. hierzu z. B. *Höffner* S. 16, 48, 166, 168.

[93] Z. B. *Kipp* S. 115.

[94] Schon die verwendeten Ausdrücke „donamus, concedimus et assignamus" geben dies zu erkennen. Hierüber vgl. *Staedler,* ihm folgend *Höffner* S. 161 Anm. 4.

[95] Vgl. z. B. *Verdroß,* VR, S. 284; *Berber,* VR I, S. 349; *Seidl-Hohenveldern* Randziffer 834 ff.

[96] Vgl. z. B. *Kaser* S. 101.

[97] Vgl. über die symbolischen Inbesitznahmen, *Konetzke* S. 31.

blem entwickelt worden waren[98], zurück. Nach diesen Vorstellungen waren das Eigentumsrecht an irdischen Gütern verknüpft und gebunden an das Bekenntnis zum „wahren" Glauben[99].

Neu kam hinzu, daß über die Indianer Greuelmärchen[100] erzählt wurden, aus denen hervorgehen sollte, daß die Indianer eigentlich keine Menschen seien. Man stützte sich auf Aristoteles[101], indem man behauptete, diese Menschen seien zu Sklaven geboren, da ihnen jegliche Kultur fehle, und auf gewisse Äußerungen Augustinus', die von Aegidius Romanus dahin ausgelegt wurden, daß es bei diesen Heiden „weder ein Reich noch ein Königtum" gebe, ja sogar Privateigentum könnten die Heiden nicht haben[102].

Die ständigen Angriffe der Missionare, vor allem Las Casas[103], zielten darauf ab, diese Ansichten zu revidieren und die menschliche Gleichwertigkeit der Indianer darzulegen. Zwar konnte diese Auffassung große Erfolge[104] erzielen, setzte sich aber letztlich nicht in der Praxis durch.

Zudem wurde den Spaniern auch von den Vertretern dieser Meinung ein Interventionsrecht aus religiösen[105] und aus sittlich-humanitären[106] Gründen nicht verweigert[107]. Immerhin erreichte man, daß die weitere Kolonisierung humaner vorgenommen wurde[108].

II. de Vitoria

Vor diesem Hintergrund[109] muß man die Gestalt des Moraltheologen und Juristen Francisco de Vitoria sehen. Er stellte wohl als erster in einer rechtlichen Erörterungsweise die Frage nach den Mitgliedern und der Ordnung einer zwischenstaatlichen Gesellschaft. Erst die eindringliche Begegnung mit den mittelamerikanischen Reichen ließ das Problem der Voraussetzungen dessen, was wir heute Völkerrechtssubjektivität nennen, bewußt werden.

---

98 Vgl. *Höffner* S. 47 ff., 38 ff. und 175 ff. (auch zum folgenden).

99 Z. B. *Höffner* S. 43, 49 (Aegigius Romanus), Anm. 17, und oben S. 38.

100 Vgl. *Höffner* S. 89 ff.

101 Politik, I. Buch, 5/6 Kapitel, vgl. *Höffner* S. 178 Anm. 117.

102 *Höffner* S. 49 mit Nachweisen.

103 Vgl. über ihn *Höffner* S. 150 ff.; aber auch S. 146 ff. über Dominikaner auf Haiti. Zum Leben dieses Apostels der Indianer ist eine umfangreiche Literatur erschienen, auf die hier nur summarisch verwiesen werden kann.

104 Bulle des Papstes Paul III. im Jahre 1537; *Konetzke* S. 38; Gesetze Karls V. vom 20. 11. 1542; *Höffner* S. 155.

105 Zur Mission, vgl. *Höffner* S. 169 ff. über die Ansichten Sepulvedas und eingehend S. 241 ff.

106 *Konetzke* S. 35.

107 Allerdings schon damals von de Cobarubbias und Cano bestritten, vgl. *Vicente* S. 129 ff.; *Grotius*, de jure belli ac pacis, Buch II., Kapitel 20 und 40, 3. und 4.

108 *Konetzke* S. 41.

109 Über diese engen Beziehungen vgl. *Höffner* S. 186.

Francisco de Vitoria war Professor an der Universität von Salamanca. Dort wurden an sonst vorlesungsfreien Tagen zu besonderen Problemen von einem Professor Sondervorlesungen vor der gesamten Universität gehalten: die sogenannten Relectiones.

Vitorias Relectiones befaßten sich wiederholt mit der Problematik der Indianerfrage. So in den Relectiones: De Indis recenter inventis und De jure belli Hispanorum in Barbaros[110].

Vitorias Ansatzpunkt ergibt sich schon aus den Titeln der Relectiones. Es geht zunächst um die Frage der Abgrenzung geistlicher und weltlicher Macht, die nach Vitoria verschiedene Zwecke verfolgen. Staatliche Macht zielt auf das irdische Glück der Menschen ab[111], die Aufgabe des Papstes und der Kirche ist das religiöse Heil[112]. In diesem Punkte erweist sich Vitoria den neuen Lehren vom Staate, wie sie z. B. Macchiavelli 1513 vertrat[113], zugeneigt. Erfüllen aber Staat und Kirche verschiedene Funktionen, so kann der Papst nicht die Überordnung verlangen[114]. Da der Kaiser seine Ansprüche auf Weltherrschaft letztlich auf die päpstliche Autorität stützt[115], sind diese ebenfalls nicht gerechtfertigt[116]. Somit ergibt sich für Vitoria, daß alle Staaten grundsätzlich[117] gleichberechtigt sind[118]. Diese Erkenntnis machte seinen Blick offen für die Untersuchung, welche Voraussetzung ein Gebilde erfüllen muß, um als Staat angesehen zu werden, und nach welchen Regeln diese Staaten untereinander verkehren.

1. Der Staatsbegriff[119] ergibt sich für Vitoria aus der Weiterbildung der Aristotelischen Autarkia[120], die er im Anschluß an den Aquinaten „communitas perfecta" nennt[121]. Die Staatsbildung ist dem Menschen von Natur aus eingegeben, er ist ein „zoon politikon". Daraus

---

[110] *Soder* S. 19 f.; *Hadrossek* S. XV; vgl. auch *Höffner* S. 188 ff.

[111] „Principes civiles intendunt facere homines bonos intra felicitatem humanam." *Soder* S. 37 Anm. 7; ähnlich schon Thomas von Aquino I. qu. 96, a. 4. c.

[112] *Höffner* S. 205 ff.; über die Vorläufer Vitorias hierin vgl. *Höffner* S. 19 ff. (20, 21, 22, 25, 31, 32, 36).

[113] Siehe oben S. 41

[114] De Indis II, 2 ff. s. aber auch *Höffner* S. 244 f. darüber, daß der Papst eine potestas indirecta über alle Reiche besitze. Diese Widersprüchlichkeit von Vitorias Lehre führte zu den unterschiedlichsten Beurteilungen seines Beitrages zum Völkerrecht. Siehe *Nußbaum* Anhang.

[115] Über die Zusammenhänge *Höffner* S. 28 ff. und S. 208, 219 ff.

[116] De Indis II, 1.

[117] Daß Vitoria diesen Grundsatz häufig durchbrach, ist insgesamt unbeachtlich.

[118] Vitoria steht hiermit nicht allein; vgl. *Höffner* S. 47 ff. mit weiteren Nachweisen.

[119] Vgl. *Höffner* S. 198 ff. ausführlich über die geistigen Bezüge.

[120] Politik, 1. Buch, 2. Kapitel 4.
über die Traditionsreihe *Soder* S. 40.

[121] De iure belli 7: „Res publica proprie vocatur perfecta communitas."

ergibt sich für Vitoria, daß alle Staaten, christliche und nichtchristliche, grundsätzlich gleich zu achten sind, denn die menschliche Natur ist bei allen Menschen gleich. Vitoria bemüht sich nun, den sehr abstrakten Begriff des „perfecta communitas" mit Anschauung zu füllen. Er erkennt, daß der Staat eine Vielheit von Menschen (multitudo), die durch staatliche Gewalt (auctoritas) zum Wohle seiner Angehörigen zusammengefaßt wird, voraussetzt[122]. In der Sprache der modernen Drei-Elementen-Lehre wären dies Staatsvolk und Staatsgewalt, wobei er noch den Staatszweck als essentielles Merkmal kennt. Über die Staaten der Indianer sagt Vitoria[123]: „Habent civitates, quae ordine constant, et habent matrimonia distincta, magistratus, dominos, leges, opificia, commutationes, quae omnia requirunt usum rationis; item religionis speciem."

Hier geht Vitoria in der Ausfüllung des Begriffes sehr weit. Bemerkenswert ist, daß er an Hand dieser ganz konkreten Feststellung die Frage der Staatlichkeit behandelt.

Das Ergebnis der Untersuchungen Vitorias liegt kurz in dem Satz „Sine dubio erant et publice et privatim ita veri domini, sicut Christiani"[124] beschlossen. Hierdurch tritt Vitoria denen entgegen, die den Indianern selbst die Rechtspersönlichkeit absprechen (privatim), und denen, die die Gemeinschaften der Indianer nicht als solche (publice) anerkennen wollen[125].

2. Die Staatengemeinschaft betrachtet Vitoria analog zu der Gemeinschaft der Menschen. Wie die Menschen in Staaten, so sind die Staaten in einer der respublica ähnlichen Weise zusammengefaßt[126]. Dieser orbis aller Staaten ist entsprechend dem Völkerrecht organisiert, dessen Regeln über den einzelnen Mitgliedern stehen, da es der natürlichen Vernunft entspringt[127] und durch gemeinsame Übereinkunft aller Staaten gesetzt wurde[128]. Zusammenfassend bleibt festzustellen, daß nach Vitorias Ansicht alle Staaten sich als gleichberech-

---

[122] *Soder* S. 32 f.

[123] De Indis I, 23.

[124] De Indis I, 24.

[125] Den Terminius „Dominus esse" = Herr sein, deute ich als die Fähigkeit, Träger von Rechten und Pflichten zu sein, = Rechtspersönlichkeit.
Wie hier auch *Hentschel* S. 356 f. und *Höffner* S. 222.

[126] De pot. civ. 21.

[127] De Indis III, 2; *Nußbaum* S. 89 bestreitet, daß die Formulierung „inter gentes" im Sinne von „zwischenstaatlich" gemeint sei; seine Deutung kann aber nicht überzeugen. *Knubben* wie hier, S. 18. *Höffner* S. 231 ff. zeigt, daß Vitorias Denkansatz nicht völlig eindeutig ist. Zwar setzt seine Vorstellung von der Gemeinschaft der Staaten einen Völkerrechtsbegriff voraus, die verschwommenen Aussagen über dessen Entstehung lassen jedoch erkennen, daß Vitoria noch nicht die Doppeldeutigkeit des „ius gentium" erkannt hatte.

[128] Vgl. *Höffner* S. 232 f.

tigte Partner im Rahmen des „ius gentium" gegenüberstehen. Er geht insofern von der natürlichen Völkerrechtssubjektivität der Staaten aus, wobei „Staat" wesentlich an der Eignung zur Ermöglichung geordneten Lebens gemessen wird. Von dieser Problemstellung stieß Vitoria auf die Frage nach den Mitgliedern einer internationalen Gemeinschaft[129].

III. Suarez

In engem geistigem Zusammenhang mit Vitoria steht der einige Jahrzehnte später wirkende Francisco Suarez[130]. Auch er hat zu der Kolonialfrage Stellung genommen. Ausgangspunkt seiner Überlegungen ist ebenfalls die naturrechtliche Staatslehre[131]. Sein wesentlicher Beitrag ist jedoch die deutliche Erkenntnis der Doppeldeutigkeit des Begriffs „ius gentium" und die Herausstellung der rechtlichen Natur der Beziehungen zwischen den Staaten[132].

Er befreite das „ius gentium" aus der Verklammerung des „ius naturale", die Jahrhunderte lang die Begriffe verwischte, indem er das „ium gentium" als positives Recht[133] durch Gewohnheit und Verträge unter den Staaten entstanden sieht[134]. In Fortführung der orbis-Idee Vitorias[135] gelangt Suarez dazu, das Völkerrecht auf die Grundlage der Völkergemeinschaft aufzubauen. Alle Staaten bilden nach ihm eine Einheit „non solim specificam, sed etiam quasi politicam et moralem"[136]. Suarez stellt ganz eindeutig den Bezug zwischen Völkerrecht und den Einzelstaaten her, wobei er den Staaten „suprema potestas" zugesteht. Die Definition für suprema potestas als „superiorem non recognoscere"[137] zeigt große Ähnlichkeit mit der der Souveränität. Suarez macht diese Eigenschaft des niemanden „in temporalibus" über sich Anerkennens zum entscheidenden Merkmal für die Zuordnung einer Reihe von völkerrechtlichen Rechten. Hier ist vor allem das Recht der Kriegsführung zu nennen[138].

---

[129] a. A. *Nußbaum* S. 89/90.

[130] Über die übrigen spanischen Spätscholastiker s. *Höffner* S. 183 ff. (zweiter Abschnitt passim); über Vazques vgl. *Reibstein,* Anfänge, besonders S. 169 ff.

[131] Vgl. *Höffner* S. 203, 208 ff.; *Rommen* S. 96 ff.

[132] Vgl. *Höffner* S. 234; *Soder,* Einleitung S. 12 ff.

[133] De legibus, II, cap. 17 u. 8: „sunt iuris humani et non naturalis".

[134] Siehe *Soder,* Einleitung S. 15 mit Nachweisen.

[135] Siehe oben S. 47 und *Soder* S. 53 ff.

[136] De legibus, Buch II, cap. 19 u. 9 (Klassiker S. 66).

[137] Defensio fidei, III. Buch, cap. V u. 1 (Klassiker S. 80).

[138] „Supremus princeps, qui superiorem in temporalibus non habet, vel respublica, quae similem iurisdictionem apud se retinuit, habet iure naturae potestatem legitimam indicendi bellum." De charitate, 13, sect. II (Klassiker S. 124).

IV. Bodin

Kannte Vitoria schon drei Elemente des Staates (Volk, Gewalt, Zweck), so finden wir seit Bodins „Sechs Bücher über den Staat" im Jahre 1578 eine Betonung der Staatsgewalt, die sich auf Menschen in einem Gebiet erstreckt. Staatsgewalt, wofür Bodin den Ausdruck „souverain" wieder verwandte[139], wurde als Merkmal der Völkerrechtspersönlichkeit verstanden[140]. Die lateinische Formulierung Bodins als „summa perpetuaque potestas" für „puissance souveraine"[141] zeigt, was Bodin als Staat aufgefaßt hatte: einen geordneten Herrschaftsverband in unabhängiger Stellung nach innen und außen, der auf Dauer Menschen und deren Lebensraum umfaßt[142]. Bodin zählt acht „wahre Kennzeichen der Souveränität" auf[143], von denen das Kriegsführungsrecht und die Gerichtsbarkeit, wozu auch das von Bodin gesondert verstandene Begnadigungsrecht gehört, historische Wurzeln haben. Neu ist das Recht zur Gesetzgebung[144] sowie das Organisations-(„Kompetenz-Kompetenz") und Besteuerungsrecht. Bodin führt die uns schon bekannte Gliederung der Staaten nach dem Grade der Unabhängigkeit auf, wobei er in „prince tributaire; prince, qui est en protection; souverain hors protection et néanmons vassal; vassal simple, vassal lige; sujet naturel"[145] einteilt.

V. Überblick

Mag Gentilis Grundauffassung vom Völkerrecht[146] für die weitere Entwicklung von Bedeutung gewesen sein, systematische Erörterungen zur Völkerrechtspersönlichkeit hat er kaum beigesteuert. Entscheidend in der Zusammenfassung und Prägung der Vorstellungen war das Werk von Grotius.

Bisher wurde versucht, in kurzen Umrissen die Entwicklung des Völkerrechtspersönlichkeits-Begriffs aus den Lehren vom gerechten Kriege und den Staatstheorien nachzuzeichnen. Als dritte Quelle dieser Entwicklung diente aber auch das Gesandtschaftswesen. Der Austausch von Gesandten zwischen zwei Herrschaftsverbänden implizierte ja die gegenseitige Anerkennung als Gleichberechtigte. Die Arbeiten von Braun (1548) und Gentili (1585) erörterten in diesem Sinne das Recht der Gesandtschaften (De Legationibus)[147].

---

[139] Der schon zu Beginn des 14. Jahrhunderts bekannt war, vgl. *von der Heydte* S. 68.

[140] *Knubben* S. 37.

[141] *Bodin* „de republica I, 1".

[142] a. a. O.: Respublica est.: recta plurium familiorum et rerum inter ipsas communium cum summa perpetuaque potestate gubernatio.

[143] Vgl. *Knubben* S. 37.

[144] Über diese Entwicklung vgl. *von der Heydte* S. 305 ff.

[145] Six livres, Bd. I, cap. 10.

[146] Vgl. *Knubben* S. 43.

[147] *Knubben* S. 43; auch *Reibstein*, Völkerrecht, S. 261 ff.

Dieser Hinweis muß im Rahmen dieser Untersuchung ausreichen[148].

Fassen wir die Ergebnisse dieses Kapitels zusammen, so können wir vereinfachend sagen, daß die Vorstellung einer universalen Völkerrechtsgemeinschaft und die von der Unabhängigkeit der Staatsgewalt die wesentlichen Faktoren waren, die das Völkerrecht zu Beginn der Neuzeit beherrschten. Völkerrechtspersönlichkeit und Souveränität fielen zusammen, Gerichtshoheit, Kriegsführungsrecht, Gesandtenrecht u. a. wurden nun als Elemente und Ausflüsse der suprema potestas, der Souveränität, verstanden.

3. Kapitel: Seit Grotius bis 1830

I. Grotius

Der wohl entscheidenste Beitrag von Grotius zur Entwicklungsgeschichte des Begriffs der Völkerrechtspersönlichkeit ist seine Trennung der Souveränität des Staates von der seiner höchsten Organe[149]. Im übrigen spiegelt sein Werk die Vorstellungen und Gedanken seiner Vorgänger wider[150]. Zur Frage der Völkerrechtspersönlichkeit bringt er keine zusammenhängenden Erörterungen[151], seine Ansicht hierzu muß aus vielen Einzelstellen hergeleitet werden, wobei die Widersprüchlichkeiten in seinem Werk[152] dieses Unternehmen äußerst schwierig gestalten.

Bei der Darstellung seiner Gedanken wird man von seiner Auffassung des ius gentium auszugehen haben. So spricht er etwa von dem aus dem freien Willen des Staates hervorgegangenen Völkerrecht[153], auch als „ius gentium voluntarium" bezeichnet[154]. Unter Staat versteht Grotius das durch Gemeinschaft verbundene Volk[155], dem

[148] Reichhaltiges Material bei *Krauske, Reibstein* a. a. O., I S. 251 ff., sowie allen Lehrbüchern.

[149] De iure belli ac pacis, Buch I, 3. Kapitel, § 7.

[150] Man vergleiche z. B. I, 3 § 1: Einteilung in private und öffentliche Kriege (hierzu auch 4. Kapitel § 1).

[151] *Knubbens* Ansicht S. 59, *Grotius* habe die allgemeine Frage der Subjekte des Völkerrechts als solche erörtert, kann ich nicht teilen. Ich konnte keinen einzelnen, zusammenhängenden Abschnitt hierüber finden.

[152] Vgl. hierüber *Reibstein*, Völkerrecht I S. 334 f.

[153] Buch II, 19. Kapitel § 1, 1.

[154] *Reibstein* a. a. O. S. 335, 347 f., 355.

[155] Am deutlichsten spricht er das aus in Buch II, 9. Kapitel, wo er ausführt, der Staat ginge unter, wenn das Volk zerstreut würde (§§ 3 ff.); während der Staat beim Wechsel der Staatsform bestehen bliebe (§ 7).

ursprünglich auch die Staatsgewalt zusteht[156]. Die Regierenden haben ihre Macht gleichsam durch Vertrag vom Volk übertragen erhalten[157] und handeln für dieses[158].

Grotius sah demnach als Schöpfer des Völkerrechts die freien Völker an, bzw. die beauftragten Regenten, je nachdem wer im Besitze der höchsten Staatsgewalt (majestas) war[159]. Andererseits sollten die Regeln des Völkerrechts, die er aus einer langen geschichtlichen Reihe herzuleiten suchte, auch nur auf diese Anwendung finden.

Wir erkennen, daß Grotius unter Betonung des Volkes und der Staatsgewalt im Zusammenhang mit der Lehre von der Souveränität zwei Staatselemente behandelt hat. Auch das Staatsgebiet als wesentliches Element war ihm nicht fremd[160]. Im Zusammenhang mit der Erörterung der einzelnen völkerrechtlichen Institute hebt er hervor, daß diese nur auf die Inhaber der Souveränität Anwendung finden, so steht z. B. das Gesandtenrecht als völkerrechtliche Einrichtung nur den Inhabern der majestas zu[161], das Recht zur Bestrafung wird am besten dem „Höheren" (convientissimum esse ut id fiat ab eo qui superior est) übertragen[162]; Kriegserklärungs-[163] und Friedensschlußrecht[164] stehen nur dem Inhaber der Souveränität zu. Synonym für die Inhaber der höchsten Gewalt benutzt er den Ausdruck, „die keinen gemeinsamen Richter haben"[165]. Folgt Grotius in diesen Ausführungen, wie auch in denen über den gerechten Krieg[166], durchaus den überkommenen Lehren, so sind doch auch andere Tendenzen bei ihm festzustellen. So soll für die Gerechtigkeit des Krieges die förmliche Kriegserklärung entscheidend sein[167]. Unter Berufung auf römische Schriftsteller führt er aus, daß nur die Anerkennung des Feindes als „iustus hostis" die völkerrechtlichen Regeln des Kriegsrechts (vor allem hinsichtlich des Beuterechtes und der Gefangennahme) zur Anwendung bringe. Fehle die Anerkennung des Partners im Kampfe als gleichberechtigter Feind, so läge kein Fall des iustus hostis (iustum bellum) vor, sondern man habe es mit Straßenräubern zu tun, denen gegen-

---

[156] Buch I, 3. Kapitel § 7.

[157] Weshalb ein Aufstand gegen den Fürsten Vertragsbruch wäre, Buch I, 4. Kapitel, es sei denn, man habe sich dieses Recht vorbehalten, Buch I, 4. Kapitel § 14.

[158] Buch II, 14. Kapitel § 1, 2.

[159] Z. B. Buch II, 14. Kapitel § 1, 1.

[160] Vgl. Buch II, 3. Kapitel § 4, 1.

[161] Buch II, 18. Kapitel § 2, 1.

[162] Buch II, 20. Kapitel § 3, 1.

[163] Buch I, 3. Kapitel § 1, 1.

[164] Buch III, 20. Kapitel § 2.

[165] Buch II, 23. Kapitel 8, 1.

[166] Buch II, 1. Kapitel § 1 ff.

[167] Buch III, 3. Kapitel § 1.

über Versprechen straflos gebrochen werden könnten[168]. See- und Straßenräuber bildeten keinen Staat, auch wenn sie untereinander Recht beobachteten, da sie sich zur Unrechtsbegehung zusammengeschlossen haben[169].

Aus allem wird man den Schluß ziehen können, daß nach Grotius die Staaten als solche die Subjekte des Völkerrechts sind, wobei er unter Staat das Volk auf dem Staatsgebiet unter der einigenden Staatsgewalt mit rechtlichem Staatszweck versteht. Auch er kennt die Einteilung der Staaten nach dem Grade ihrer Selbständigkeit[170]. All dies ist aber unabhängig von dem jeweiligen Inhaber der Staatsgewalt zu sehen, der Staat als solcher ist gemeint. Für die Anwendung des Völkerrechts in vollem Umfange ist jedoch noch die Anerkennung als iustus hostis notwendig[171].

II. Der Westfälische Frieden

Die Bedeutung des Friedens von Münster und Osnabrück 1648 ist oft[172] hervorgehoben worden. Für unsere Untersuchung genügt es jedoch, auf zwei Momente hinzuweisen. Einmal enthielt die Lösung hinsichtlich der souveränen Stellung der deutschen Landesfürsten deutliche Kennzeichen der sich entwickelnden Vorstellungen über die Mitglieder einer Völkerrechtsgemeinschaft. Auch hier wurde das Merkmal der Souveränität zum Prüfstein der Völkerrechtspersönlichkeit[173]. Bedeutender war aber ein anderes: an den Verhandlungen in Münster und Osnabrück nahmen alle europäischen Staaten außer England teil. Durch diese Teilnahme erkannten sich diese Staaten gegenseitig trotz verschiedener Religionen, Größen und Regierungsformen als gleichberechtigt an. Die Solidarität und Gleichheit der europäischen Staaten fand ihren Ausdruck im System des Gleichgewichtes der Mächte (Aequilibrium)[174] und zielte für die Zukunft auf eine Erhaltung des status quo hin. Die Entstehung neuer Staaten konnte auf dem europäischen Gebiet nur durch eine Verschiebung, d. h. Zusammenlegung oder Trennung im Gefüge der bestehenden Staaten vor sich gehen. Der Abfall der Niederlande kann hierfür als

---

168 Buch III, 19. Kapitel § 5.

169 Buch III, 3. Kapitel § 2.

170 Vgl. z. B. Buch I, 3. Kapitel §§ 22 f.

171 Hieraus scheint *Knubben* S. 58/59 herzuleiten, daß Grotius die „Unterscheidung einer allgemeinen und partiellen Völkerrechtssubjektivität" nach dem Maße der Anerkennung durch andere Staaten erkannt habe, vgl. auch S. 64.

172 Z. B. *Nußbaum* S. 128; *Martens* S. 88 ff.; *Knubben* S. 60 ff.; *Hosack* S. 173, 226 im einzelnen zum Verlauf.

173 Siehe *Knubben* S. 61 mit Zitaten.

174 Als europäisches Rechtsprinzip z. B. im Frieden von Utrecht (1713) anerkannt. Siehe *Nußbaum* S. 131.

signifikantes Beispiel dienen. Aus diesem Präzedenzfall[175] entwickelte sich im folgenden Jahrhundert die Lehre von dem Verhalten der fremden Nationen im Falle einer Rebellion[176].

Der in dieser Anerkennung als gleichberechtigter Partner von derart verschiedenartigen Staaten zum Ausdruck kommende Gedanke ist der, daß nicht der Inhaber der Staatsgewalt, sondern der Staatsverband, das organisierte Volk als solches, als Rechtssubjekt im Völkerrecht anzusehen ist. Dies dürfte der stärkste Einfluß von Grotius auf die Geschichte der Völkerrechtspersönlichkeit gewesen sein[177].

Pufendorf hat später die Bezeichnung der „persona moralis“[178] für den Staat eingehend dargelegt und somit dem heutigen Begriff von Rechtspersönlichkeit eines Verbandes, der juristischen Person[179], zeitgemäßen Ausdruck gegeben.

III. Überblick bis 1830

Die folgende Zeit bis zum Wiener Kongreß 1815 war beschäftigt mit der Ausarbeitung der einzelnen Begriffe, deren Stoff schon seit 1648 vorhanden war. Diese Entwicklung verlief stetig und langsam; sie nachzuzeichnen, würde den Rahmen dieser Untersuchung sprengen, zumal die Bezüge zu den Ursprüngen ausführlicher dargetan wurden. Ompteda und Knubben[180] haben überdies, zwar ohne dogmatische Verarbeitung, reichliches Material hierzu geboten. Auch ist diese Epoche so oft schon[181] dargestellt worden, daß eine Beschränkung auf die Grundzüge der Entwicklung durchaus vertretbar erscheint.

Für die nachgrotianische Zeit können wir die Auseinanderentwicklung des bei Grotius noch einheitlichen Begriffs von natürlichem und positivem Völkerrecht beobachten in die Schulen der „Naturalisten und Positivisten“[182]. Vereinfachend dargestellt gehen die Naturalisten von einem für alle Menschen geltenden Naturrecht aus, dessen Teil das zwischen den Menschenverbänden geltende Völkerrecht ist. Diese Ansichten zielen schon begrifflich auf die Universalität der Völkerrechtsgemeinschaft ab. Ihren prägnantesten Ausdruck fanden sie in Wolffs Theorie von der civitas gentium maxima, der Gemeinschaft aller Völker, in der jedes Volk eine Person, ein Mitglied dieser civitas, darstellt[183]. Bei Vattel, der diese civitas abgeschwächt „Société des

[175] Als solcher findet er sich auch 1758 im Buch III, § 290 bei *Vattel.*

[176] Vgl. z. B. *Vattel,* Buch III, §§ 287 ff.

[177] So auch *Knubben* S. 63.

[178] Elementorum Def. IV.

[179] Vgl. die französische Bezeichnung hierfür: „personne morale“.

[180] S. 67—125.

[181] Z. B. *F. von Martens,* Band 1, S. 87 ff.; *Nußbaum* S. 128—211; *Wegner* S. 172—238.

[182] Vgl. z. B. die Überschriften bei *Nußbaum* S. 164, 182.

[183] Prolegomena §§ 7 ff. (insbesondere §§ 9/10).

Nations"[184] nennt, finden wir dann die uns von Pufendorf her bekannte[185] Lehre von der persona moralis der Nationen[186]. Auch die Einteilung der Staaten nach dem Grade ihrer Selbständigkeit[187] ist uns bekannt und bringt nichts entscheidend Neues.

Die andere Entwicklungslinie, die sich auf die Betrachtung und Sammlung der geltenden Völkerrechts-Normen verlegte, führte zur Beschränkung auf die europäische Entwicklung, was wohl kaum deutlicher als im Titel des Werkes von Moser[188] zum Ausdruck kommt. Zouche, Rachel, Textor und Bynkershoek seien wenigstens als einige Glieder dieser Reihe genannt.

Moser hatte dargelegt[189], daß er kein „raisoniertes" Völkerrecht aus Begriffen entwickeln, sondern beschreiben wolle, was in Europa üblich sei.

Seiner Ansicht nach bilden die Staaten einen „Europäischen Staats-Körper", der auf der gleichen „natürlichen Lage" (Religion, Geschichte, Kultur) beruhe[190]. Die „Glieder des Europäischen Staats-Körpers"[191] seien die europäischen Souveräne[192].

Auch Ompteda sieht als „charakteristischen Hauptzug" des Begriffs des Staates seine Souveränität an[193]. Nur auf Staaten, die diesem Begriff genügen, findet das Völkerrecht Anwendung[194].

Völkerrechtspersönlichkeit und Souveränität waren in dieser Zeit identisch. Allerdings wurde der Bestand der souveränen Staaten mehr zur Kenntnis genommen, als daß über das Erfordernis der Souveränität weiter nachgedacht wurde, wie die genannten Stellen bei Moser und Ompteda belegen können.

Eigentliche und systematische Erörterungen zum Begriff der Völkerrechtssubjekte finden sich zuerst wohl bei Heffter[195] und Wheaton[196].

---

[184] Z. B. Einleitung §§ 11, 12.

[185] Über die Bezüge vgl. *Guggenheim* S. XXI f. mit vielen Nachweisen.

[186] Z. B. Einleitung §§ 1, 2.

[187] So II. Buch, Kapitel I, § 4: Souveräne Staaten, §§ 5, 6: Durch Schutzvertrag verbundene Staaten; § 7: Tributpflichtige Staaten; § 8: Lehensstaaten; § 9: Personalunion; § 10: Bundesstaat; § 11: abhängige Staaten.

[188] *Moser,* Grund-Sätze des jetzt-üblichen Europäischen Völcker-Rechts in Fridens-Zeiten.

[189] Vorrede S. (3).

[190] S. 15.

[191] So die Überschrift des 1. Kapitels des 1. Buches.

[192] S. 22.

[193] S. 36.

[194] S. 35.

[195] § 12 — S. 26.

[196] Elements §§ 16 ff.

4. Kapitel: Zusammenfassung

In der Zeit von 1500 bis 1830 bestand in Europa noch kein festes Normengefüge hinsichtlich der Völkerrechtspersönlichkeit. Vielmehr entwickelte sich dieser Begriff aus der Beobachtung der tatsächlichen Verhältnisse an Hand einer Vielzahl von Einzelrechten (Kriegsrecht, Gerichtshoheit, Gesandtschaftsrecht usf.) und in der Zusammenfassung dieser Rechte im Begriffe der Souveränität.

Die aufgezeigte Entwicklung ist aber nicht nur von völkerrechtsgeschichtlicher Bedeutung; denn sie ist eng verknüpft mit der Entstehung des modernen Staates. Der Begriff der Völkerrechtspersönlichkeit als einer „natürlichen“ Eigenschaft der Staaten ist somit das Ergebnis der speziellen europäischen Geschichte. Ihn auf außerhalb Europas stehende Staaten anzuwenden, ist nur dann gerechtfertigt, wenn diese Staaten eine ähnliche Entwicklung wie die europäischen durchgemacht haben. Es ist daher unerläßlich, der Rechtsentwicklung im islamischen Bereich nachzugehen.

3. Abschnitt: Nach islamischem Recht

1. Kapitel: Einleitung

Es kann nicht unsere Aufgabe sein, hier einen vollständigen Abriß der islamischen Vorstellungen über das Völkerrecht zu geben. Zu diesem Thema haben sich Berufenere hinreichend geäußert, wie jüngst[197] wieder Mahmassani. Das Völkerrecht ist nach herkömmlicher Ansicht aus der Entwicklung der christlich-abendländischen Völkergemeinschaft hervorgegangen. Daher muß gefragt werden, ob die europäischen Normen auch auf islamische Staaten angewandt werden können. Dies wäre einerseits bei einer freiwilligen Rezeption dieser Vorstellungen durch die islamischen Staaten der Fall, wie sie zum Teil nach der Mitte des 19. Jahrhunderts tatsächlich vorgenommen wurde. Eine solche Anwendung erschien aber auch dann zulässig, wenn Wesen und Inhalt der islamischen Rechtsvorstellungen den abendländischen entsprechen würden. Es soll nachstehend ausschließlich untersucht werden, ob eine solche Parallelität bei den Normen über die Bestimmung von Rechtssubjekten des Völkerrechts besteht. Nur Hamidullah[198] widmet dieser Frage Aufmerksamkeit. Seine Feststellungen sind jedoch so sehr aphoristisch, daß sie dem im islamischen Recht Unbewanderten kaum Klarheit bringen. Es muß auch bezweifelt werden, ob die von Hamidullah aus dem europäischen Recht übernommene Systematik den islamischen Vorstellungen gerecht wird[199].

[197] In: Recueil des Cours 1966, I — S. 205—328.
[198] Conduct S. 13/14.
[199] So auch *Kruse* S. 12.

Zum rechten Verständnis dieser Ausführungen muß zunächst auf die Natur des islamischen Rechts im allgemeinen eingegangen werden. Es werden danach die Grundzüge dessen vorgetragen, was nach der islamischen Rechtslehre zwischen islamischen Staaten galt. Dieses Rechtsgebiet wird dem Vorschlag Kruses[200] folgend „*Muslimisches Völkerrecht*" genannt. Es werden sich Betrachtungen anschließen, die den islamischen Rechtsvorstellungen über das Verhältnis zwischen islamischen und nicht-islamischen Staaten gewidmet sind. Hierfür wird die Bezeichnung *„Islamisches Völkerrecht"*[201] benutzt werden.

2. *Kapitel: Zur Natur des islamischen Rechts*

I. Der Gegenstand

Islamisches Recht ist die Wissenschaft von den Rechten und Pflichten des Menschen in seinem praktischen Verhalten[202]. Die Handlungen des Menschen werden eingeteilt nach gebotenen, empfehlenswerten, indifferenten, tadelnswerten und verbotenen[203]. So ist den Erben empfohlen, die Schuld des Erblassers zu bezahlen, ohne hierzu verpflichtet zu sein[204]. Das Recht im Islam ist ein Teil der allgemeinen Pflichtenlehre (fiqh)[205] und besteht wie diese in der Beurteilung der Handlungen nach den göttlichen Geboten[206].

Das Wort fiqh[207] wurde zum Terminus technicus für die islamische Rechtswissenschaft, die neben den eigentlich juristischen Gegenständen auch die Vorschriften über das rituelle Gebet (salat), die Wohltätigkeit (zakat), das Fasten, die Pilgerfahrt (hadjdj) und weitere religiös-rituelle Gegenstände (z. B. Beschneidung, Verschleierung usw.) behandelte[208]. Es fragt sich, ob es bei diesem Sachverhalt nicht

---

[200] S. 4/5.

[201] Nach *Kruse* vgl. S. 3.

[202] *Hamidullah* S. 4 nach Abu-Hanifa und Muhibullah al-Bihariy *von Tornauw* S. 17.

[203] *Schacht,* Introduction S. 200; *Juynboll* S. 59 f.

[204] *Schacht,* Bergsträsser S. 123.

[205] *Juynboll* S. 23 — besonders Anm. 1 a. E.; *Khadduri,* Law S. 8: „Law has the charakter of a religious obligation"; *Pritsch* S. 36/37.
Die Umschrift ist der Schreibweise der Enzyklopädie des Islam angeglichen, so daß dort ohne Schwierigkeiten das entsprechende Stichwort gefunden werden kann. Ausgenommen sind jedoch die Namen, die in ihrer gebräuchlichen Schreibweise (Duden) zitiert werden, und „fiqh", das wegen der grundsätzlichen Bedeutung und der Schreibweise in den benutzten Werken in der internationalen Umschrift verwendet wird (Enzyklopädie des Islam: FIKH).

[206] Vgl. *Kruse* S. 17.

[207] Über Bedeutung und Entwicklungsgeschichte vgl. *Juynboll* S. 23 Anmerkung 1; ihm folgend *Kruse* S. 18 und den Artikel in der Enzyklopädie des Islam (Fikh).

[208] Vgl. *Juynboll* S. XII/XIII.

ungerechtfertigt ist, überhaupt von einer islamischen Rechtswissenschaft zu sprechen. Aber Schacht[209] hat mit guten Gründen nachgewiesen, daß trotz der engen Verknüpfung des Rechts mit der Religion durchaus von einer selbständigen Rechtslehre gesprochen werden kann. Der Islam bildet eben außer seinen religiösen und moralischen Aspekten auch ein Rechtssystem[210].

Die Gesamtheit der Vorschriften der Pflichtenlehre heißt sharia[211]. Sie ist das heilige Gesetz, der „Weg"[212], den die Gläubigen gehen müssen[213].

Bei dem obligatorisch Vorgeschriebenen (fard = Pflicht, Gebotenes) wird zwischen der fard-al-hain, wozu jeder selbst verpflichtet ist, und der fard-al-kifayah, der Pflicht der genügend großen Zahl[214], unterschieden[215].

Juynboll[216] hat darauf hingewiesen, daß vieles, was der Theorie nach fard war, der Praxis nach nur als empfohlen galt wie umgekehrt und daß oft Meinungsverschiedenheiten darüber entstanden, in welche der Kategorien eine Handlung einzuordnen sei.

II. Die Rechtsquellen (usul al-figh)[217]

1. Milliot[218] hat besonders darauf hingewiesen, daß der Islam keinen irdischen Gesetzgeber kennt. Grundlage des islamischen Rechts ist der Koran[219], der Gottes eigenes Wort für den Muslim ist. Islamisches Recht verkörpert daher den Typus des „Heiligen Rechts"[220], dessen Geltungsgrund der Befehl Gottes ist. Es ist insofern heteronom[221].

2. An zweiter Stelle[222] folgt die Überlieferung (hadith) vom Verhalten des Propheten Mohammed auf Erden, der „sunnah des Pro-

---

[209] Bergsträsser S. 123; Introduction S. 201; vgl. auch *Khadduri* S. 10.
[210] Vgl. *Mahmassani* S. 220.
[211] Vgl. *Mahmassani* S. 222.
[212] Wörtliche Bedeutung von shariah.
[213] *Juynboll* S. 54.
[214] *Kruse* S. 50 f.; *Schacht,* Bergsträsser S. 31.
[215] *Juynboll* S. 60.
[216] S. 60/61 und 62 ff.
[217] *Schacht,* Introduction S. 114.
[218] Recueil passim; auch *Müller* S. 13.
[219] *von Tornauw* S. 1; *Khadduri,* Law S. 11; *Schacht,* Bergsträsser S. 123; *Hamidullah* S. 17; *Juynboll* S. 39 ff.
[220] *Kruse* S. 17.
[221] *Schacht,* Introduction S. 202.
[222] Dem Wert, nicht dem Umfang nach, *Hamidullah* S. 20.

pheten"[223] oder einfach: der Sunnah. Was Mohammed getan hat, gilt als Verpflichtung für alle[224].

Ursprünglich von Gewährsmann zu Gewährsmann weitergegeben[225] werden später die hadithe in umfangreichen Sammlungen festgehalten. Die berühmtesten Sammlungen wurden die von al-Buchari (gest. 870 n. Chr.) und Muslim (gest. 875 n. Chr.)[226].

1. und 2. faßt Mahmassani[227] als „primary sources" des islamischen Rechts zusammen. Der Koran und die einzelnen hadith[228] sind unveränderlich und keinen Wandlungen unterworfen. Wie immer in solchen Fällen versuchte man durch Exegese den Sinn beider zu erfahren. Die Koran-Auslegung (al-tafsir)[229] und die der Traditionssammlungen[230] bildet einen wichtigen Teil der religiösen Literatur des Islam.

3. Analogie (qiyas)

Unter Analogie wird die Anwendung einer aus dem Koran oder einem hadith sich ergebenden Norm auf einen Sachverhalt verstanden, der zwar nicht ausdrücklich in der Norm genannt ist, der jedoch wegen der Gleichheit der Lage ein der Norm entsprechendes Verhalten verlangt[231], wobei die Lösung der Frage, ob in zwei Fällen ein identischer Grund vorhanden ist, der die analoge Anwendung rechtfertigt, dem Urteil, der Meinung (ray)[232] unterliegt. Mahmassani[233] führt als illustratives Beispiel an, daß nach dem Koran das Trinken von Wein verboten ist. Dies gelte im Wege der Analogie für alle berauschenden Getränke.

Es verwundert den europäischen Juristen, daß die ihm als Rechtsmethode bekannte Analogie im islamischen Recht als Rechtsquelle erscheint. Daß dies so ist, beruht auf historischen Gründen[234].

---

[223] Vgl. *Schacht,* Origines S. 58.

[224] *Juynboll* S. 13, 41 ff.; *Khadduri,* Law S. 11 f.; *von Tornauw* S. 8 f.; *Janson* S. 16.

[225] *Juynboll* S. 14 f.; *Hamidullah* S. 21.

[226] *Juynboll* S. 20; über andere vgl. auch *von Tornauw* S. 9/10.

[227] S. 229.

[228] Diese aber nur der Theorie nach, die Richtigkeit eines Hadith ist oft sehr zweifelhaft, vgl. *Juynboll* S. 16 ff.

[229] *Juynboll* S. 11; *Khadduri,* Law S. 11.

[230] *Juynboll* S. 22.

[231] *Juynboll* S. 50.

[232] *Mahmassani* S. 230; *Hamidullah* S. 22/24; vgl. *Larenz,* Methodenlehre S. 288: „Die Analogie verlangt . . . ein Werturteil, das besagt, daß eben dasjenige, worin die verglichenen Tatbestände übereinstimmen, . . . wesentlich . . . sei."

[233] S. 231; weiteres Beispiel bei *Juynboll* S. 50.

[234] Vgl. *Jynboll* S. 50 f.

4. Consensus

Die vierte[235] und letzte[236] Rechtsquelle bildet der consensus (idjma), „die übereinstimmende Meinung aller gleichzeitig in einer gewissen Periode lebenden muslimischen Gelehrten“[237]. Ihre Rechtfertigung bezog diese usul-al-fiqh vor allem aus dem überlieferten Ausspruch des Propheten: „Mein Volk wird nie einmütig im Irrtum sein.“[238] Dieser Satz wurde so verstanden, daß bei einhelliger Meinung ein Irrtum ausgeschlossen sei. Aber wie sollte sich — vor allem nach der Ausbreitung des Islam — eine einhellige Ansicht aller Gläubigen ermitteln lassen?[239] Zwangsläufig mußte der idjma der führenden Rechtsgelehrten[240] ausreichen.

3. und 4. faßt Mahmassani[241] als „secondary sources“ zusammen. Da qiyas und idjma auf das Urteil der Gelehrten zurückgeht, kann man mit Schacht[242] hier eine Durchbrechung der Heteronomität des islamischen Rechts sehen.

III. Die Rechtsschulen[243]

Die Menge des Überlieferten und die Bedeutung der Erklärung[244] ließen im Laufe der Entwicklung die eigentlichen, „primary“ Rechtsquellen Koran und hadith zurücktreten. Wichtiger als deren Kenntnis waren die Ergebnisse, „zu denen die Auslegung der heiligen Texte führte“[245].

---

[235] In den Werken der Orientalisten (vgl. *Juynboll, Schacht, Hamidullah, Mahmassani)* ist dies die dritte und die Analogie die vierte Rechtsquelle. Das beruht darauf, daß nach verbreiteter islamischer Ansicht die Analogie auf den Consensus aufbaut, *Juynboll* S. 52. Dem Beispies *Khadduris*, Law S. 13 f., folgend, wurde die den europäischen Juristen vertrautere Reihenfolge gewählt.

[236] Abgesehen von einigen anderen Ansätzen, vgl. *Juynboll* S. 53; *Hamidullah* S. 21 f.; *Mahmassani* S. 231.

[237] *Juynboll* S. 46; auch *Hamidullah* S. 22; *Schacht*, Origines S. 82; *Mahmassani* S. 230.

[238] Vgl. *Hamidullah* S. 23; *Janson* S. 17.

[239] *Hamidullah* S. 23/24.

[240] *Schacht*, Origines S. 82.

[241] S. 230.

[242] Introduction S. 202.

[243] Mohammed soll vorausgesagt haben, daß der Islam in 73 Sekten zerfallen werde, *von Tornauw* S. 10/11. Entscheidend ist die Trennung in Sunniten (Orthodoxe) und Schiiten geworden (über die Unerschiede siehe *von Tornauw* S. 12). Schiitisch (Zaiditen, Ismailiten, und Imamiten siehe *Mahmassani* S. 226) war vor allem Persien. Die arabische Welt und das osmanische Reich folgten der sunnitischen Richtung. Nur sie ist folglich hier zu behandeln.

[244] *Juynboll* S. 23.

[245] *Juynboll* S. 24.

Die sunnitische Richtung des Islam teilte sich hauptsächlich in vier Schulen, die als orthodox anerkannt waren: Hanefiten, Malekiten, Schafiiten und Hanbaliten, die jeweils nach ihren Gründern benannt wurden[246].

Die Unterschiede zwischen den einzelnen Richtungen sind nicht grundsätzlicher Natur[247] und bestehen hauptsächlich im Verhältnis zu den „secondary sources"[248]. So benutzten die Hanefiten sehr reichlich die Analogie, während die Malekiten den Rechtsquellen 3 und 4 gegenüber sehr vorsichtig eingestellt waren[249]. In Einzelfragen finden sich gewisse Variationen in den Ergebnissen der Lösung[250].

Im osmanischen Reich war die hanefitische Richtung vorherrschend. Nordafrika folgte den Malekiten.

IV. Zur Geschichte

Zur Geschichte des islamischen Rechts sei auf das Werk von Schacht: The Origines of Muhammadan Jurisprudence hingewiesen. Kurze Einblicke gewähren auch Kruse[251] und Schacht[252].

3. Kapitel: Muslimisches Völkerrecht

I. Die Lehre vom Khalifen[253]

Mohammed ist nicht nur ein Religionsstifter, sein Wirken gilt auch der politischen Einigung der in Stammesfehden entzweiten arabischen Völker[254]. Wie er gegen den überkommenden Polytheismus die Lehre von einem Gott, Allah, setzt, so predigt er auch die politische Einheit im Islam[255]; wobei sein Wirken aber nicht auf die arabische Welt beschränkt bleiben soll. Alle Menschen sollen in dem einen Reich Allah's geeint werden[256].

---

[246] Vgl. *Khadduri,* Law, S. 15/16; *von Tornauw* S. 13; *Mahmassani* s. 224/225; *Juynboll* S. 26 ff.; *Schacht,* Introduction, S. 57 ff.; *Heffening* S. 143, 158 ff.

[247] *Juynboll* S. 29.

[248] *Khadduri,* Law, S. 16; *Schacht,* Introduction S. 60.

[249] *Mahmassani* S. 224.

[250] Enzyklopädie des Islam I, S. 90.

[251] S. 18—23.

[252] *Bergsträsser* S. 8—21.

[253] Zu Einzelfragen vgl. das umfangreiche Werk von *Sanhoury* und zu den Theorien: *Milliot* S. 617 ff.

[254] *von Kremer* S. 313; *Oszstern* S. 678 ff.

[255] *Khadduri,* Law, S. 19 ff.; *von Kremer* S. 314; *Milliot* S. 600; *Strothmann* S. 2.

[256] *Mahmassani* S. 232; es ist kontrovers, ob der Prophet seine Sendung universal aufgefaßt hat, vgl. den Aufsatz von *Buhl* und *Noth* S. 15. Unbestreitbar ist jedoch, daß der Islam sich später als universell auffaßte und sich hierbei auf den Propheten berief, *Noth* S. 16.

In Mohammeds Leben ist die Hinwendung zum Politischen seit seiner Flucht (hidjra) nach Medina im Jahre 622 n. Chr. erkennbar[257]. Während er in Mekka in Opposition zu den dort herrschenden arabischen „Patrizier"-Familien steht, woraus die Streitigkeiten entstehen, die ihn zur Flucht zwingen, ändert sich sein Verhältnis zur politischen Macht seit der hidjra, als er selbst das Gemeinwesen in Medina leitet. In seiner Person vereinigen sich seit diesem Zeitpunkt politische und geistliche Macht: Als Vorbeter (imam) der muslimischen Gemeinde zeigt er sich als geistliches Oberhaupt, während er als Kriegsherr und Staatsführer die weltliche Macht repräsentiert. Eine Teilung von Staat und Religion[258] ist schon wegen dieser besonderen Stellung des Propheten dem Islam unbekannt geblieben[259]. Im Bilde könnte man sagen, daß die beiden Schwerter sich in einer Hand vereinigen[260]. Ibn-Khaldun[261] betrachtet gerade dieses als das Charakteristikum des wahren Herrschers. Nach dem Tode Mohammeds übernehmen seine Nachfolger (arabisch = khalifa) sein Amt, so wie er es geprägt hat[262]. Den ersten vier, den „rechtgeleiteten" (al-rashidun) Khalifen[263] wächst dieses Amt als Gefährten und Verwandten des Propheten auf natürliche Weise zu, obwohl selbst schon in dieser Frühzeit Machtkämpfe und Spaltungstendenzen sichtbar werden. Mohammed hinterließ keine Vorschriften darüber, wie nach seinem Tode die islamische Welt regiert werden solle[264], so daß hinsichtlich der Frage der richtigen Khalifen erhebliche Meinungsverschiedenheiten entstehen und der Islam sich schon zu Beginn seiner Geschichte an der Nachfolgefrage spaltet. Eine Partei (shia), die sogenannten Schiiten[265], hält nur Ali, den Schwiegersohn Mohammeds, der des Propheten Lieblingstochter Fatima geheiratet hat, und dessen Nachkommen für die einzig berechtigten Khalifen und betrachtet die drei anderen als Ursupatoren[266]. Da Alis Linie ausgestorben ist, ist für die Schiiten der Khalif, der Imam, unsichtbar[267]. Sie erwarten eine Wiederkunft für das Ende der Tage, wenn er die Erde mit Gerechtigkeit erfüllen wird[268].

In den Kämpfen des Begründers der Omaijaden-Dynastie, Muawiya, mit Ali, dem vierten Khalifen, rebelliert ein Teil der Armee

257 *Milliot* S. 600.

258 Wie im Christentum auf Kaiser und Papst. Ein Satz wie: „mein Reich ist nicht von dieser Welt" ist im Islam undenkbar.

259 *Sanhoury* S. 267.

260 *Khadduri*, Law, S. 7.

261 al-Mugaddama (Slane) S. 385.

262 *Khadduri*, Law, S. 42.

263 Abu-Bekr, Omar, Osman und Ali.

264 *Janson* S. 20; *Juynboll* S. 322/323.

265 *Juynboll* S. 327.

266 *Hamidullah* S. 46.

267 *von Kremer* S. 361; *Milliot* S. 616.

268 *Juynboll* S. 329.

Alis; der langen Kämpfe müde. Diese Meuterer (arabisch: *Kharadjiten)*[269] fliehen nach Afrika und finden Aufnahme bei den Berbern[270], [271].

Die *sunnitische Richtung*, die als die orthodoxe gilt und die meisten Anhänger hat, entwickelt aus dem Verhalten der vier ersten Khalifen eine Reihe von Regeln[272], nach denen sich die Nachfolge vollziehen soll und aus denen sich die Anforderungen ergeben, die der Khalif in seiner Person erfüllen muß. Wichtig ist, daß der Khalif über so gute Kenntnisse im fiqh verfügt, daß er in schwierigen Fragen selbst entscheiden kann[273]. Er muß ein Gelehrter (Mudjtahid)[274] sein, der in Zweifelsfällen ein Gutachten (fetwa) abgeben kann[275]. Hier wird die Stellung des Khalifen als geistliches Oberhaupt (imam) besonders deutlich.

Die „in der muslimischen Überlieferung als ein Geschlecht gottloser Tyrannen verschrieenen"[276] Omaijaden-Herrscher erfüllen diese strengen Anforderungen nicht mehr[277]. Sie fühlen sich auch weniger als Nachfolger des Propheten als vielmehr als irdische Herrscher[278]. So soll Muawiya gesagt haben[279], er sei der erste König des Islam.

Sind ursprünglich nur Wahl[280] oder Designation durch den regierenden Khalifen[281] mögliche Erwerbstitel für das Khalifat gewesen[282], so kommen allmählich seit der Dynastie der Omaijaden auch der Erwerb kraft Erbfolge[283] oder durch Gewalt[284] hinzu. Nach dem Urteil Juynbolls[285] beruhen „die Ansprüche der muslimischen Herrscher" — namentlich der türkischen Sultane — „auf Anerkennung ihrer Herr-

---

[269] Über die Wortbedeutung vgl. *Juynboll* S. 327 Anm. 2.

[270] *von Kremer* S. 370; *Milliot* S. 623.

[271] Über die Besonderheiten ihrer Lehre vom Khalifat vgl. vor allem *Miliot* S. 616 und zu ihrer Lehre im allgemeinen *Schacht*, Origines S. 260 f.

[272] Vgl. im einzelnen *Sanhoury* S. 51—110; *Juynboll* S. 331 f.; *von Kremer* S. 409—416; *Pritsch* S. 44 ff.; auch *Milliot* S. 615 ff. und *Hamidullah* S. 47; *Müller* S. 49—89.

[273] *Juynboll* S. 331; *Sanhoury* S. 61 ff.

[274] Vgl. hierzu *Juynboll* S. 32 ff.; *Müller* S. 27.

[275] *Sanhoury* S. 61.

[276] *Juynboll* S. 324.

[277] *Sanhoury* spricht vom „Califate irrégulier". Muawiya, der Begründer der Omaijaden-Dynastie, ist seiner Ansicht nach „le premier Calife irrégulier dans l'Islam", S. 211.

[278] *Pritsch* S. 46.

[279] Nach *von Kremer* S. 392/393.

[280] *Juynboll* S. 331/332; eingehend *Sanhoury* S. 53—95.

[281] *Juynboll* S. 33; eingehend *Sanhoury* S. 97—116.

[282] Vgl. auch *Ibn-Khaldun*, al-Muqaddama I, S. 426 ff.

[283] *Milliot* S. 625, näher bei *von Kremer* S. 409 ff.

[284] *Juynboll* S. 334/335; *Sanhoury* S. 210 ff.

[285] S. 335.

schaft beinahe ausschließlich auf . . . dem tatsächlichen Besitz der Macht". Es ist aber zu berücksichtigen, daß neben der Effektivität der Herrschaft[286] zur Legitimität[287] auch noch die Anerkennung durch die Untertanen[288] erforderlich ist.

Nach islamischer Auffassung[289] ist Gott selbst der Souverän des islamischen Staates, der alle Muslimen umfaßt. Die Souveränität hat er auf die ganze Nation übertragen, die vom Khalifen repräsentiert wird. Da aber der Khalif als Schatten Gottes auf Erden angesehen wird[290], kann es nicht verwundern, wenn die islamischen Herrscher absolut regieren[291].

Können die Omaijaden durch ihren Prunk[292] noch überdecken, daß ihre politische Macht nicht mehr alle Muslime umfaßt, da ja Schiiten und Kharadjiten außerhalb ihres Staatsverbandes stehen, so treten die Risse im islamischen Großreich unter der folgenden Dynastie der Abbasiden deutlich zu Tage.

Die Abbasiden in Bagdad bleiben zwar de jure Khalifen, aber der Omaijade Abdul-Rahman III. errichtet de facto ein zweites Khalifat in Spanien[293]. Gleiches gilt für die Fatimiden[294] in Nordafrika[295].

Auch als 1517 nach der Eroberung Ägyptens durch die Osmanen das Khalifat von der dort machtlos herrschenden zweiten Abbasiden-Dynastie[296] dem osmanischen Sultan zufällt[297], tritt keine Änderung ein:

Auch die Osmanen beherrschen nur einen Teil der islamischen Länder. So unterliegen z. B. Persien und Marokko nie ihrem Einfluß.

Der osmanische Sultan[298] führt zudem den Khalifentitel nur selten[299]. Die ihm obliegende Aufgabe, als Gelehrter in rechtlichen Zweifelsfragen zu entscheiden, überträgt er dem Scheich-ul-Islam[300], der diese Aufgabe wahrnimmt, indem er zu rechtlichen und religiösen Fragen in den fetwas Stellung nimmt. Man kann daher sagen, daß

---

[286] *Sanhoury* S. 215.

[287] Zu diesem Begriff im islamischen Recht vgl. *Klingmüller*, Legitimität, speziell S. 109 ff. und S. 113/114.

[288] „La reconnaissance formelle par les musulmans", *Sanhoury* S. 217.

[289] *Sanhoury* S. 18; *Pritsch* S. 37; *Mahmassani* S. 232/233; *Müller* S. 5 ff.

[290] *Pritsch* a. a. O.

[291] *Milliot* S. 621: „le maître absolu"; *Gibb*, Middle East S. 17.

[292] *Sanhoury* S. 296 spricht von einer „Periode de Granduere".

[293] Vgl. auch *Hamidullah* S. 83.

[294] Siehe oben S. 3.

[295] Vgl. *Khadduri*, Law, S. 42; *Sanhoury* S. 121; *Schwally* Sp. 704.

[296] *Sanhoury* S. 315 ff.; die Stellung dieser Khalifen wurde oft mit der des Papstes verglichen, s. *Pritsch* S. 51; *Pütter* S. 49.

[297] *Milliot* S. 624; *Sanhoury* S. 319 ff.; *Schwally* Sp. 707.

[298] Zur Wortbedeutung und zur Geschichte vgl. *Pritsch* S. 49/50; *Janson* S. 22 f.; *von Kremer* S. 421.

[299] *Sanhoury* S. 322.

[300] Vgl. z. B. *Janson* S. 23 f.; *Pritsch* S. 56 f.

im osmanischen Reich eine Trennung von geistlicher und weltlicher Macht in Ansätzen vorhanden ist[301]. Erst 1924 gibt die Türkei das Khalifat auch formell auf, nachdem schon am 12. 3. 1917 die geistlichen Scheriatsgerichte (von sharia) dem — weltlichen — Justizminister unterstellt worden waren[302].

II. Rechtliche Beziehungen zwischen islamischen Staaten (Muslimisches Völkerrecht)

1. *Die islamische Theorie*

Die islamische Theorie geht aus von der staatlichen Einheit aller islamischen Länder im „Hause des Islam" (dar-al-islam), das vom Khalifen geleitet wird[303]. Diese Auffassung beruht auf den Vorstellungen über das Khalifat und ergibt sich zwangsläufig aus der islamischen Rechtstheorie, nach der ja Allah als alleiniger Rechtsschöpfer die Einheit des dar-al-islam schafft.

As-Shaybani sagt[304] daher: „Der Islam wird als eine Nation betrachtet." Al-Mawardi fügt hinzu[305]: „Es ist nicht erlaubt, daß eine Nation zwei Khalifen zur gleichen Zeit hat."

Muslimisches Völkerrecht als ein Recht zwischen unabhängigen islamischen Staaten ist der islamischen Rechtslehre unbekannt[306]. Die islamische Lehre verpflichtet alle Muslimen zum Gehorsam und zur Unterstützung des Khalifen[307]. Nach ihrer Ansicht gilt daher zwischen islamischen Verbänden nur Staatsrecht.

2. *Die Wirklichkeit*

Es wurde schon angedeutet, daß die Khalifen nicht in der Lage waren, alle islamischen Länder zu beherrschen. Vor allem während der zweiten Abbasiden-Dynastie, die als Khalifen ohne politischen Einfluß unter dem Schutz der Mameluken-Herrscher in Kairo (1216 bis 1517) regieren[308], bricht die islamische Einheit völlig auseinander.

Das bunte Bild, das der Maghreb bietet, ist uns schon bekannt[309]. Spanien ist völlig selbständig, die Reiche im Nahen und Fernen Osten ebenso. Die Herrscher (Sultane) dieser Reiche nehmen auf ihrem Gebiet die höchste geistliche und weltliche Macht in An-

---

[301] *Janson* a. a. O. will im Scheich-ul-Islam einen Träger ursprünglicher Staatsgewalt sehen, die in einer Art Gewaltentrennung auf den Sultan und den Scheich-ul-Islam geteilt wird.

[302] *Pritsch* S. 58.

[303] *Janson* S. 24; *Kruse* S. 4; *Milliot* S. 598; *Pritsch* S. 34; *Sanhoury* Seite 120 ff.; *Strothmann* S. 2.

[304] Zitiert nach *Kruse* S. 56.

[305] Zitiert nach *Sanhoury* S. 121.

[306] *Kruse* S. 4.

[307] *Sanhoury* S. 130; *Müller* S. 8.

[308] Vgl. hierzu *Sanhoury* S. 316: „Il est difficile de parler d'un Gouvernement du Califat à cette époque".

[309] Siehe oben S. 3.

spruch[310]. Die Verhältnisse ähneln den aus dem europäischen Bereich bekannten beim Auseinanderfallen des Kaiserreichs, als jeder König Kaiser in seinem Gebiet sein wollte[311]. Entsprechend fühlte sich jeder Sultan als Imam, als Khalif in seinem Gebiet:

Chah Rukh in Samarkand, die Hafsiden in Tunis, die marokkanischen Herrscher[312] und viele mehr führen den Titel Khalif[313].

Im Gegensatz hierzu gibt es auch selbständige Sultane, die sich in ihrer Stellung vom Khalifen in Kairo bestätigen lassen[314]: so z. B. die Dynastie der Mozzafariden in Persien[315]. Auch die Majestätsrechte des Islam sind dem Khalifen vorbehalten: das Freitagsgebet in der Moschee (khutba)[316]) und die Münzprägung geschehen häufig im Namen des Khalifen[317].

Allen diesen Vorrechten kann jedoch kein wirklicher politischer Wert beigemessen werden, obgleich der moralische Einfluß sicher Bedeutung hat[318]. Das Verhältnis zwischen dem Zentralkhalifen und den selbständigen Sultanen, die die Majestätsrechte dem Khalifen zukommen lassen, allerdings als Lehnsverhältnis zu bezeichnen[319], ihm also eine rechtlich-politisch faßbare Form zu geben, erscheint angesichts seiner Unbestimmtheit nicht angemessen.

Hamidullah[320] spricht daher wohl zu Recht von „Nominally Dependent States". Mit *Pritsch*[321] wird man die Majestätsrechte des Islam als Ausdruck der geistlichen Macht des Khalifen verstehen müssen, so daß man auch im Islam von der Existenz souveräner Einzelstaaten ausgehen muß[322].

3. *Der Einfluß der Wirklichkeit auf die Theorie*

Ziehen die europäischen Juristen aus der Betrachtung der Wirklichkeit ihre Schlüsse, was — wie gezeigt wurde — zur Ausbildung des

---

310 *von Kremer* S. 426.

311 Siehe oben S. 37.

312 Marokko fühlt sich seit dieser Zeit als ein eigenes, selbständiges Reich. Sultan Sidi Mohammed ben Abdallah ließ sich z. B. in einem Vertrag mit Schweden vom 16. Mai 1763 (Text bei *Caillé* S. 168) als Imam anreden.

313 *Sanhoury* S. 319 mit Nachweisen.

314 *von Kremer* S. 421.

315 *Arnold* S. 102 f.

316 Vgl. *Milliot* S. 622.

317 *Hamidullah* S. 100.

318 *Hamidullah* S. 101.

319 So *Janson* S. 23.

320 S. 99.

321 S. 36.

322 So auch *Hamidullah* S. 82 ff.; *Khadduri, Shaybani* S. 61, vgl. auch *Ibn-Khaldun*, al-Muqaddama I, S. 431 (S. 383 arabischer Text), der das Khalifenamt der politischen Wirklichkeit zurechnet und von den religiösen Forderungen trennt. So macht er sich den Blick frei zur Einsicht in die Wirklichkeit.

Völkerrechts als des Rechts zwischen gleichberechtigten und von einander unabhängigen Staaten führt, so verschließen sich dagegen die islamischen Theoretiker der Erkenntnis der Wirklichkeit. In einer eigenartigen Spannung zwischen Vasallität und Eigenständigkeit[323] gelangen sie letztlich doch immer wieder zu einer Unterordnung der Sultane unter die Oberhoheit des Khalifen[324].

Der von Khadduri neuerdings[325] vertretenen Ansicht, daß die islamische Rechtstheorie sich nach dem Auftreten der selbständigen Staaten zur Abbasidenzeit grundlegend gewandelt habe, indem sie das Prinzip anerkannt „that the control of religious doctrines should be separated from that of external relations“ und daß die Beziehungen der islamischen Staaten zueinander „on a nonsectarian (i. e. secular) basis“ gestellt worden seien, kann nicht gefolgt werden. Es bleibt offen, auf welche Tatsachen Khadduri seine Behauptung stützen will. Er führt zwar einige Beispiele an, die aber nur die hier vertretene Ansicht bestätigen.

Der islamischen Rechtslehre stehen jedoch einige Ansätze zur Verfügung, um die Wirklichkeit in Einklang mit der Theorie zu bringen. Sie seien kurz angesprochen.

a) Die Möglichkeit mehrerer Imame

Nur selten[326] finden sich Überlegungen darüber, ob es zwei oder mehrere Imame zur gleichen Zeit geben könne, ob also auch der Theorie nach ein Nebeneinander von selbständigen islamischen Staaten möglich sei.

Unter Berufung auf den Koran[327] wird die Notwendigkeit[328] der Existenz *eines*[329] Imam ganz überwiegend[330] angenommen. Ein Teil der islamischen Gelehrten vertritt jedoch die Ansicht, daß auch zwei oder mehrere Imame rechtmäßig herrschen können, wenn einer wegen der Größe des Landes nicht mehr in der Lage sei, das ganze Reich wirkungsvoll zu regieren. Die Notwendigkeit erfordere dann, daß mehrere Imame sich die Herrschaft teilen. Da der Islam nichts Unmögliches oder Unzweckmäßiges verlange, sei in einem solchen Fall jeder Imam rechtmäßig.

---

[323] *von Kremer* S. 463 Anm. 19 und 20.

[324] *von Kremer* S. 424; *Sanhoury* S. 319.

[325] In: *Shaybani* S. 61.

[326] Vor allem *Ibn-Khaldun*, al-Muqaddama I, S. 387 ff. (arab. S. 344 ff.); vgl. auch *Khadduri*, Law, S. 43 Anm. 1; *von Kremer* S. 416/417; *Strothmann* S. 98 ff.; *Müller* S. 22/23.

[327] Sure 2 Vers 31: Ich will auf Erden einen Statthalter setzen.

[328] Sie ist als fard-al-kifaya den Muslimen vorgeschrieben, *Ibn-Khaldun* I, S. 388/389 (346); *Juynboll* S. 332.

[329] vgl. *Ibn-Khaldun* I, S. 391 (347) und den Anspruch *al-Mawardis* oben S. 64, sowie *Sanhoury* S. 122.

[330] Zur Gegenmeinung vgl. die Zitate bei *Müller* S. 18 ff.

Voraussetzung sei aber immer die Unmöglichkeit der Beherrschung des Ganzen. Sie sei dann gegeben, wenn die beiden Reiche etwa durch ein Meer oder auf sonstige Weise weit voneinander getrennt seien[331]. Da demnach gefordert wird, daß die beiden Imame keinen Kontakt zueinander haben, finden sich zwangsläufig keine Aussagen darüber, nach welchen Regeln sie sich zueinander verhalten sollen[332].

b) Verhältnis des Imam zu den Staaten

Hier ist grundsätzlich zu unterscheiden zwischen den Staaten, welche die Majestätsrechte des Khalifen nicht bestreiten, und denen, die sich jeder Oberhoheit widersetzen.

1. unter Vorbehalt der Majestätsrechte

Trotz der Selbständigkeit der Teilreiche „haben sie nicht aufgehört, sich als Einheit zu fühlen"[333]. Neben dem schon erwähnten Vorbehalt der Majestätsrechte (Kanzelgeld, Münzrecht, Investiturbestätigung) ist auch überliefert, daß die Teilstaaten den Khalifen als Schiedsrichter[334] anrufen. So haben z. B. Algier und Tunis im Streit um die Burg Arko den osmanischen Sultan 1624 um eine Entscheidung angegangen[335]. Ob sein Richterspruch auch befolgt wurde, ist allerdings nicht bekannt.

Sanhoury sieht in der Institution des Khalifen ein Mittel, um die islamischen Völker zu einer „Société des Nations Orientales" zusammenzuführen[336]. Dieser Hinweis mag deutlich machen, daß man die Vereinigung der islamischen Reiche unter den Khalifen als ein frühes Beispiel einer rudimentären internationalen Organisation[337]

---

[331] Nachweise im einzelnen bei *Ibn-Khaldun* I, S. 391 (S. 347/348); *Sanhoury* S. 120 Anm. 6 und 7; *Strothmann* S. 100.

Fehlte dieses Erfordernis, so folgten auch diese Gelehrten der herrschenden Ansicht, daß es zwei Imame zur gleichen Zeit nicht geben dürfe. Treten nun aber mehrere Imame in Konkurrenz zueinander, so verstiegen sich die Rechtsgelehrten in „abstruse Konstruktionen" (*Strothmann* S. 98), um zu einer Lösung zu gelangen. So soll z. B. der jüngere zugunsten des älteren zurücktreten (weitere Möglichkeiten bei *Sanhoury* S. 121 ff. Anmerkung 2). Verbindlicher Natur sind diese Vorschläge aber nicht und es ist nicht bekannt, ob sich jemals ein Imam nach ihnen gerichtet hat.

[332] So auch *Khadduri,* S. 37.

[333] *Strothmann* S. 101.

[334] Vgl. über die richterliche Gewalt des Khalifen *Sanhoury* S. 168 ff. und über die Schiedsgerichtsbarkeit innerhalb des dar-al-islam *Khadduri,* Middle East S. 367 ff.; *Mahmassani* S. 272 f.

[335] *Hammer* III, S. 42.

[336] S. 586.

[337] Daß die moderne Definition dieses Begriffs (vgl. *Seidl-Hohenveldern,* Internationale Organisationen, S. 4) nicht hierauf angewandt werden kann, versteht sich von selbst.

ansehen kann[338]. Nach den europäischen Begriffen handelt es sich um einen völkerrechtlichen Verband von Staaten, der durch die Hegonomiestellung des Khalifen gekennzeichnet ist.

2. bei Ablehnung der Oberhoheit des Khalifen

Da der Khalif oberster geistlicher und weltlicher Herrscher ist, kann es eine zweifache Art der Auflehnung gegen ihn geben: Apostasie und Rebellion. Erstere richtet sich gegen seine geistliche, letztere gegen seine weltliche Autorität.

Apostasie

Die Diskussion um religiöse Probleme ist im Islam erlaubt[339]. Die Entwicklung einer eigenen Lehre unter der Anerkennung des Imam wird nicht als Apostasie angesehen[340]. Wendet sich der Muslim aber vom Khalifen ab[341], indem er Christ wird oder einer islamischen Sekte beitritt, so verfällt er der Todesstrafe[342].

Vereinigen sich mehrere Apostaten und gewinnen sie so viele Anhänger, daß sie der Macht des Imam trotzen könnnen[343], so stellen sie sich dadurch außerhalb des Hauses des Islam (dar-al-islam)[344]. Ihnen gegenüber gelten die gleichen Vorschriften wie gegenüber den Ungläubigen[345]. Der Krieg gegen sie wird als Heiliger Krieg (djihad) verkündet[346], allerdings mit dem Ziel der Bestrafung, die auch hart durchgeführt wird[347].

---

[338] Ohne näher darauf eingehen zu können, sei auf die interessanten Parallelaspekte hingewiesen, die sich im „Heiligen Römischen Reich Deutscher Nation" nach 1648 auftun; vgl. hierzu *Randelzhofer.*

[339] *von Tornauw* S. 11.

[340] *Khadduri,* Law, S. 41.

[341] *Khadduri, Shaybani* S. 195 Anm. 2.

[342] *Zwemer* S. 24 ff. (2. Kapitel); *Haneberg* S. 243/244; *Khadduri,* Law, Seite 40/41; *Khadduri, Shaybani* S. 195 (Nr. 986); *Borham el Mahbub,* Vikayah bei *Haneberg* S. 286; *Hamidullah* S. 171 ff.; *Mahmassani* S. 287.

[343] Der arabische Begriff ist mam'a (vgl. *Khadduri, Shaybani* S. 222 Nr. 1303: „resisting power"; *Kruse* S. 117: „Widerstandskraft") und kommt etwa dem Sinn der Effektivität der Beherrschung beim völkerrechtlichen Tatbestand des Aufstandes gleich (vgl. *Verdroß* S. 205).

[344] *Khadduri, Shaybani* S. 202 ff., 215 (Nr. 1201), S. 216 (Nr. 1218), S. 222 (Nr. 1303); vgl. auch, wenngleich unklar, *Janson* S. 25.

[345] Z. B. *Khadduri, Shaybani* S. 196 (Nr. 989); mit gewissen Einschränkungen vgl. *Hamidullah* S. 173.

[346] So wurde z. B. im Jahre 1577 in einem fetwa des Scheich-ul-Islam der Krieg des osmanischen Sultans gegen den persischen Schah, der sich der schiitischen Richtung angeschlossen hatte, als djihad begründet. *Hammer,* Geschichte II, S. 477; *Haneberg* S. 242; *Khadduri* S. 39; vgl. auch *Janson* S. 26.

[347] *Khadduri* S. 41.

Rebellion

„Wenn eine gewisse Zahl von Muslimen sich dem Gehorsam des Imam entzieht“[348], ist der Tatbestand der Rebellion gegeben. Hier liegt also nur ein Ablehnen der weltlichen Macht des Khalifen vor, der berechtigt ist, die Rebellen sich wieder untertan zu machen. So sind die Rechtsregeln hinsichtlich der Rebellion bedeutend milder[349] als die hinsichtlich der Apostaten und bezwecken nur, die Macht der Rebellen zu brechen[350]. Aber auch sie werden als außerhalb des dar-al-Islam stehend angesehen. So sagt As-Shaybani[351], daß das islamische Recht nicht in ihrem Gebiet angewandt wird und daß sie von den Muslimen getrennt sind wie die Ungläubigen[352].

Wir sehen, daß der Islam im Falle der offenen Erhebung gegen den Khalifen auch theoretisch nicht an der Fiktion des Fortbestandes einer religiös-staatlichen Einheit festzuhalten braucht[353].

c) islamische Teilstaaten zueinander

Bieten die Regeln gegenüber den Apostaten und Rebellen gewisse Ansatzpunkte für eine Erfassung der Wirklichkeit, so finden sich keine Eröterungen darüber, wie die Teilstaaten sich zueinander verhalten sollen. Daß eine Art von Gewohnheitsrecht gelten muß, folgt daraus, daß die vielen Einzelreiche in engen Beziehungen zueinander stehen. Dieser „noch unerforschte Teil der islamischen Rechtswirklichkeit“[354] kann nicht in seiner ganzen Tiefe hier ausgelotet werden. Einige Überlegungen hierzu lassen sich jedoch anstellen:

Zur richtigen Beurteilung ist es unerläßlich, sich vor Augen zu halten, daß die Teilstaaten aus einer umfassenden Gemeinschaft wegen der Schwäche der einigenden Zentralmacht ausgeschert sind, wobei sie den Grundtatbestand der Staatsstruktur übernahmen bzw. behielten. Das dar-al-Islam wurde später durch das göttliche Recht und nicht mehr durch die Macht des Imam geeint[355]. Jeder einzelne Herrscher glich einem „summus episcopus einer Landeskirche vom selben Bekenntnisstand“[356].

---

[348] *Borhan-el-Mahbub*, Vikayah — zitiert nach der Übersetzung von *Haneberg* S. 289; vgl. auch *Mahmassani* S. 286; *Hamidullah* S. 175 ff.

[349] Es steht nicht die Todesstrafe auf der Rebellion.

[350] Vgl. *Khadduri, Shaybani* S. 232 (Nr. 1374, 1376), S. 243 (Nr. 1512).

[351] *Khadduri, Shaybani* S. 235 (Nr. 1408).

[352] Wörtlich: wie die Einwohner des Hauses des Krieges (dar-al-harb).

[353] *Hamidullah* S. 83.

[354] *Kruse* S. 4; vgl. auch *von Taube* S. 383/384: „un droit quelconque devait evidemment exister dans les rapports des Etats islamiques entre eux; un erudit musulman nous en donnera peut-être, un jour, un tableau juridique fidéle, fait d'après les sources et en compléte connaissance de cause.“

[355] *Khadduri* S. 43: „Muslim world was made up of many political entities within one legal superstructure.“

[356] *Strothmann* S. 101.

Janson[357] teilt einige Einzelheiten mit: Der Handel vollzieht sich ohne Behinderung durch Grenzen, wobei allerdings Zölle an den Grenzen der Teilreiche erhoben werden.

So berichtet Hamidullah[358], daß die Einwohner Nordwestafrikas, die in Kairo lebten und studierten, der Jurisdiction des Sultans nicht unterworfen sind, sondern sich selbst verwalten. Auch Hamidullah bestätigt, daß ein reger Austausch zwischen den einzelnen Reichen stattfindet, ohne daß rechtliche Normen hierfür bekannt sind.

So sind Kriege zwischen den selbständigen Teilen[359] des dar-al-islam bekannt, die nicht als djihad gelten[360]. Es kann hier als Beispiel auf die Grenzkämpfe zwischen Algier und Tunis verwiesen werden[361].

All dies wurde aber nicht von den islamischen Rechtsgelehrten beachtet, die, in ihren Gedankengebäuden gefangen, immer von der überragenden Stellung des Imam ausgehen. Theorie und Wirklichkeit fallen hier weit auseinander[362], nur hinsichtlich der Apostaten und Rebellen nähern sich beide.

4. Kapitel: Islamisches Völkerrecht

I. Die Lehre vom djihād[363]

Der Koran trägt allen Muslimen auf:

„Tötet die Götzendiener, wo ihr sie auch finden mögt."[364]

„Bekämpft sie, bis alle Versuchung aufhört."[365]

Von Mohammed ist der Ausspruch überliefert:

„Es ist mir befohlen worden, die Menschen zu bekriegen, bis sie sprechen: Es gibt keinen Gott außer Gott."[366]

---

[357] S. 25.

[358] S. 125 nach Ibn-Jubair.

[359] Die al-Kasani als „eine Abteilung der Muslime" (Text bei *Kruse*, Anhang S. 15) erfaßt, vgl. *Kruse* S. 162.

[360] *Khadduri*, Law, S. 41.

[361] Siehe oben S. 26.

[362] Vgl. statt vieler *Milliot* S. 598; *Strothmann* S. 103.

[363] Vgl. hierzu: *Hamidullah* S. 160—169; *Janson* S. 26—36; *Juynboll* S. 336 bis 344; *Khadduri, Shaybani* S. 15—17 und 75 ff.; *Kruse* S. 45—63; *Mahmassani* S. 277—299; *Rechid* S. 442 ff.; *Sanhoury* S. 145—150; Tableau 1839 S. 251 bis 258; *von Tornauw* S. 50—53; auch: *Heffening* S. 15; *Khadduri*, Law, S. 22 ff.; Islam und Abendland S. 128; *Sousa* passim, z. B. S. 42 (hierzu aber *Heffening* S. 6); die Aufsätze von *Jurji* und *Haneberg* sowie die Bücher von *Khadduri*, Law, *Fagnan* und — von historischem Wert — *Reland*.

[364] Sure 9 Vers 5, vgl. auch Sure 12 Verse 39—42.

[365] Sure 8 Vers 40, Sure 2 Vers 194, vgl. die eingehende Interpretation *Noths* S. 14 hierzu.

[366] Z. B. al-Kasani — nach *Kruse* Anhang S. 7; nach *Juynboll* ist dieser Spruch eine Erfindung späterer Zeit, S. 338.

Diese und eine Reihe weiterer ähnlicher Stellen[367] bilden den Ausgangspunkt für die fiqh-Kompendien, wenn sie die Pflichten der Muslimen in ihrem Verhältnis zu den Ungläubigen darstellen. Dies geschieht im „Buch der siyar“[368], von dem al-Kasani sagt[369], daß es „bisweilen auch ‚Buch des djihad‘ genannt“ werde.

Im siyar wird den Muslimen die Überwindung der Ungläubigen zur Pflicht gemacht. Allerdings ist der hierzu verwendete Ausdruck „Kampf auf dem Wege Gottes“ (fi sabil Allah)[370] vieldeutig[371]. So versuchen die heutigen islamischen Gelehrten vor allem unter dem Einfluß der Ahmadiyah-Bewegung[372] aus dieser Formulierung herauszulesen, daß mit djihad der Kampf gegen das Böse im Menschen gemeint und daß, soweit hierunter auch eine militärische Auseinandersetzung verstanden werde, dies nur auf den Verteidigungskrieg bezogen sei[373].

Es ist interessant, die Entwicklung, die zu dieser Ansicht geführt hat, zu verfolgen.

Sanhoury[374] gibt 1926 noch offen zu, daß der djihad ein „guerre offensive“ ist, versucht ihn aber durch die besondere Lage des frühen Islam zu rechtfertigen. Khadduri verbindet zum erstenmal 1941[375] den djihad mit dem bellum iustum der europäischen Rechtslehre, indem er den djihad als im Namen Allahs gerechtfertigt (just) ansieht. Es soll nicht bestritten werden, daß es auch im europäischen Bereich Stimmen gegeben hat, die den Krieg im Namen Gottes als den schlechthin gerechten erachteten[376]; wie wir aber oben[377] dargelegt haben, liegt das Wesen des bellum iustum darin, daß er ein Mittel der Rechtsverfolgung ist und eine Reaktion auf erlittenes Unrecht darstellt. Die Verbindung des djihad mit dem bellum iustum, die neuerdings von Mahmassani[378] offensichtlich übernommen wird, er-

---

367 Z. B. Sure 2 Vers 217: Der Kampf ist euch vorgeschrieben.

368 Zur Wortbedeutung *Kruse* S. 23 ff.; *Hatschek* S. 27.

369 *Kruse* Anhang S. 1.

370 Z. B. *as-Shaybani (Khadduri* S. 76): „Fight in the name of God and in the ‚path of God‘“, nach Koran Sure 2 Vers 191.

371 Vgl. *Noth* S. 52 f.; *Juynboll* S. 336; *Oszstern* S. 676.

372 Vgl. *Nawaz* S. 133/134: Ein pakistanisches Gutachten (1954) versteht den djihad entgegen der modernen, liberaleren Auffassung der Ahmadiyah-Bewegung als Angriffskrieg.

373 Vgl. Islam und Abendland — *Asad* S. 194 ff.; die bei *Kruse* S. 173 zitierten, ebenso bei *Zwemer* S. 81 u. 118; *Hamidullah* S. 161 ff. und *Mahmassani* S. 279.

374 a. a. O. S. 149.

375 Law S. 20 und danach ständig z. B. Middle East I, S. 353 und *Shaybani* S. 16.

376 *Höffner* S. 52 ff. (57).

377 Siehe oben S. 36.

378 Vgl. S. 279, 282; wohl auch von *Alexandrowicz,* Introduction S. 90.

weist sich also als wenig geeignet, Einblick in das Wesen des djihad zu geben[379].

Hamidullah[380] beschreitet einen eigenartigen Weg, den aggressiven Charakter des djihad nicht recht deutlich werden zu lassen, indem er „auf dem Wege Gottes“ mit „idealistisch“[381] übersetzt. Er muß aber dann doch zugeben[382], daß der djihad auch der Angriffskrieg zur Verbreitung des Islam mit dem Schwerte ist. Eigenartig ist auch die Stellungnahme Mahmassanis, der erklärte[383], Frieden sei nach islamischer Lehre der Normalzustand zwischen allen Staaten, dann aber nicht näher begründet[384], weshalb die nicht-islamischen Länder als „Land des Krieges“ bezeichnet werden. Alle diese Behauptungen des gegenwärtigen Islam beweisen den Einfluß europäischen Rechtsdenkens und werden widerlegt durch die früheren fiqh-Kompendien und die Praxis[385]. So unterscheiden die siyar der verschiedenen Autoren nämlich zwischen dem djihad, der eine fard-al-kifaha ist, und dem, der eine individuelle Pflicht (fard-al-hain) ist[386]. Der Verteidigungskrieg beim Einfall von Ungläubigen in das Islam-Gebiet ist die Pflicht für jeden[387]. Der Angriffskrieg zur Verbreitung des Glaubens ist eine Kollektivpflicht, die schon dann erfüllt ist, wenn sich eine ausreichende Zahl ihm widmet[388]. Es kann hier dahinstehen, seit welcher Zeit der Islam diesen kriegerischen Zug angenommen hat[389]. Jedenfalls für den für unsere Untersuchung in Betracht kommenden Zeitraum ist davon auszugehen, daß der djihad auch der aggressive Religionskrieg ist.

Inhalt dieses Kampfes ist, das Land der Ungläubigen unter die Botmäßigkeit des Islam zu bringen und so der Rechtsordnung Allahs überall Geltung zu verschaffen. Die islamischen Gelehrten trennen diese Welt in das „Haus des Islam“ (dar-al-islam) und das „Haus des Krieges“ (dar-al-harb)[390]. Nur im dar-al-islam besteht Friede und

---

[379] Vgl. auch *Gräf*, Kriegsgefangene S. 99 ff.

[380] Vor allem S. 167—169.

[381] Ähnlich *Khadduri, Shanybani* S. 76 in der Anmerkung 10.

[382] *Hamidullah* S. 169.

[383] S. 249.

[384] S. 251.

[385] Was auch *Asad* — Islam und Abendland S. 196 unumwunden zugesteht.

[386] Siehe oben S. 57.

[387] Vgl. Borham el-Mahbub (nach *Haneberg* S. 276) C. 1. 2.; *Khadduri, Shaybani* S. 15; al-Kasani (*Kruse* Anhang) S. 4.

[388] *Fagnan* S. 4; *Heffening* S. 15; *Juynboll* S. 339; *Kruse* S. 50 ff.; *Noth* Seite 33; *Sanhoury* S. 145.

[389] Vgl. hierzu *Juynboll* S. 337/338; *Oszstern* S. 684/688; *Waas* S. 212 ff. (221) vertritt sogar den Standpunkt, erst nach den Kreuzzügen (!) habe sich die Vorstellung vom djihad als Angriffskrieg im islamischen Bereich durchgesetzt; hiergegen schon *Schwally* Sp. 693.

[390] Z. B. *Khadduri*, Middle East S. 359; *Mahmassani* S. 250.

Recht[391]. Die Verhältnisse im dar-al-harb sind reine Gewaltverhältnisse ohne rechtliche Begründung[392]. As-Sharasi spricht vom „Ort der rechtlichen Indifferenz (maudi-al-ibaha)[393]. Alles in diesem Bereich — Menschen, Sachen und Land — ist fay d. h. Beute, Objekt, und wird durch einfache Besitzergreifung rechtmäßiges Eigentum des Muslim[394]. Hier mischen sich religiöse Begeisterung mit dem materiellen Vorteil des Beutemachens[395]. Beides hat sich im djihad eng verbunden, wie sich auch daraus ergibt, daß ein wichtiger Abschnitt des Buches der siyar die Verteilung der Beute (ganimah) behandelt[396]: $1/5$ der durch den Kampf[397] gewonnenen Sachen gehört dem Staatsschatz, $4/5$ wird unter die Kämpfer verteilt[398]. Es fällt daher schwer, djihad mit „Heiliger Krieg" zu übersetzen, denn eine ganze Reihe sehr „unheiliger" Faktoren wirkte bei der Begeisterung der Muslimen mit[399]. Um den vollen Inhalt des Begriffes anzudeuten, empfiehlt es sich, auch im Deutschen das Wort „djihad" zu verwenden.

Bei der grundsätzlichen Rechtlosigkeit des dar-al-harb ist verständlich, weshalb es den Namen „Haus des Krieges" trägt: zwischen ihm und dem Islam herrscht ständig Krieg, wobei der Islam alleine in der Existenz nicht-islamischer Staaten eine ständige Gefahr sieht. Rechid sagt[400] daher zu Recht: „le but véritable, la cause finale du djihad, est la paix, cette paix définitive de l'humanité maîtrisée par les règles d'une croyance unitaire." Von den vielen Einzelheiten des Rechtes des djihad[401] sei hier besonders auf die Form des Seekrieges hingewiesen, der von den Barbaresken ausschließlich gepflegt wird[402]. Hinzugesetzt

---

391 *Kruse* passim z. B. S. 62.

392 *Kruse* S. 60/61.

393 Nach *Kruse* S. 61.

394 *Heffening* S. 38; *Schmidt* S. 307 ff.; *von Tornauw* S. 52.

395 *Haneberg* S. 246; *von Kremer* S. 326/328; *Oszstern* S. 677.

396 Vgl. *as-Shaybani (Khadduri)* S. 106 ff.; *al-Kasani* (vgl. *Kruse* Anhang Seite 21); *Borham el-Mahbub* (*Haneberg* S. 278); auch: *Hamidullah* S. 249 ff.; *Mahmassani* S. 310 ff.; *Rechid* S. 495 ff.

397 Nach Sure 49 Vers 7 ist das Aufzäumen von Pferden und Kamelen entscheidend, vgl. auch *Kruse* S. 119.

398 Sure 8 Vers 42.

399 Vgl. *Noth* S. 87 ff., der die Begriffe Heiliger Krieg und Heiliger Kampf sehr genau abgrenzt. *Schwally* Sp. 687 ff. bietet ein Beispiel der terminologischen Unklarheit, gegen die sich *Noth* wendet. *Jurji* will den religiösen Faktoren überhaupt nur mindere Bedeutung beimessen, vgl. S. 338, 341; daß im Islam Bestrebungen bestehen, die „unheiligen" Faktoren zu unterdrücken, sei noch hinzugesetzt, vgl. *Gräf*, Kriegsgefangene, S. 99 und *Noth* S. 25 ff.

400 S. 447; vgl. auch *Mahmassani* S. 249, der allerdings den Eindruck erweckt, als ob dieser Frieden auch gegenüber Ungläubigen gelte.

401 Siehe die Literatur zu Anm. 363

402 Vgl. Tableau 1839, S. 256; *Haneberg* S. 235/236; *Boutin* S. 108 ff.

sei noch ein kurzer Überblick über die Regeln hinsichtlich der Kriegsgefangenen[403].

Nach strenger hanefitischer Lehre[404] ist nur erlaubt, Kriegsgefangene zu töten oder als Sklaven zu behalten. Die Malekiten wollen auch den Austausch gegen von den Ungläubigen gefangene Muslimen zulassen. Hierbei können sie sich auf das historische Vorbild berufen, als im Jahre 804 n. Chr. zwischen dem byzantinischen Kaiser Nikephorus und dem Khalif Harun-al raschid ein solcher Gefangenenaustausch zustande kam[405].

Die meisten Möglichkeiten in der Behandlung der Kriegsgefangenen bieten die Schafiiten. Nach ihrer Auffassung kann der Iman die Gefangenen töten, zu Sklaven machen, gegen Lösegeld oder gegen muslimische Gefangene austauschen oder freilassen[405a].

Den islamischen Schulen ist das Institut des „taklid"[406] bekannt. Hiernach kann der Angehörige einer Schule in Einzelfragen einer anderen Schule folgen. Die Tendenz ist hierbei, der jeweils weniger strengen Auffassung sich anzuschließen. Zumindest für die Barbaresken gilt, daß sie sich in der Frage der Behandlung der Kriegsgefangenen nach der schafiitischen Lehre richten[407], obgleich in Nordafrika Hanefiten und Malekiten vorherrschen.

II. Die Suspendierung des djihād

(Fremden- und Vertragsrecht)

Grundlegend für jede Aufhebung des djihad ist die Lehre vom aman.

Die historische Wurzel des aman ist das altarabische Gastrecht[408], welches in der fiqh zum Rechtsinstitut der Sicherheitszusage (aman)[409] ausgeprägt wird.

Ohne aman ist jeder Nicht-Muslim mit seinen Gütern fay (Beute), durch den aman wird er unantastbar (hisma)[410] für die Geltungsdauer des aman.

---

[403] Siehe hierzu auch *Gräf*, Kriegsgefangene, der eine Reihe von Einzelerörterungen anstellt im Vergleich von christlichem und islamischem Recht.

[404] Zum folgenden vgl. *Haneberg* S. 249.

[405] Vgl. zu diesem Vertrag *Hamidullah* S. 99; *Haneberg* S. 250; *Rechid* Seite 456.

[405a] Diese Möglichkeiten zählt auch *Hamidullah* S. 217 ff. auf.

[406] *Juynboll* S. 31.

[407] Was unten zu belegen sein wird (s. Teil III).

[408] *Heffening* S. 87 mit Nachweisen.

[409] Eingehend *Caurroy* S. 290—321, zur malekitischen Schule vgl. *Fagnan* Seite 7/8.

[410] *Kruse* S. 74.

1. dhimmi

Der Kampf des Islam richtet sich vor allem gegen die Götzendiener, die Polytheisten. Sie haben nur die Wahl, Muslimen zu werden oder zu sterben[411].

Christen und Juden aber nehmen eine Sonderstellung ein. Sie sind die „Leute des Buches" (ahl-al-kitab), die mit dem Islam den Einen wahren Gott verehren, nur aus der Sicht des Islam auf unrechte Art und Weise.

Diese „Schriftbesitzer" (kitabi) können in ein auf ewige Zeiten geschlossenes Schutzverhältnis (aman mu'abbad)[412] mit dem Islam aufgenommen werden. Gegen Zahlung von bestimmten Steuern[413] wird ihnen als Schutzbefohlenen (dhimmi) gemäß Sure 9 Vers 29[414] Sicherheit innerhalb des islamischen Staatsverbandes gewährt. Als Bürger mit gewissen Einschränkungen[415] gehören sie für immer zum dar-al-islam[416].

Die Abgaben der dhimmnis gehören voll dem Staatsschatz und werden gleichsam als Gegenleistung für die Sicherheitszusage verstanden[417]. Da die Abgaben der dhimmis die der Muslimen übersteigen, haben die islamischen Herrscher wenig Interesse daran, daß Christen oder Juden in den eroberten Gebieten zum Islam übertreten[418].

2. Mustamin[419]

Nicht nur die dauernde Ansiedlung der kitabi im dar-al-islam kann von Vorteil sein. Auch die Anwesenheit fremder Kaufleute vermehrt den Staatsschatz durch Zolleinnahmen und besseren Absatz der eigenen Produkte.

So ist in der Zeit der Omayaden-Herrscher der arabische Herrschaftsbereich mit vielfältigen Beziehungen am Warenumschlag der orientalischen Güter beteiligt. Erst die religiös stark beeinflußte Re-

---

[411] *As-Shaybani* (Khadduri) S. 76; vgl. auch *Schacht, Bergsträsser* S. 43.

[412] *Kruse* S. 75.

[413] Kopfsteuer (djizyah) und Grundsteuer (kharadj) vgl. *Juynboll* S. 346; *von Tornauw* S. 51.

[414] Vgl. hierzu *Gräf*, Kriegsgefangene, S. 139.

[415] Zu ihrer Rechtsstellung im einzelnen: *Belin*, Fetwa S. 420—516, Zusammenfassung 514 ff.; besonders auch *Schacht*, Introduction S. 130—133, und *Khadduri*, Middle East S. 362—364.

[416] So muß der Imam in Verträgen mit nicht-islamischen Staaten sich ausbedingen, daß geflohene dhimmis dem Imam ausgeliefert werden, *Kruse* S. 147. Es gibt kein Zurück mehr aus dem dar-al-islam!; anders *Gräf*, Kriegsgefangene S. 138: Flüchtige sollen bei Religionswechsel nicht ausgeliefert werden dürfen.

[417] So *Haneberg* S. 263, 268.

[418] Das ist oft als Mitursache für die religiöse Toleranz des Islam angegeben worden, z. B. *Oszstern* S. 683.

[419] Vgl. *Hatschek* S. 14 ff.; *Khadduri*, Middle East S. 361/362.

gierung der Abbasiden bringt hier einen Wandel zur stärkeren Abschirmung gegen die Ungläubigen. Dennoch bestehen auch weiterhin enge Handelsbeziehungen zwischen Orient und Okzident[420].

Zur Ermöglichung der pesönlichen Sicherheit des fremden Kaufmanns steht der islamischen Lehre das Institut der Sicherheitszusage auf Zeit (aman mu'aqqat)[421] in der Form der individuellen Zusage (aman ma'ruf)[422] zur Verfügung. Der Zeitraum der Erteilung ist auf ein Jahr beschränkt. Nach Ablauf dieser Frist wird der Fremde von selbst dhimmi[423] mit der Folge, daß er das dar-al-islam nicht mehr verlassen darf.

Während dieses Jahres wird der Fremde „mustamin" genannt[424]. Seine Rechtsstellung haben vor allem Heffening und Hatschek[425] eingehend untersucht.

3. *muwada'ah*[426]

Nicht nur einzelnen Fremden kann Sicherheit vor den Angriffen der Muslimen gewährt werden, sondern auch nichtislamische Staaten können diese Sicherheit erhalten. Ziel des djihad ist es ja, dem Islam Vorteile zu verschaffen. Ist der Gegner mächtiger als die Muslimen, so daß ein Angriff auf ihn nur Schaden bringt, oder versprechen die Einnahmen, die aus dem friedlichen Verkehr fließen, eine größere Stärkung der Muslimen als die kriegerische Auseinandersetzung, so kann der djihad zeitweise suspendiert werden.

Das dar-al-islam nimmt dann mittels eines Staatsvertrages (muwada'ah) auf Zeit friedliche Beziehungen zum dar-al-harb auf, das dadurch zum Vertragsland (dar-al-sulh) wird.

Ziel dieses zeitweiligen Ruhens der Kampfhandlungen bleibt aber immer die Überwindung des Gegners, die durch göttlichen Auftrag vorgeschrieben erneut versucht werden wird, sobald die Kräfte des Islam sich stark genug fühlen, das dar-al-harb zu überwinden[427].

---

[420] Vgl. die vielfältigen Beziehungen Nordafrikas mit den italienischen Städten während des Mittelalters, *Mas-Latrie*, Relations, und für die spätere Zeit die Tätigkeit der englischen „Levant Company", *Epstein.*

[421] *Kruse* S. 77.

[422] *Kruse* S. 78 ff.

[423] *Schacht,* Introduction S. 131; *Sousa* S. 39.

[424] Es kann hier übergangen werden, daß auch der Muslim, der sich zeitweilig im dar-al-harb aufhält, mustamin genannt wird; vgl. *Hamidullah* S. 113 ff.

[425] Dieser allerdings in unvollkommener Weise, vgl. die Besprechung durch *Heffening* in: Islam 13 S. 144 ff.

[426] Vgl. hierüber die Spezialuntersuchung *Kruses* für die hanefitische Schule S. 86 ff., der hier gefolgt wird.

[427] *Kruse* passim, vor allem S. 103 f., auch 71 f., 98.

Voraussetzung solcher vertraglicher Beziehungen ist jedoch immer, daß die Notwendigkeit (darura)[428] oder übergeordnete Interessen des Islam die Suspendierung des djihad verlangen.

Die Möglichkeit derartiger Verträge können die Rechtsgelehrten (ulemas) auf den Koran[429] und auf das Vorbild Mohammeds[430] stützen.

Die Verträge sind nach islamischer Ansicht verbindlich: ein gegebenes Wort ist zu halten, sonst macht man sich des Betrueges schuldig[431]. Hier wirkt sich die Verbindung der Rechtssätze mit der religiösen Pflichtenlehre so aus, daß die Einhaltung des geschlossenen Vertrages als ein moralisches und religiöses Gebot erfaßt wird. Wie die Vorschriften über die Kriegsführung sind auch die Regeln hinsichtlich des Unterlassens des Kampfes Teil der fiqh und zeichnen sich wie jene durch moralische Strenge[432] aus. Für die islamischen Juristen ergeben sich daher keine Probleme darin, ob der eingegangene Vertrag verpflichtend ist. Der Satz „pacta sunt servanda" wird ganz eindeutig von ihnen bejaht[433]. Die wesentliche Frage für sie ist die Erlaubtheit der „pacta".

Es wurde schon mehrfach betont, daß der Staatsvertrag nur auf Zeit abgeschlossen werden darf, denn das Gebot der Überwindung des dar-al-harb bleibt immerfort bestehen. In der Nachfolge des Vertrages von al-Hudaibija soll die muwada'ah nur auf 10 Jahre abgeschlossen werden. Wird eine längere Geltungsdauer vereinbart, so müssen sich die Muslimen ein jederzeitiges Rücktrittsrecht (hiyar) einräumen lassen, das auch ohne ausdrückliche Vereinbarung immer dann eingreift, wenn die Interessenlage, die zum Abschluß des Vertrages geführt hat, nicht mehr besteht[434], wenn also z. B. die militärische Macht der Ungläubigen so zurückgegangen ist, daß ein Angriff seitens der Muslimen Erfolg haben wird. Wenn man so will, stellen diese islamischen Regeln eine Form der „clausula rebus sic stantibus" dar[435].

Während das Recht zur Erteilung einer Sicherheitszusage an einen einzelnen Fremden (aman ma'ruf) bei jedem Muslim liegt[436], entwikkelt sich das Recht zum Abschluß einer muwada'ah zu einem Vor-

---

[428] Vgl. *Gräf,* Übertragbarkeit S. 161.

[429] Z. B. Sure 9 Vers 4, vgl. auch *Hamidullah* S. 271 ff. und *Mahmassani* Seite 268.

[430] Vgl. den Vertrag von al-Hudaibija; Text bei *Heffening* S. 167 ff.

[431] *Kruse* S. 96, 127.

[432] Über den möglichen Einfluß der islamischen Kriegstemperamenta auf das abendländische Völkerrecht vgl. z. B. *Kruse* S. 69 mit Nachweisen, *Noth* passim, *Mahmassani* S. 278; *Gräf,* Kriegsgefangene S. 93.

[433] *Kruse* S. 83, 132; vgl. auch *Pütter* S. 56/57.

[434] *Kruse* S. 106.

[435] Siehe *Sousa* S. 297 ff.

[436] *Heffening* S. 17 ff.

recht des Imam, seines Stellvertreters oder des Leiters einer „Abteilung der Muslime“[437].

Wenn oben festgestellt wurde, daß Rebellen und Apostaten als außerhalb des dar-al-islam stehend angesehen werden, so kann hier darauf hingewiesen werden, daß auch mit Rebellen[438] und Apostaten[439] die muwada'ah abgeschlossen werden kann. Während die Ungläubigen Tribut für die gewährte Sicherheit[440] zahlen sollen, darf solcher von Rebellen und Apostaten nicht genommen werden, da sie immer noch Muslimen sind[441].

Ob und worüber Verträge zwischen dem Khalifen und Apostaten geschlossen worden sind, ist — soweit ersichtlich — bis jetzt noch nicht untersucht worden. Die Vermutung, daß solche Verträge bestehen, findet ihre Nahrung darin, daß der Islam sich in eine Vielzahl auch in religiöser Hinsicht unabhängiger Reiche aufgelöst hat, die zum Teil engen Kontakt miteinander hatten.

5. Kapitel: Völkerrechtspersönlichkeit nach islamischem Recht

Nach diesem kurzen Überblick können wir zu der am Beginn dieses Abschnitts gestellten Frage nach den islamischen Vorstellungen über die Völkerrechtspersönlichkeit zurückkehren.

Beginnen wir mit dem, was wir als islamisches Völkerrecht bezeichnet haben.

In seinem Bereich kann nur im Rahmen des aman dem nichtislamischen Staat Rechtssubjektivität zukommen, denn die Vorstellung des djihad verhindert die Anerkennung der nicht-muslimischen Staaten als gleichberechtigte Partner in einem internationalen Verkehr. Diesen Staaten und ihren Einwohnern wird keine rechtlich geschützte Persönlichkeit zugebilligt, sie bilden ja nur das Objekt des Kampfes und der Eroberung[442]. Der nicht-muslimische Staat gilt als eine „Organisationsform tatsächlicher Machtausübung“[443].

Erst der aman läßt den Nicht-Muslim zum Subjekt werden. Da der aman, soweit er die Ungläubigen in ihrer Selbständigleit läßt, nur auf Zeit gegeben werden darf, ist das islamische Völkerrecht „eine

---

[437] *Hatschek* S. 53; *Heffening* S. 17/18, 29; *Kruse* S. 105; *Khadduri*, Middle East S. 364; *Kruse* weist darauf hin, daß als „Abteilung der Muslime“ die Teilstaaten des dar-al-islam erfaßt werden können, S. 162.

[438] Z. B. *as-Shaybani (Khadduri)* S. 234 Nr. 1389—1394; S. 237 Nr. 1427.

[439] Z. B. *al-Kasani (Kruse* Anhang) S. 16; *as-Shyabani (Khadduri)* S. 223 Nr. 1313/1314.

[440] *Kruse* S. 118 ff.; *Mahmassani* S. 297.

[441] *as-Shaybani (Khadduri)* S. 234 Nr. 1394; *al-Kasani* a. a. O.: Der Tribut wird als djizya angesehen, die nur von Ungläubigen genommen werden darf; vgl. oben S. 75.

[442] *Kruse* S. 58.

[443] *Kruse* S. 61.

zeitlich wie räumlich begrenzte zwischenstaatliche Rechtsordnung, deren Subjekte die vertragschließenden Staaten sind"[444].

Da im Bereich der muwada'ah, des rechtschöpfenden Vertrages, sich zwei Verbände gegenüberstehen, die nach völkerrechtlichen Regeln die Voraussetzungen von Völkerrechtssubjekten erfüllen, ist es gerechtfertigt[445], das islamische Völkerrecht als temporär geltendes Völkerrecht zu bezeichnen[446].

Es fehlen jedoch im Buch der siyar ausgebildete Regeln darüber, welche Anforderungen an die Gegenseite beim Abschluß des Vertrags zu stellen sind[447]. Soviel läßt sich aber feststellen, daß derjenige, der effektiv die Macht über Menschen und Länder ausübt[448] und der von seinen Gewaltunterworfenen als Herrscher anerkannt wird[449], als Vertragspartner gilt. Diese tatsächliche Stellung wird für den Islam durch den Abschluß der muwada'ah als rechtliche anerkannt und so legitimiert. Der andere Staat — vorher ein Gefüge von Gewaltverhältnissen — tritt durch seinen Herrscher handelnd als Subjekt in die Rechtsordnung des Islam ein mit der Folge, daß die gesamten bestehenden Rechtsverhältnisse im anerkannten Gemeinwesen vom Islam als solche bestätigt werden[450].

Hinsichtlich des dhimmi und mustamin tauchen keine besonderen Probleme auf. Hier steht fest, wer als Träger der Rechten und Pflichten in Frage kommt: der einzelne Fremde, der sich im dar-al-islam aufhält. So betreffen diese Vorschriften dann auch die Gebiete des internationalen Fremden- und internationalen Privatrechts.

Im Bereich des muslimischen Völkerrechts als des Rechtes zwischen islamischen Staatsgebilden können die unabhängigen Staaten[451], die Rebellen und die Apostaten als Völkerrechtspersönlichkeiten unterschieden werden.

4. Abschnitt: Völkerrechtspersönlichkeit und Begegnung von Islam und Abendland

Bei von der Heydte[452] und Kruse[453], finden sich die Grundzüge der christlichen Auffassungen über die Zulässigkeit von Beziehungen

---

[444] *Kruse* S. 83.

[445] Im einzelnen vgl. *Kruse* I. Kapitel.

[446] Vgl. auch *Kruse* S. 156 (episodisch geltendes Völkerrecht, Völkerrecht der Übergangszeit); *Khadduri*, Middle East S. 359, verwendet den Ausdruck transitorisch.

[447] *Kruse* S. 105.

[448] *Kruse* S. 106; vgl. auch S. 117, wo die Handlungen Aufständiger nicht dem Herrscher zugerechnet werden.

[449] *Kruse* S. 108, 116.

[450] *Kruse* S. 108 ff., 134.

[451] So *Hamidullah* S. 13: „every Independent State which has some relation or other with other States"; vgl. aber oben S. 92 f.

[452] S. 251 ff.

[453] S. 151 ff.

zu den islamischen Staaten[454]. Hinsichtlich der entsprechenden islamischen Vorstellungen sei vor allem auf Khadduri[455] verwiesen. Auch aus dem in dem vorangegangenen Abschnitt Dargelegten kann unschwer die islamische Lehre erkannt werden. Jansons Dissertation ist trotz des vielversprechenden Titels sehr unergiebig.

Vervollständigung müssen hier allerdings noch die völkerrechtlichen Lehren der Europäer hinsichtlich des Geltungsbereichs der Völkerrechts-Norm erfahren, wobei der Rahmen dieser Arbeit jedoch wenig mehr als eine Andeutung erlaubt.

1. Kapitel: Zur Universalität des Völkerrechts

Wie bereits gesagt, bestanden[456] im Mittelalter zwei gegensätzliche Tendenzen:

Die Idee der „respublica christiana", die zu einer Beschränkung des Rechts auf die christlichen Staaten führte[457], und die aristotelisch-thomistische Philosophie, die auf Grund ihrer Scheidung von göttlichem und natürlichem Recht und der Zuordnung des Völkerrechts zum natürlichen Recht zu einer alle Staaten umfassenden Gemeinschaft gelangte.

So ist zu Beginn der Neuzeit ein Bild vorgezeichnet, das dem konzentrischer Kreise ähnelt[458]:

Den inneren Kreis bestimmt das christliche Völkerrecht, welches in der Gemeinsamkeit des Glaubens und der sittlichen Wertvorstellungen wurzelt, und den äußeren Kreis das Naturrecht, das auf der Menschennatur beruhend ein rechtliches Band um alle Staaten schlingt (vgl. Darstellung 1 — unten S. 88).

Der starke, wechselseitige Kontakt der europäischen Staaten untereinander ließ die gemeinsamen ideologischen Grundlagen zurücktreten und die Gewohnheiten und Verträge sichtbar werden. So bahnt sich vor allem seit dem „ius gentium voluntarium" von Grotius[459] und den Verträgen von Münster/Osnabrück und Utrecht, die das System des europäischen Gleichgewichts (Aequilibrium) schufen[460], die Entwicklung[461] an, den inneren Kreis als „positives" und

---

[454] Siehe oben S. 38 ff.

[455] Islam und System.

[456] Vgl. zum folgenden vor allem *Alexandrowicz,* Universality: Rein; auch *Berber,* Band I, S. 118/119; *Kordt,* Weltherrschaftsstreben, S. 179—183; *Hershey* S. 165/166.

[457] Siehe oben S. 38 f.

[458] Vgl. *Höffner* passim z. B. S. 57, 229, 241; so wohl auch die ungedruckte Kölner Habilitationsschrift von *Engel* (1958), nach *Janssen* S. 49.

[459] De jure belli ac pacis, Buch 1, Kap. 1 § 13.

[460] *Reibstein,* Völkerrecht I, S. 472 f.

[461] Vgl. *Verdroß* S. 56 für die Anfänge dieser Entwicklung, auch *Truyol y Serra,* Entstehung S. 43 ff. und Société S. 586.

den äußeren als „nur natürliches" Recht anzusehen[462]. Seit Mosers Werken in der ersten Hälfte des 18. Jahrhunderts bürgerte sich auch der Ausdruck „Positives Europäisches Völkerrecht" ein[463]. Die zunächst geringe Akzentverschiebung hatte jedoch zur Folge, daß das Naturrecht vielfach nicht mehr als eigentliches Recht verstanden wurde. So führt z. B. G. F. von Martens in seinem zuerst 1789 erschienenen „précis du droit des gens" aus[464], es existiere kein „droit des gens positif universel pour toutes les nations de l'univers". Zwar ergäbe sich aus der Tatsache, daß alle Menschen „un même globe" bewohnten, eine Gemeinschaft, die durch „des lois naturelles" regiert werde. Dieses „ius cosmopoliticum" sei aber der Philosophie und nicht dem Recht zuzuordnen.
Die „pays hors chrétienté", wie ein später viel benutzter Ausdruck die außereuropäischen Länder nannte, lebten nach damaliger Anschauung im Naturzustand Hobbs'scher Prägung[465]:

Jenseits der europäischen Grenzen herrschte Krieg und galt das Recht des Stärkeren[466], wobei durchaus der missionarische Eifer bestand, auch diese Länder den Vorteilen des europäischen Völkerrechts zuzuführen[467].

Die Verbindung zur Idee der „respublica christiana"[468] ist offensichtlich, wie auch, daß diese Vorstellungen sich ausgezeichnet zur Ideologie der europäischen Kolonisation eigneten. Die zwangsläufige Folge war, daß man den Verträgen mit den „pays hors chrétienté" keine rechtliche Bedeutung beimaß, sondern sie nur als Fakten der Politik verstand. Dies ist auch der Standpunkt, der später im Cherokee-Fall[469] und sogar noch 1928 von Huber im Palmas-Schiedsspruch[470] eingenommen wurde (vgl. Darstellung 2)[471].

---

[462] So vor allem *Ompteda* S. 8 ff.

[463] So z. B. *Heffter, Klüber.*

[464] S. 57/58.

[465] Vgl. z. B. Leviathan cap. 14.

[466] Vgl. *Rein* S. 25 ff., der nachweist, daß seit dem 16. Jahrhundert die europäischen Staaten ausdrücklich das europäische Staaten-System mit seiner Rechtsordnung auf Europa selbst beschränkten und jenseits des ersten Meridians und des Wendekreis des Krebses „la voie d'hostilité" begann. „In Europa leben die Staaten im sog. Gesellschafts-Zustand . . ., jenseits der Linie jedoch im Naturzustand". (S. 26).

[467] Vgl. den Vertrag von Paris 1856, in dem das osmanische Reich zu den Vorteilen des europäischen Völkerrechts zugelassen wurde.

[468] Siehe *Höffner* S. 229.

[469] *Wheaton,* Elements § 38; vgl. auch *Sir W. Scott* in „The Madonna del Burso" (1802), der in einem gewissen Kompromiß das Völkerrecht nicht in voller Strenge auf osmanische Untertanen anwenden will, nach *Khadduri,* Islam S. 366; *Twiss* § 61 S. 81/82 und *Hershey* S. 166 Anm. 26.

[470] The American Journal of International Law, Band 22 (1928), S. 867 bis 912 (speziell S. 897/898).

[471] Siehe S. 88.

Daß diese Auffassung aber nicht ganz konsequent durchgehalten wurde, erhellt daraus, daß man sehr wohl die Verträge mit der Pforte als rechtliche Vereinbarungen auffaßte[472], weshalb Martens eine allmähliche Annäherung der Pforte an Europa nicht ausschloß[473].

2. Kapitel: Rechtliche Beurteilung der Beziehungen Europas zum Osmanischen Reich

Nach Pritsch[474] stand die Türkei bis 1856 außerhalb der Völkerrechtsgemeinschaft. Die Ursachen hierfür seien die abweichenden religiösen Anschauungen und die wesensfremde Kultur[475] gewesen. Die Capitulationen seien als frei widerrufliche Verleihungen seitens der Pforte angesehen worden.

Auch Janson gelangt zu diesem Ergebnis[476], wenngleich seine Argumentation, die Verträge seien deshalb keine zweiseitigen, weil sie nach „Maßgabe des eigenen Staatsrechts — in diesem Fall der Dhimmi- und Muchtamin-Bestimmungen —" auf osmanischer Seite „gebildet worden" seien, nicht überzeugt. Er stellt zur Beurteilung nicht genügend auf die Natur der muwada'ah ab. So sind Capitulationen bekannt[477], die die gegenseitigen Beziehungen nach dem Grundsatz der Reziprozität regeln.

Der Wahrheit näher dürfte Sousa gekommen sein, der mit seinem Buch nachzuweisen versucht, daß alleiniger Grund der Capitulationen das Personalitätsprinzip des islamischen Rechts sei[478]. In einem geschichtlichen Überblick[479] zeigt er, wie die Capitulationen sich zu der Form nach einseitigen Verleihungen entwickelten. Abschließend[480] gelangt er zu dem Ergebnis — gestützt vor allem auf die Tatsache, daß das islamische Recht mit seinem Personalitätsprinzip gleichsam ein Fremdkörper unter den anderen territorial ausgerichteten Rechtssystemen sei[481] —: „They[482] can hardly be considered as operating under an established principle of international law"[483].

---

[472] *Janson* S. 54.

[473] Précis S. 59; so auch *Twiss* § 62 S. 83, vgl. *Truyol y Serra,* Entstehung S. 65.

[474] Wörterbuch des Völkerrechts und der Diplomatie Band 2, S. 737.

[475] Vgl. *Wheaton,* Histoire Band 2 § 28, S. 239.

[476] S. 55.

[477] Vgl. z. B. *Alexandrowicz,* treaty: 1631 schlossen die holländischen Generalstaaten und Persien einen Vertrag, in dem den persischen Kaufleuten in den Niederlanden die gleichen Rechte wie den Holländern in Persien eingeräumt wurden.

[478] S. 33.

[479] S. 159/160.

[480] S. 170 ff.

[481] S. 33, 125 f.

[482] Die Capitulationen.

[483] S. 172.

Der von Sousa zitierte[484] van Dyck ist dagegen der Ansicht, daß die Capitulationen reziproke und vollgültige völkerrechtliche Verträge seien.

Khadduri[485] arbeitet die Unterschiede zwischen europäischem und islamischem Völkerrecht deutlich heraus. Seiner Ansicht nach[486] würde „only the broadest definition of modern International Law" auch das islamische Völkerrecht einschließen. Eine solche weite Definition sei aber letztlich inhaltsleer.

Diese Stimmen aus einer Vielzahl sollten lediglich demonstrieren, daß die völkerrechtliche Lehre keine eindeutige Stellung in einer rechtlichen Beurteilung der Beziehungen zum osmanischen Reich bezogen hat und daß sie wie die allgemeine Ansicht über die Türken[487] schwankte.

Der Grund hierfür liegt m. E. darin, daß sie eine Beurteilung entweder aus den dem europäischen oder den dem islamischen Recht immanenten Prinzipien herleitete. Bei dem konträren Charakter beider Ordnungen kann es dann nicht verwundern, wenn die gefundenen Ergebnisse nicht überzeugen und nicht die tatsächlichen Verhältnisse befriedigend rechtlich erklären.

Es soll daher der Versuch unternommen werden, sich von den überkommenen herrschenden Vorstellungen zu lösen.

3. Kapitel: Das Modell der Völkerrechtstypen

Vinogradoff zählt in seinem Beitrag „Historical types of international law" fünf Typen der sozialen Organisation auf:
„Tribe", „City", „Contractual Association" und „Collectivistic Organisation"[488].

Er unterscheidet diese Völkerrechtstypen, soweit erkennbar, nach dem Grade der Organisation und den damit verfolgten Zielen[489]. In

---

[484] S. 160, das Werk *van Dycks* konnte nicht ermittelt werden.

[485] Law, Kapitel 18 (S. 117—121).

[486] Law S. 117.

[487] Hatte Luther noch in seiner „Heerpredigt wider die Türken" die Feindschaft verkündet und hatte die Belagerung Wiens durch die Türken 1683 noch einmal alle Schrecken der Türkengefahr aufsteigen lassen, so wandelte sich die Ansicht über die Türken bis zu Goethes: „Nichts Bessers weiß ich mir an Sonn- und Feiertagen als ein Gespräch von Krieg und Kriegsgeschrei, wenn hinten, weit, in der Türkei die Völker auf einander schlagen" (Faust I, v. 860). Mozarts „Entführung aus dem Serail", die den grimmigen Osmin (vgl. seine Arie „Oh wie will ich triumphieren" die noch einmal die gefürchtete Grausamkeit der Türken durchscheinen läßt) als komische Figur darstellt, letztlich doch die Güte des Selim Bassa siegen läßt, ist eine bekannte Station auf dem Wege des Gesinnungswandels.

[488] S. 5/6.

[489] Vgl. mit ähnlichen Einteilungsprinzipien *Meister* S. 264 ff.

diesen fünf historischen Typen glaubt Vinogradoff hinreichend differenzierbare Erscheinungsformen erkennen zu können.

Es kann hier dahingestellt bleiben, ob diese Völkerrechtstypen tatsächliche „Typen in der Bedeutung von aus der Vielfalt völkerrechtsgeschichtlicher Phänomene herausgearbeiteter Grundformen“[490] darstellen. Die Erkenntnis jedoch, daß es solche Grundformen möglicherweise gibt, führte Taube zu der Feststellung, daß es mindestens 17 Haupttypen der Zivilisation gebe, die in ihrem Gefolge zu neun bis zehn Völkerrechtstypen führten[491].

Kruse hat darauf hingewiesen[492], daß Taubes Begriff des Typs nicht angemessen ist und daß Taube zu Unrecht das islamische Völkerrecht erwähnt.

Kruse selbst meint[493], daß es möglich wäre, „eine typologische Betrachtung internationaler Rechtsordnungen auf den zwischen ihren Subjekten herrschenden Beziehungszustand abzustellen.“ Völlige Verschmelzung und radikale Beziehungslosigkeit seien die denkbaren Extreme solcher Beziehungen.

Aus der Betrachtung von Islam und Abendland in ihren gegenseitigen Beziehungen ergibt sich eine Bestätigung jener These, die Huber 1928 vorgetragen hat[494]. Unter der Überschrift „Entwicklungsformen des Völkerrechts“ führt er aus, daß die Beziehungen zwischen Staaten sich auf drei Arten gestalten können:
ständiger Krieg, Tauschverhältnis und Rechtsgemeinschaft.

In dem Falle, daß die Eroberungstendenz das „Motiv politischer Aktion nach außen“[495] sei, könne es kein Völkerrecht geben. Unter den Voraussetzungen des Tauschhandels komme zwar ein rechtliches Verhältnis zwischen den beiden Rechtssubjekten zustande, dieses bilde aber kein einheitliches Recht, sondern es bestehe „aus zwei parallelen Rechtsschöpfungen von eigenem, selbständigem, jedoch inhaltlich und regelmäßig auch äußerlich (in der Form des Vertrages) komplementärem Inhalte“[496]. Voraussetzung sei jedoch, daß beide Vertragspartner die Vorstellung von der Verbindlichkeit des Vertrages besäßen.

Kruse hat nachgewiesen[497], daß die muwada'ah der von Huber gegebenen Beschreibung, für die Huber den Begriff „Typus des Tausches“ verwendet, entspricht. Als zweite Stufe der Entwicklungsformen des Völkerrechts kennt Huber den Typus der Rechtsgemeinschaft, der

[490] *Kruse* S. 9.
[491] S. 349.
[492] S. 3/4, 9.
[493] S. 10, 11: „Völkerrechtstyp“.
[494] In: Soziologische Grundlagen des Völkerrechts.
[495] S. 18.
[496] S. 19.
[497] Siehe vor allem Schaubild S. 160.

durch das Vorhandensein seiner gemeinsamen Kultur- und Werte-Ordnung geprägt wird[498].

Leider verfolgt Huber die gewonnene Einsicht in die strukturellen Grundformen völkerrechtlicher Typen nicht weiter, sondern versucht die beiden Typen in die Begriffsschemata von gemeinem und partikulärem Völkerrecht einzuordnen[499]. Da diese Begriffe nur auf den räumlichen Geltungsbereich abstellen, unterscheiden sie sich von dem der Völkerrechtstypen, die auf Strukturelemente aufbauen, grundlegend. Seinen Hinweis, daß mit der Türkei nur partikuläre Rechtsbeziehungen unterhalten wurden und daß das gemeine Recht nicht für sie galt[500], verbindet er dann auch nicht mehr mit den Unterschieden der beiden Typen, sondern der räumlichen Geltung.

Auch Schwarzenberger benutzt den Ausdruck Völkerrechtstypen. Er unterscheidet die Typen der Macht[501], der Koordination[502] und der Reziprozität[503], wobei die Typen der Macht und der Koordination die Extreme sind, zwischen denen der der Reziprozität angesiedelt ist. Schwarzenbergers Anliegen ist es zu zeigen, wie trotz einer gemeinsamen Grundlage durchaus verschiedene Motive der einzelnen Völkerrechtssubjekte zur Ausbildung des gegenwärtigen Völkerrechts beigetragen haben.

Wichtig an Schwarzenbergers Begriffen ist, daß sie im Kern mit den von Huber und Kruse gebrauchten übereinstimmen.

Zur terminologischen Klarheit sollte zwischen dem Völkerrechtstyp der Völkerrechtsordnung[504] und dem des Zwischen-Ordnungen-Rechts[505] unterschieden werden.

Unter Völkerrechtsordnung wird eine auf Dauer angelegte, auf gemeinsamen Wertvorstellungen beruhende und durch die grundsätzliche Gleichberechtigung der Subjekte gekennzeichnete Rechtsordnung zwischen Staaten[506] verstanden.

Beispiele für solche Ordnungen sind die abendländische Völkerrechtsgemeinschaft[507], das muslimische Völkerrecht[508] und das Verhältnis der kommunistischen Staaten zueinander[509].

---

498 S. 21/22.

499 Vgl. z. B. S. 40 f.

500 S. 56.

501 Frontiers S. 11 f., 25 ff.

502 S. 13 ff., 34 ff.

503 S. 15 f., 29 ff.

504 *Huber*: Rechtsgemeinschaft; *Kruse:* Rechtsordnung; *Menzel*: Rechtskreis (S. 79); *Schwarzenberger:* Koordination.

505 *Huber*: Tausches.

506 Die Frage möglicher weiterer Völkerrechtssubjekte kann hier außer acht gelassen werden.

507 *Jahrreiss* S. 239 charakterisiert sie näher als „Zwischen-Souveränitäten-Ordnung".

508 Mit allen oben gemachten Einschränkungen.

509 Sog. intersozialistisches Völkerrecht, vgl. z. B. *Kordt*, Ideologie S. 25.

Das Zwischen-Ordnungen-Recht ist auf Zeit angelegt, beruht auf dem Zwang der Notwendigkeit und ist charakterisiert durch das Bemühen, den Vertragspartner letztlich zu überwinden. Heute ist auch der Begriff „friedliche Koexistenz" hierfür üblich geworden[510]. Auch Korowins Begriff vom „Völkerrecht der Übergangsperiode" trifft genau den hier gemeinten Sachverhalt, wie der Begriff von Liszt: „episodisch geltendes Völkrerrecht"[511].

Beispiele für diesen Typ sind das islamische Völkerrecht im Verhältnis zu den Ungläubigen und das kommunistische Völkerrecht im Verhältnis zu den nicht kommunistischen Staaten[512] (Darstellung 3 — S. 88).

Zur Abgrenzung muß noch auf Menzels Modell der Völkerrechtskreise hingewiesen werden[513] (Darstellung 4). Der Unterschied zur hier vertretenen Auffassung liegt darin, daß Menzel neben diesen Kreisen ein universales Völkerrecht anerkennt[514], das mangels einer näheren Normierung nur als naturrechtlicher Art verstanden werden kann. Menzel läßt letztlich auch offen, wie das Verhältnis der einzelnen Rechtskreise zueinander rechtlich zu bewerten ist[515].

Wesentlich für die Frage nach der Völkerrechtspersönlichkeit ergibt sich aus dem Modell der Völkerrechtstypen, daß beim Typ des Zwischen-Ordnungen-Rechts völkerrechtliche[516] Rechte und Pflichten im wesentlichen nur[517] im Maße der Vereinbarungen bestehen und daß somit auch nur in diesem Maße Träger solcher Rechte und Pflichten, d. h. Völkerrechtspersönlichkeiten, vorhanden sein können.

Auch darf nicht vergessen werden, daß der Begriff von der „natürlichen" Völkerrechtspersönlichkeit der souveränen Staaten die Frucht der speziellen europäischen Entwicklung war, die zur Ausbildung des Staates im modernen Sinne führte[518].

Es wird daher den besonderen Verhältnissen des islamischen Bereichs nicht Genüge getan, wenn man die europäischen Begriffe auf ihn überträgt. Im Völkerrechtstyp des Zwischen-Ordnungen-Rechts kommt folglich der in der Aufnahme vertraglicher Beziehungen be-

---

[510] *Khadduri*, System S. 50; *Kordt*, Koexistenz.

[511] Lehrbuch S. 20.

[512] Die Ähnlichkeiten zwischen Kommunismus und Islam sind schon oft betont worden, vgl. *Kruse* S. 7, 158 mit Nachweisen und *Kordt*, Weltherrschaftsstreben S. 194 f.

[513] S. 79 ff.

[514] S. 74, 11—13.

[515] S. 89.

[516] Die Frage, ob dies überhaupt noch Völkerrecht ist, muß hier offen bleiben. Eine Auffassung, die Völkerrecht nur in der Gemeinsamkeit einer Kultur sieht, wird dies verneinen müssen.

[517] Vgl. S. 84 u. 170: abgesehen von dem unerläßlichen Mindestbestand gemeinsamer Anschauungen (z. B. Pacta sunt servanda).

[518] Vgl. *Krüger* S. 5 ff.

gründeten Anerkennung als Völkerrechtssubjekt konstitutive Wirkung zu.

Es kommt mithin für die Frage nach der Völkerrechtspersönlichkeit der Barbareskenstaaten nur darauf an, ob und wie diese als Träger von völkerrechtlichen Rechten und Pflichten in Erscheinung getreten sind, und nicht darauf, ob sie nach europäischen Vorstellungen alle Merkmale eines Staates (Gebiet, Volk, Gewalt)[519] erfüllten.

[519] Über Volk und Gebiet bestehen zwar keine Zweifel, hinsichtlich der Staatsgewalt vgl. aber unten S. 168 f.

Darstellung 1:

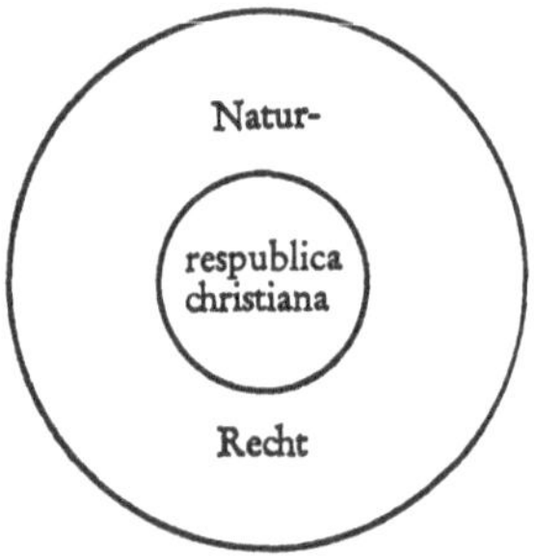

Darstellung 2:

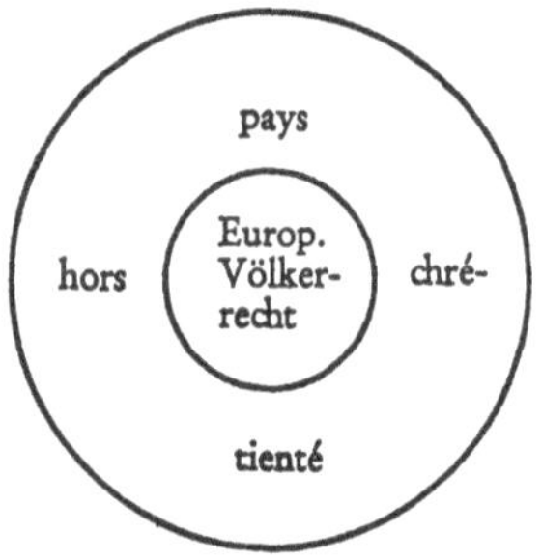

Darstellung 3:

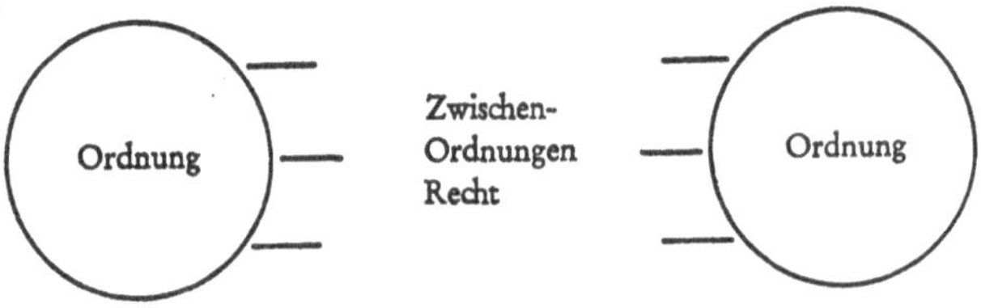

Darstellung 4:

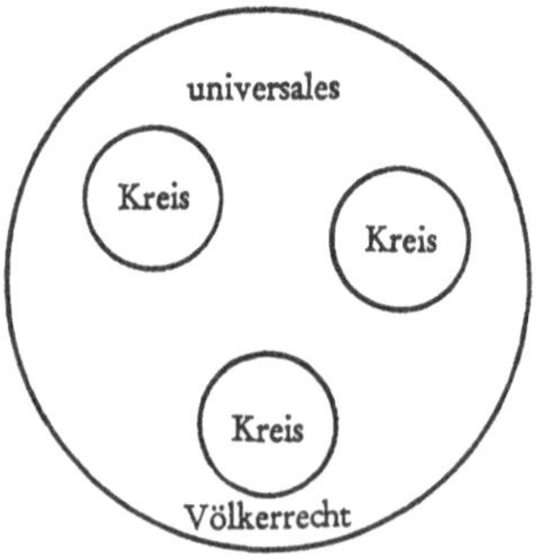

TEIL III

Die Barbareskenstaaten als Träger völkerrechtlicher Rechte und Pflichten

1. Abschnitt: Verzeichnis der Verträge mit ihren Fundstellen

Vorbemerkung:

Die Verträge werden in dieser Arbeit nach Kennziffern zitiert werden. Es hat sich als notwendig erwiesen, solche Ziffern einzuführen, weil sonst die Fußnoten zu umfangreich geworden wären.

Die Kennziffern bestehen aus vier Zahlen.

Die *erste Stelle* bezeichnet den betreffenden Barbareskenstaat. Es bedeutet hier:

1. = Algier
2. = Tripolis
3. = Tunis

Die *zweite Stelle* gibt an, in welchem Jahrhundert der Vertrag geschossen wurde. Es bedeutet hier:

1. = von 1600 bis 1699
2. = von 1700 bis 1799
3. = von 1800 an

Die letzten beiden Stellen der Kennziffern dienen der fortlaufenden Zählung im betreffenden Jahrhundert. So kann hieran sofort der ungefähre Zeitpunkt des Vertragsabschlusses erkannt werden.

1. Die Verträge Algiers mit den europäischen Staaten

1. Im 17. Jahrhundert

1.1.01
Capitulation der Pforte an Holland, die später als Grundlage der holländischen Verträge mit den Barbaresken diente:
Juli 1612 — Holland
Dumont Band V, Teil II, 205

1.1.02
21. März 1619 — Frankreich
de Card S. 11; Dumont B. V, Teil II, S. 330

1.1.03
1622 — Holland
Dumont B. V , T. II, S. 413

1.1.04
30. Januar 1626 — Holland
Dumont Band V, Teil II, S. 485

1.1.05
19. September 1628 — Frankreich
de Card S. 15; Dumont Band V, Teil II, S. 559; de Rotalier II, S. 482

1.1.06
1646 — England
Text wurde nicht veröffentlicht, vgl. Playfair, Scourge S. 68

1.1.07
23. April 1662 — England
Chalmers II, S. 361

1.1.08
3. Mai 1662 — England
Dumont Band VI, Teil II, S. 419

1.1.09
1662 (kein genaueres Datum) — — England
Dumont Band VI, Teil II, S. 420

1.1.10
30. Oktober 1664 — England
Dumont Band VI, Teil III, S. 31

1.1.11
1664 — Frankreich
Dan, Histoire S. 137

1.1.12
17. Mai 1666 — Frankreich
de Card S. 32; Dumont Band VI, Teil III, S. 111

1.1.13
29. November 1672 — England
Dumont Band VII, Teil I, S. 205

1.1.14
1677 — Holland
Dumont Band VII, Teil I, S. 327

1.1.15
1. Mai 1680 — Holland
Dumont Band VII, Teil II, S. 1

1.1.16
1680 — England
Chalmers II, S. 373

1.1.17
10. April 1682 — England
Chalmers II, S. 365; Dumont Band VII, Teil II, S. 20; Hertslet I, S. 58

1.1.18
25. April 1684 — Frankreich
de Card S. 45; Dumont Band VII, Teil II, S. 74; de Rotalier II, S. 486

1.1.19
6. April 1686 — England
Chalmers II, S. 379; Hertslet I, S. 66

1.1.20
24. September 1689 — Frankreich
de Card S. 52; Dumont Band VII, Teil II, S. 239

2. Im 18. Jahrhundert

1.2.01
17. August 1700 — England
Chalmers II, S. 386;Hertslet I, S. 72

1.2.02
8. April 1702 — England
erwähnt bei Chalmers II, S. 361

1.2.03
28. Oktober 1703 — England
Chalmers II, S. 388; Martens Supplement 1, S. 36

1.2.04
26. Februar 1707 — England
erwähnt bei Chalmers II, S. 361

1.2.05
18. Juni 1712 — Holland
Dumont Band VIII, Teil I, S. 292

1.2.06
29. Oktober 1716 — England
Chalmers II, S. 376; Hertslet I, S. 75; Martens Supplement 1, S. 148

1.2.07
26. Januar 1718 — Frankreich
erwähnt bei de Card S. 5

1.2.08
7. Dezember 1719 — Frankreich
erwähnt bei de Card S. 5. Soll in dem Buch: Arnoud, De la balance du commerce I, S. 25 veröffentlicht worden sein. Das Buch ist aber unauffindbar.

1.2.09
20. Februar 1720 — Frankreich
erwähnt bei de Card S. 6

1.2.10
8. September 1726 — Holland
Dumont Band VIII, Teil II, S. 136

1.2.11
3. März 1727 — Österreich
Dumont Band VIII, Teil II, S. 140

1.2.12
16. April 1729 — Schweden
Martens Supplement 1, S. 189; Wenck II, S. 8

1.2.13
24. August 1731 — Holland
Martens Supplement 1, S. 204

1.2.14
10. August 1746 — Dänemark
Schleswig-holsteinische Verordnungen Stück 207, Wenck III, S. 19

1.2.15
8. Oktober 1748 — Österreich
Martens Supplement 1, S. 308

1.2.16
3. Juni 1751 — England
Chalmers II, S. 390; Wenck II, S. 592

1.2.17
15. September 1751 — Hamburg
Martens Supplement 2, S. 1; vgl. hierzu das Werk von Baasch.

1.2.18
23. November 1757 — Holland
Martens Supplement 2, S. 101

1.2.19
26. Mai 1760 — Holland
Wenck III, S. 161

1.2.20
14. Mai 1762 — England
Chalmers II, S. 375; Martens 4, S. 24; 2.ed. 1, S. 68; Wenck III, S. 292

1.2.21
16. Januar 1764 — Frankreich
de Card S. 79; Martens 4, S. 40; Supplement 3, S. 68; 2.ed. 1, S. 217; Wenck III, S. 455

1.2.22
3. August 1765 — England
Martens Nouv. Supplement 2, S. 1

1.2.23
17. Mai 1772 — Dänemark
Martens 6, S. 138; 2.ed. 2, S. 38

1.2.24
14. Juni 1786 — Spanien
Martens 2, S. 665; 2.ed. 4, S. 126

1.2.25
5. Mai 1792 — Schweden
Martens 6, S. 297; 2.ed. 5, S. 324

1.2.26
20. Mai 1792 — Frankreich
Martens 6, S. 316; 2.ed. 5, S. 405

1.2.27
5. September 1795 — USA
Martens 6, S. 553; 2.ed. 6, S. 135; Auszug auch bei Dupuy S. 344

1.2.28
15. Februar 1799 — Frankreich
(Erklärung Frankreichs), Martens 7, S. 343

3. Im 19. Jahrhundert

1.3.01
20. Juli 1800 — Frankreich
Martens 7, S. 390, 2.ed. 7, S. 64

1.3.02
3. September 1800 — England
Martens Nouv. Supplement 2, S. 99 (Auszug), Hertslet I, S. 83

1.3.03
30. September 1800 — Frankreich
de Card S. 81; Martens 7, S. 391

1.3.04
19. März 1801 — England
Martens Nouv. Supplement 2, S. 101

1.3.05
17. Dezember 1801 — Frankreich
de Card S. 83
(für den 28. 12. 1801), Martens Supplement 2, S. 558; 2.ed. 7, S. 393

1.3.06
1802 — Erklärung des Dey
Martens Supplement 3, S. 214; 2.ed. 7, S. 420

1.3.07
Juli 1802 — Frankreich
Martens Supplement 3, S. 213

1.3.08
14. Juli 1813 — England Portugal
Martens Supplement 7 (= Nouv. Rec. 3), S 268

1.3.09
3. Juli 1815 — USA
Martens Supplement 7 (= nouv. Rec. 2), S. 596

1.3.10
3. April 1816 — England
Hertslet I, S. 83; Martens Nouv. Supplement 2, S. 270

1.3.11
3. April 1816 — Sizilien
Martens Supplement 9 (= Nouv. Rec. 5), S. 90

1.3.12
3. April 1816 — Sardinien
Martens Nouv. Supplement 1, S. 485

1.3.13
20. Mai 1816 — England
Martens Nouv. Supplement 2, S. 271

1.3.14
28. August 1816 — England
Martens Supplement 7 (= Nouv. Rec. 3), S. 88

1.3.15
28. August 1816 — Holland
Martens Supplement 7 (= Nouv. Rec. 3), S. 88

1.3.16
22. Dezember 1816 — USA
Martens Supplement 1829 (= Nouv. Rec. 5), S. 6

1.3.17
26. Juli 1824 — England
Martens Supplement 10 (= Nouv. Rec. 6), S. 558; Nouv. Supplement 1, S. 660

1.3.18
5. Juli 1830 — Kapitulation Algiers
de Card S. 288; Martens Supplement 12 (= Nov. Rec. 8) S. 362

2. Die Verträge von Tripolis mit europäischen Staaten

1. Im 17. Jahrhundert

2.1.01
18. Oktober 1662 — England
Chalmers II, S. 407; Dumont Band VI, Teil II, S. 431; Hertslet I, S. 124

2.1.02
Oktober 1662 — Frankreich
Text unbekannt, vgl. de Card S. 243 Anm. 2

2.1.03
1. Mai 1676 — England
Chalmers II, S. 411; Dumont Band VII, Teil I, S. 319; Hertslet I, S. 128

2.1.04
27. November 1681 — Frankreich
de Card S. 243; de Testa I, S. 338 (für den 25. 10. 1681)

2.1.05
10. April 1682 — England
erwähnt bei Chalmers II, S. 406

2.1.06
29. Juni 1685 — Frankreich
de Card S. 244; Dumont Band VII, Teil II, S. 105; de Testa I, S. 378

2.1.07
7. Februar 1686 — England
erwähnt bei Chalmers II, S. 406

2.1.08
27. Mai 1692 — Frankreich
de Card S. 253; de Testa I, S. 349

2.1.09
11. Oktober 1694 — England
erwähnt bei Chalmers II, S. 406

2.1.10
11. Oktober 1696 — England
erwähnt bei Chalmers II, S. 406

2. Im 18. Jahrhundert

2.2.01
15. Dezember 1703 — Holland
Dumont B. VIII, T. I, S. 136

2.2.02
1713 — Holland
Martens Supplement 1, S. 98

2.2.03
19. Juli 1716 — England
Hertslet I, S. 137; Martens Supplement 1, S. 140

2.2.04
4. Juli 1720 — Frankreich
de Card S. 255; de Testa I, S. 365

2.2.05
1726 — Österreich
Dumont B. VIII, T. II, S. 135

2.2.06
4. Oktober 1728 — Holland
Martens Supplement 1, S. 186

2.2.07
9. Juni 1729 — Frankreich
de Card S. 263; de Testa I, S. 370

2.2.08
15. April 1741 — Schweden
Wenck II, S. 17

2.2.09
27. Januar 1749 — Österreich
Martens Supplement 1, S. 320

2.2.10
19. September 1751 — England
Chalmers II, S. 422; Hertslet I, S. 143; Wenck II, S. 573

2.2.11
22. Januar 1752 — Dänemark
Schleswig-holsteinische Verordnungen Stück 270; Wenck III, S. 19

2.2.12
30. Mai 1752 — Frankreich
de Card S. 274

2.2.13
22. Juli 1762 — England
Chalmers II, S. 421; Hertslet I, S. 151; Martens 4, S. 36, 2.ed. S. 76; Wenck III, S. 297

2.2.14
1765 — Venedig
erwähnt bei Herrmann S. 204 und Enzyklopädie des Islam IV, S. 884

2.2.15
12. Dezember 1774 — Frankreich
Martens Nouv. Supplement 2, S. 7

2.2.16
10. September 1784 — Spanien
Martens 2, S. 531 (italienisch), Supplement 3, S. 87 (spanisch), 2.ed. 3, S. 760

2.2.17
30. Juni 1793 — Frankreich
Martens 6, S. 316; Nouv. Supplement 2, S. 86

2.2.18
4. November 1796 — USA
Martens 7, S. 146; auch Dupuy S. 351 (für 6. November)

2.2.19
14. Mai 1799 — Portugal
Martens Supplement 3, S. 164

3. Im 19. Jahrhundert

2.3.01
18. Juni 1801 — Frankreich
de Card S. 276; Martens Nouv. Supplement 2, S. 121

2.3.02
2. Oktober 1802 — Schweden
Martens Supplement 3, S. 216

2.3.03
4. Juni 1805 — USA
Dupuy S. 352 (gekürzt)

2.3.04
10. Mai 1812 — England
Hertslet I, S 152 (für 8. 5. 1812); Martens Nouv. Supplement 2. S. 206

2.3.05
29. April 1816 — Sardinien
Martens Nouv. Supplement 1, S. 491

2.3.06
29. April 1816 — Sizilien
Martens Supplement 9, S. 106

2.3.07
29. April 1816 — Deklaration des Bey
Hertslet I, S. 155; Martens Nouv. Supplement 2, S. 274

2.3.08
29. April 1816 — England
Hertslet I, S 153; Martens Nouv. Supplement 2, S. 272

2.3.09
8. März 1818 — Deklaration des Bey
Herslet III, S. 27; Martens Nouv. Supplement 2, S. 376

2.3.10
11. August 1830 — Frankreich
de Card S. 288; Martens Supplement 14, S. 52

3. Die Verträge Tunesiens mit europäischen Staaten

1. Im 17. Jahrhundert

3.1.01
August 1605 — Frankreich
Bréves, Anhang; de Card S. 113

3.1.02
14. November 1622 — Holland
Dumont Band V, Teil II, S. 411

3.1.03
5. Oktober 1662 — England
Chalmers II, S. 391

3.1.04
25. November 1665 — Frankreich
de Card S. 116

3.1.05
26. November 1665 — Frankreich
de Card S. 124; de Testa I, S. 328

3.1.06
28. Juni 1672 — Frankreich
de Card S. 129

3.1.07
4. Februar 1675 — England
Chalmers II, S. 394

3.1.08
30. August 1685 — Frankreich
de Card S. 141;
de Testa I, S. 344

3.1.09
4. September 1685 — Frankreich
de Card S. 149

3.1.10
16. Dezember 1691 — Frankreich
de Card S. 153

3.1.11
10. Juni 1698 — Frankreich
erwähnt bei de Card S. 104 (erneuert 3.1.08)

3.1.12
28. Juni 1699 — Frankreich
erwähnt bei de Card S. 104 (erneuert 3.1.08)

2. Im 18. Jahrhundert

3.2.01
16. Dezember 1710 — Frankreich
de Card S. 155

3.2.02
28. Februar 1713 — Frankreich
erwähnt bei de Card S. 105

3.2.03
1713 — Holland
Martens Supplement 1, S. 92 (nach dem dort angegebenen islamischen Datum: 14. Ragab 1124 a. H. kam der Vertrag am 17. August 1712 zustande)

3.2.04
30. August 1716 — England
Martens Supplement 1, S. 147 (erneuert durch 3.2.12)

3.2.05
20. Februar 1720 — Frankreich
de Card S. 163

3.2.06
1. Juli 1728 — Frankreich
de Card S. 169

3.2.07
23. Dezember 1736 — Schweden
Wenck I, S. 446

3.2.08
9. November 1742 — Frankreich
de Card S. 173

3.2.09
24. Dezember 1742 — Frankreich
Koch I, S. 387; de Testa I, S. 379 für den 9. 11. 1742

3.2.10
24. Februar 1743 — Frankreich
de Card S. 182

3.2.11
23. Dezember 1748 — Österreich
Martens Supplement 1, S. 315

3.2.12
19. Oktober 1751 — England
Chalmers II, S. 397

3.2.13
8. Dezember 1751 — Dänemark
Schleswig-holsteinische Verordnung Stück 269; Wenck III, S. 1

3.2.14
22. Januar 1762 — England
Chalmers II, S. 395; Martens 4, S. 30; Wenck III, S. 294

3.2.15
21. Mai 1765 — Frankreich
de Card S. 183; Martens 2.ed. 1, S. 289

3.2.16
25. August 1770 — Frankreich
de Card S. 187; Martens 3, S. 245; Wenck III, S. 807

3.2.17
13. September 1770 — Frankreich
de Card S. 190; Martens 2.ed. 1, S. 700

3.2.18
3. Juni 1774 — Frankreich
Martens 2.ed. 2, S. 283; de Testa I, S. 387

3.2.19
19. Juli 1791 — Spanien
Martens Supplement 3, S. 96

3.2.20
25. Mai 1795 — Frankreich
de Card S. 202

3.2.21
August 1797 — USA
Martens Supplement 2, S. 178

3.2.22
26. März 1799 — USA
Dupuy S. 348 (gekürzt)

3. Im 19. Jahrhundert

3.3.01
26. August 1800 — Frankreich
Martens 7, S. 425

3.3.02
23. Dezember 1802 — Frankreich
de Card S. 203; Martens 7, S. 402; Supplement 2, S. 561

3.3.03
2. Mai 1812 — England
Martens Nouv. Supplement 2, S. 205

3.3.04
16. Oktober 1813 — England
Martens Nouv. Supplement 2, S. 228

3.3.05
17. April 1816 — Sardinien
Martens Nouv. Supplement 1, S. 487

3.3.06
17. April 1816 — Deklaration des Bey
Martens Nouv. Supplement 1, S. 490

3.3.07
17. April 1816 — Sizilien
Martens Supplement 9, S. 98

3.3.08
19. Oktober 1817 — Deklaration des Bey
Martens Nouv. Supplement 2, S. 276

3.3.09
18. Mai 1822 — Deklaration des Bey
Martens Nouv. Supplement 2, S. 396

3.3.10
1./7. Januar 1824 — Deklaration des Bey
Martens Nouv. Supplement 2, S. 400/402

3.3.11
24. Februar 1824 — USA
Martens Supplement 10, S. 978

3.3.12
30. Januar 1824 — Frankreich
de Card S. 205

3.3.13
21. Mai 1824 — Frankreich
de Card S. 211; de Testa I, S. 401

3.3.14
15. November 1824 — Frankreich
de Card S. 208

3.3.15
15. November 1824 — Frankreich
Martens Nouv. Supplement 1, S. 664

3.3.16
9. September 1825 — Deklaration des Bey
Martens Nouv. Supplement 2, S. 444

3.3.17
13. April 1826 — Deklaration des Bey
Martens Nouv. Supplement 2, S. 468

3.3.18
8. August 1830 — Frankreich
de Card S. 212; Martens Supplement 14, 48

3.3.19
11. August 1830 — Frankreich
Martens Supplement 13, S. 169

3.3.20
18. Dezember 1830 — Frankreich
de Card S. 217

3.3.21
22. Februar 1832 — Sardinien
Martens Supplement 18, S. 21

3.3.22
24. Januar 1846 — Deklaration des Bey
Martens Nouveau Recueil Général 9, S. 29 (Circulaire aux consuls étrangers): endgültige Aufhebung der Sklaverei in Tunis!

2. Abschnitt: Analyse der Verträge

1. Kapitel: Einleitende Überlegungen

I. Die Notwendigkeit der Betrachtung der Verträge

Nachdem die allgemeinen Überlegungen abgeschlossen sind und wir das Thema vom Gegenstand und den Normen her eingegrenzt haben, kann auf dem so gewonnenen Fundament an die Untersuchung der rechtlichen Verhältnisse der Barbareskenstaaten gegangen werden.

Da es sich bei den rechtlichen Beziehungen zwischen den Barbareskenstaaten und Europa um Völkerrecht vom Typus des Zwischen-Ordnungen-Rechts handelt, bestand Völkerrecht nur im Rahmen der Verträge.

Es wäre auch möglich gewesen, danach zu forschen, ob sich Rechtsnormen finden lassen, die gleichzeitig im europäischen und im islamischen Bereich existierten. Das Ergebnis solcher Forschungen würde jedoch nicht weiterführen, da es nichts darüber aussagt, ob solche parallelen Normen jeweils auch im Verhältnis zur anderen Ordnung beobachtet wurden. Mithin muß zwischen den innerhalb der Ordnungen und den zwischen den Ordnungen geltenden Rechtsnormen unterschieden werden. Trotzdem wird in der folgenden Darstellung zur Erhellung des Hintergrundes verschiedentlich auf die Rechtslage innerhalb der Ordnungen verwiesen. Es sei hier aber betont, daß dies nicht für die Beurteilung der Völkerrechtspersönlichkeit notwendig ist und ausschließlich dem besseren Verständnis dienen soll.

II. Das Verfahren bei der Betrachtung der Verträge

Die Verträge wurden auf ihren völkerrechtlich bedeutsamen Inhalt[1] hin untersucht, der in diesem Teil der Arbeit in einer systematischen Darstellung wiedergegeben wird. Das hierbei verwandte System ist

[1] Nicht jede Vereinbarung zwischen Völkerrechtssubjekten erfüllt den Begriff des völkerrechtlichen Vertrages, sondern nur eine solche, die auf einen völkerrechtlich bedeutsamen Erfolg hinzielt, vgl. *Seidl-Hohenveldern*, Völkerrecht Randziffern 141 ff. und *Berber* I, S. 62.

bestimmt von der üblichen völkerrechtlichen Darstellungsweise und hat sich von dem Aufbau der einzelnen Verträge völlig gelöst.

Bei der Vielzahl der vertraglichen Regeln konnten nur die Grundsätze erfaßt werden. Einzelheiten wie, daß die Franzosen Marmorsäulen aus Lebida mitnehmen durften (Art. 5—2.1.08)[2], mußten unberücksichtigt bleiben. Ebensowenig erstreckte sich die Auswertung auf die Verträge, die französischen Kaufleuten gewisse Privilegien erteilten[3]. In diesen Verträgen wurden meist neben der Verleihung von Monopolrechten auch das Recht zur Befestigung der Kontore und die zu zahlenden Abgaben geregelt[4].

2. *Kapitel: Allgemeines*

I. Bezeichnung

Die Verträge mit den Barbaresken trugen die verschiedensten Bezeichnungen.

Meist wurden die Worte „traité“[5], „treaty“[6], „trattato“[7] oder „tractat“[8] verwendet.

In den ersten Jahren der Vertragspraxis finden sich aber auch häufig die Bezeichnungen „Articles“[9] und selten auch „Capitulation“[10]. 1.3.01, 1.3.14 und 3.3.01 wurden als „Armistice“ bezeichnet. Zwischen Frankreich und Algier bzw. Tunis war Krieg, der z. B. gem. Art. 1—3.3.01 durch beiderseitiges Einstellen aller kriegerischen Handlungen ab 26. August 1800 beendet wurde. In Art. 2—3.3.01 wurde vereinbart, daß entsprechende Befehle an alle Kriegs- und Kaperschiffe beider Nationen gehen sollten. Nach Art. 3—3.3.01 sollten alle Schiffe einer Partei, die von der anderen Partei nach Eintritt des Waffenstillstandes genommen wurden, mit Mannschaft und Ladung zurückgegeben werden. Die Wiederaufnahme der Feindseligkeiten war erst zwei Monate nach Kündigung des Waffenstillstandes für beide Seiten erlaubt (Art. 5—3.3.01). Von dieser Möglichkeit wurde jedoch kein Gebrauch gemacht, vielmehr folgte am 23. Dezember 1802 der Abschluß eines endgültigen Vertrages (3.3.02).

---

[2] Vgl. *de Card* S. 254 Anm. 1: eine dieser Säulen wurde beim Bau von St. Germain des Près verwandt.

[3] Zu der völkerrechtlichen Bedeutung solcher Verträge vgl. *Seidl-Hohenveldern* Randziffern 1191 f.

[4] Vgl. *de Card* S. 6 f.

[5] So z. B. 1.1.08; 1.1.20; 2.1.04; 2.2.08; 3.1.10; 3.2.20.

[6] So z. B. 1.3.08; 2.2.10; 3.2.21

[7] So z. B. 2.2.09.

[8] So z. B. 2.2.11; 3.2.03.

[9] 1.1.18; 1.1.19; 1.2.03; 1.2.20; 1.2.22; 2.1.01; 2.1.03; 3.1.01; 3.1.03; 3.1.04 und andere mehr.

[10] 2.2.02; 1.1.02.

Als Besonderheiten sind weiter zu erwähnen:

in Art. 1—1.2.15 wird von einem Bündnis — „foda amicizia" — gesprochen.

3.1.05 führte die Bezeichnung „Convention secrète" und betraf Einzelheiten des gegenseitigen Sklavenaustausches. 3.3.13 war eine „Convention supplementaire".

In der überwiegenden Zahl der Fälle war der Bezeichnung Vertrag, Articles, Treaty o. ä. noch ein Zusatz beigefügt. Meist handelte es sich hierbei um Formulierungen wie „Articles of Peace"[11], „Articles of Peace and Commerce"[12], „treaty of peace"[13] bzw. „traité de paix"[14], „treaty of peace and commerce"[15] bzw. „traité de paix et de commerce"[16].

Treaty of Peace and Amity[17] (bzw. Friendship[18])
Tratado de Paz y Amistad[19]
Friedens — Commerce und Navigations-Tractat[20]
Traité de Navigation et de Commerce[21].

Diese verschiedenen Bezeichnungen der Verträge weisen aber nicht auf einen verschiedenen Inhalt hin. Wie auch Caillé für Marokko beobachtet hat[22], variieren die Verträge auch bei verschiedener Benennung kaum im Inhalt, so daß eine Gliederung der Verträge nach ihrer Benennung nicht sinnvoll ist.

Lediglich der Schluß ist möglich, daß alle angeführten Bezeichnungen mit Ausnahme der der Capitulation nur für zweiseitige Abkommen verwendet zu werden pflegen. Zum Teil wurde diese Eigenart der Verträge besonders deutlich herausgestellt, indem man von zwei Parteien sprach, die ihren gemeinsamen Willen im Vertrag niedergelegt haben[23].

---

[11] Z. B. 1.1.07; 2.1.01; 3.1.03 bzw. Friedensarticuln: 1.2.14; bzw Articles de la paix: 1.1.18; 3.1.04; bzw. Articles et contitions de paix: 2.2.07; 2.1.06; 3.2.06; Articles préliminaires de paix: 3.2.16; 3.3.12.

[12] So z. B. 1.1.15; 1.1.19; 1.2.03; 1.2.20; 1.3.02; 2.1.03; 2.2.03; 2.2.10; 2.2.13; 3.2.12; 3.2.14.

[13] Z. B. 1.2.01; 1.3.08.

[14] Z. B. 1.1.05; 1.1.12; 1.2.21; 1.3.05; 1.3.09; 1.3.15; 2.1.04; 2.1.08; 2.2.04; 2.3.01; 2.3.02; 2.3.05; 3.1.06; 3.3.02; 3.3.05; auch Trattato di pace: 1.2.15; 1.3.11; 2.2.09; 2.3.06; 3.2.11 oder Friedenstractat: 1.2.17

[15] 1.1.17; 1.1.19; 1.2.20; 2.2.10.

[16] 1.2.12; 1.2.23; 3.1.10; 3.2.04; auch Freds- och Handels-Tactat: 1.2.25; 3.2.07.

[17] 1.2.27.

[18] 1.3.08; 2.2.18; 2.3.03.

[19] 2.2.16; 2.2.19.

[20] 2.2.11; 3.2.19.

[21] 2.3.10.

[22] S. 62.

[23] Z. B. 1.1.12.

Aber auch *einseitige Erklärungen* der Barbareskenstaaten liegen vor. Hierbei handelt es sich vornehmlich um die Deklarationen, in denen die Aufhebung der Sklaverei von den Barbareskenstaaten erklärt wurde[24].

Erkennbar einseitig waren auch die Bestätigungen der alten Verträge durch die Barbareskenstaaten, soweit aus diesem Anlaß keine neuen Vorschriften angefügt wurden. 2.2.15 ist der interessante Fall, daß zunächst „le Pacha, la Milice et la Régence de Tripoli" dem Beauftragten Frankreichs, de Lancey, gegenüber die Bestätigung aller bestehenden Verträge zwischen Frankreich und Tripolis vornehmen, woraufhin de Lancey seinerseits im Namen Ludwig XIV. von Frankreich die Verträge bestätigt, wozu er mit Vollmacht vom 12. Mai 1774 beauftragt wurde. Danach folgen dann die Zusatzartikel.

Die Bezeichnung der *Vertragsparteien* bietet ein ähnlich vielfältiges Bild.

Zunächst ist festzustellen, daß auf europäischer Seite die gewohnten Formulierungen verwendet wurden. So trägt zum Beispiel Englands König immer den Beinamen „defensor fidei".

Eine Ausnahme macht nur der französische König, der zunächst[25] als „Sa Majesté très-chrètienne" tituliert wurde. Nachdem aber Charles IX vom osmanischen Sultan als „Padischa" angeredet worden war[26], setzte sich der Titel „Empereur" für die französischen Könige durch[27].

Der spanische König ließ sich 1791[28] als „Sultan des Sultans de la nation chrétienne" anreden.

Die Herrscher auf Seiten der Barbareskenstaaten führten alle und ständig den Titel „Son Altesse" bzw. „Most Illustrious".

Die Bezeichnung der Staatsform der Barbaresken schwankte. So finden wir: Republique[29], Régence[30], Royaume bzw. Kingdom[31], ja sogar Reich (Riket)[32], Regno[33] und State[34]. All diesen Bezeichnungen dürfte jedoch kein eigener Erkenntniswert innewohnen, da es sich hierbei um Bezeichnungen handelte, die die europäischen Partner den Barbaresken beilegten und die ihren — europäischen — Rechtsvorstellungen entsprachen. Daß diese Bezeichnungen irgendwie ange-

---

[24] 1.3.17; 2.3.07; 2.3.09; 3.3.06; 3.3.08.
[25] Vgl. 3.1.04.
[26] Tableau 1840 S. 415.
[27] So schon 3.1.08 (1685).
[28] In 3.2.19.
[29] Z. B. 1.2.12; 1.2.13; 1.2.17; 1.2.23; 3.2.07.
[30] Z. B. 1.2.15; 1.3.09; 2.2.02; 3.2.15.
[31] Z. B. 1.1.17; 1.2.22; 1.2.24; 1.3.02; 1.3.15; 2.1.01; 2.2.03; 3.1.04; 3.2.10.
[32] 1.2.25
[33] 3.2.11.
[34] 3.2.12.

messen die wirklichen politischen Verhältnisse ausdrückten, ist daher nicht zwingend anzunehmen.

II. Aufbau der Verträge

Den meisten Verträgen ist eine Präambel vorangestellt, in der der Vertrag, die Parteien, die Unterhändler und Zeitpunkt und Ort der Unterzeichnung genannt sind[35].

Andere Verträge[36] enthalten eine eingehende Darstellung der Vorgänge, die zum Vertragsabschluß geführt haben.

Zum Teil wird in der Präambel die Absicht der Parteien hervorgehoben, einen bestehenden Kriegszustand, den man als unnatürlich empfand[37], zu beenden[38].

In 3.2.19 wird ganz besonders betont, daß der Vertrag für beide Teile verpflichtend sein soll. Dies wurde üblicherweise dadurch zum Ausdruck gebracht, daß man zu Beginn Gott anrief[39] oder zum Schluß die Siegelung des Vertrages als in Gegenwart „des allmächtigen Gottes" vollzogen bezeichnete[40], woran sich oft die Versicherung anschloß: „Unser Wort ist unser Wort; unsere Treue ist unsere Treue"[41].

Meist, vor allem im 17. und 18. Jahrhundert, schloß die Präambel sinngemäß so, daß die genannten Parteien durch ihre Unterhändler dahin „übereingekommen sind": Alle folgenden Artikel des Vertrages führten diesen Satz zu Ende, indem sie jeweils mit „daß" begannen[42]. Der Inhalt der einzelnen Artikel erhielt so sinnfällig seinen dauernden Bezug zum Willen der Vertragsparteien. Die einzelnen Artikel waren fortlaufend numeriert[43]. Die Anzahl dieser Artikel schwankte zwischen einem[44] und 53[45], lag aber überwiegend entweder zwischen 20 und 30 oder zwischen 10 und 20 Artikeln. Bei den längeren Verträgen handelte es sich zumeist um umfassende Neuregelungen[46]. Bei den kürzeren war der Vertrag zumeist zur Erneuerung oder Ergänzung früherer Regelungen geschlossen worden, so daß eine solch umfassende Normierung nicht mehr notwendig war[47].

---

[35] Vgl. etwa 2.2.10.

[36] So 1.1.02 und 1.1.05.

[37] 1.3.05 im Gegensatz zur Lehre vom djihad, so o. S. 70 ff.

[38] Siehe 3.2.01.

[39] So in 1.3.08; 1.3.10; 2.2.16; 2.2.19; 2.3.05; 2.3.10; 3.2.21; 3.3.03; 3.3.18; und anderen mehr.

[40] 1.1.17; 1.2.20; 2.1.01; 3.1.03; 3.2.14 u.a.m.

[41] Z. B. 1.1.19; 1.2.05.

[42] Vgl. z. B. 1.1.07; 1.1.12; 1.1.17; 2.1.01; 3.2.14.

[43] Ausgenommen nur 1.1.03 und 1.1.05, die aus einem fortlaufenden Text bestehen.

[44] Z. B. 2.2.13.

[45] 2.3.01.

[46] Z. B. 2.1.03 und 3.1.04; 3.1.06; 3.1.08.

[47] Z. B. 3.1.10.

Die Verträge schlossen ab mit den Siegeln[48] und den Unterschriften derjenigen, die den Vertrag ausgehandelt hatten. Dies bezweckte, die Unverbrüchlichkeit des Vertrages zu bezeugen.

Aus den Angaben über die europäischen Unterhändler ergibt sich, daß zwei Gruppen von Verträgen unterschieden werden können:

1. diejenigen, welche die Konsulen auf Grund einer besonderen Vollmacht ihres Absendestaates abschlossen[49], und

2. diejenigen, welche von Sonderbotschaftern erreicht wurden. Es waren dies vornehmlich die Admirale der Flotten, die in den Mittelmeerraum zur Bekämpfung oder Züchtigung der Barbaresken entsandt waren[50].

In Anbetracht der häufigen Aktionen solcher Flotten ist es nicht verwunderlich, daß die zweite Gruppe bei weitem überwiegt[51].

Aber auch Sonderbotschafter wurden entsandt, wie etwa Dusault, der in 2.1.08 und 2.2.04 als „Envoyé extraordinaire de l'Empeureur de France" bezeichnet wird. Häufig[52] war auch der Fall, daß bei Gelegenheit eines Vertragsabschlusses nach einer kriegerischen Aktion auch der Konsul noch mit unterzeichnete. Das erklärt sich daraus, daß fast alle Verträge in den Städten der Barbaresken abgeschlossen wurden. Nur 1.1.02 ist durch die algerischen Unterhändler Quenan Agha[53] und Rozan Bey in Marseille abgeschlossen worden. Da aber nicht alle Verträge Ortsangaben aufweisen, ist durchaus möglich, daß auch noch andere Verträge in europäischen Städten ausgehandelt wurden.

So soll[54] 1765 Tripolis den Vertrag mit Venedig durch einen Gesandten Ali Karamanlis in Venedig unterzeichnen haben lassen[55].

Einer Reihe von Verträgen[56] waren Muster von Seepässen als Vertragsanlage beigefügt. Auch kommt es vor, daß dem eigentlichen

---

[48] Die Siegelung wird in den Vertragssammlungen — vor allem bei *Chalmers* und *Martens* — durch die Abkürzung (L.S.) = Locus Sigelli angedeutet.

[49] Vgl. etwa 1.1.05; 1.3.01; 1.3.02.

[50] Z. B. Admiral Herbert in 1.1.17; Tourville in 1.1.18; Keppel in 1.2.16; vgl. auch 1.1.12; 1.1.20; 1.2.03; 1.2.20; 2.2.19 und viele mehr.

[51] Sie machen etwa 80% aus.

[52] Z. B. 1.2.06; 1.3.15 (van der Capellen als holländischer Admiral und Donel als Konsul).

[53] Schreibweise nach *Plantet,* Deys I, S. 5 ff.: Caynan Agha; vgl. hierzu den Briefwechsel zwischen Marseille und Hossein.

[54] Nach: Enzyklopädie des Islam Band IV, S. 884.

[55] Nach Art. 1 — 1.3.04 hat Bracun-Reis als Botschafter des Dey eine Konvention mit Seiner britischen Majestät geschlossen. Vgl. aber auch unten die Angaben hinsichtlich der Gesandten.

[56] 1.1.16; 1.1.18; 1.1.20; 2.1.06; 2.2.01; 2.2.04; 2.2.16; 2.3.01; 3.1.08; 3.2.01; 3.2.05; 3.2.19.

Vertrag noch ein Zusatzartikel angefügt war, der meist der genaueren Durchführung einzelner Artikel galt[57]. Es finden sich sogar als „Formule du Pardon“ bezeichnete Annexe zu den eigentlichen Verträgen, in denen sich die Barbareskenherrscher offiziell für vorangegangene Vertragsverletzungen entschuldigen und um die Verzeihung des französischen Königs nachsuchen[58].

Wesentliche Unterschiede zwischen den Verträgen der einzelnen Barbareskenstaaten bestehen nicht, so daß eine Gesamtbetrachtung angemessen erscheint.

III. Vertragssprache

Zur Vertragssprache lassen sich nur wenige Angaben machen. So geht aus 1.2.24; 2.2.16; 3.2.17; 3.2.19 und 3.2.20 hervor, daß der Vertrag in zwei Sprachen als verbindlich galt. Nach 1.2.27 war der arabische Text entscheidend, gleiches galt nach 2.1.01 für die englische, nach 2.3.10 für die französische Fassung.

Nach 1.3.08; 1.3.10; 1.3.11; 1.3.12; 2.2.16 sollte der Vertrag in dreifacher Ausfertigung erstellt werden, nach 1.3.15; 2.3.06; 2.3.08; 2.3.10; 3.3.07; 3.3.05 und 3.3.03 in zweifacher Ausfertigung. In welcher Sprache diese Ausfertigungen waren, geht nicht aus den Texten hervor.

Gemäß Art. 24—3.2.19 sollte je ein türkisches und ein spanisches Exemplar des Vertragstextes für die Lösung von Streitfällen beim spanischen Konsul verbleiben. Aus einer Notiz bei 1.2.18[59] geht hervor, daß der Dey den Vertrag in Arabisch unterzeichnet hat. Über die Vertragssprache selbst ist jedoch nichts gesagt.

IV. Räumlicher und persönlicher Geltungsbereich

Die Verträge waren nicht als private Vereinbarungen der Herrscher untereinander gedacht, sie sollten sich vielmehr auf alle von ihnen beherrschten Gebiete und Menschen erstrecken: „Dominions and subjects on either sides“[60]; „Leurs Sujets et Etats respectifs“[61]. Die zum

---

[57] 2.3.06; 3.3.15; vgl. auch die „Convention secrète“ 3.1.05, die das Verfahren des in 3.1.04 vereinbarten Sklavenaustausches im einzelnen regelte.

[58] Z. B. 2.2.07; 3.2.06. Hierdurch erkannten sie an, daß die Verträge nicht beliebig von ihnen aufgehoben werden konnten, und stellten sich somit in Gegensatz zur islamischen Theorie (vgl. o. S. 77).

[59] *Wenck* III, S. 173: „Zynde het origenele Traktat ook in het Arabisch onderteckend“.

[60] So: 1.1.19, ähnliche Formulierungen finden sich nahezu in jedem Vertrag.

[61] So: 1.3.09.

Vertragsabschluß berechtigten Personen[62] konnten demnach auch nach den auf Seiten der Barbaresken herrschenden Ansichten mit verbindlicher Wirkung für alle Mitglieder des Verbandes handeln.

Die Verträge galten aber nur für den Zustand, wie er zur Zeit des Vertragsabschlusses bestand. Änderungen — vor allem auf europäischer Seite — durch Gebietseroberungen oder sonstigen Gebietszuwachs machten eine Erweiterung des Geltungsbereiches notwendig.

So wurden die Verträge Englands mit Algier und Tripolis durch 1.3.13 bzw. Art. 5—2.3.08 auch auf Hannover ausgedehnt. Als England die ionischen Inseln, mit Ausnahme Korfus, erwarb, wurden auch diese in die vertraglichen Vereinbarungen mit aufgenommen[63].

Schwierigkeiten gab es, ehe Tunis den Erwerb Korsikas durch Frankreich anerkannte[64]. Erst Art. 2—3.2.16 und Art. 1—3.2.17 schufen hier klare Verhältnisse.

Malta wurde mit Wirkung vom 7. Dezember 1800 gemäß 1.3.04 von Algier als englisches Territorium behandelt. Auf Gibraltar und Minorka wurden die englischen Verträge von allen Barbaresken ausgedehnt[65].

Die Hauptfolgen dieser Erweiterungen waren, daß die Barbaresken nicht mehr auf die Schiffe dieser Länder Jagd machen durften und daß die Angehörigen dieser Länder, die in den Barbareskenstaaten als Sklaven festgehalten wurden, den bestehenden vertraglichen Vereinbarungen über die Freigabe unterlagen. So war zwischen Tunis und Frankreich schon 1672 vereinbart worden, daß alle Sklaven, deren Heimatländer von Frankreich erobert würden, wie Franzosen freizugeben seien[66].

---

[62] Im 17. Jahrhundert waren dies der Pascha der Pforte, der Diwan und die Milice (vgl. 1.1.02, wo der Pascha noch als Vizekönig bezeichnet wird; siehe auch 1.1.07; 3.1.04). Später trat in Algier der Dey (vgl. z. B. 1.1.17; 1.1.18), in Tripolis (vgl. z. B. 2.2.07) und Tunis (vgl. z. B. 3.2.05) Bey und Dey hinzu. Nachdem der Dey von Algier die Macht des Pascha völlig gebrochen hatte, trat er auch nach außen hin an dessen Stelle, wie z. B. 1.2.24 zeigt: „Mahamat Pacha-Dey, le Diwan et la Milice". Wichtig blieb immer die Zustimmung des Diwan: „avec l'agrément du Diwan" (so z. B. 1.2.23; auch 2.2.08). In 1.3.05 tritt „le Dey au nom de la regence" auf. Nach 3.2.15 und 3.2.17 war Ali-Bey „possesseur du Royaume du Tunis". Die Vertragspraxis der Barbaresken bestätigt demnach die oben S. 77 getroffene Feststellung, daß der Abschluß von Staatsverträgen ein Vorrecht der Herrscher war.

[63] Art. 1 — 1.3.10; Art. 1 — 2.3.08 und 3.3.04.

[64] Siehe oben S. 30.

[65] Art. 2 — 1.2.06; Art. 23 — 2.2.03; Art. 21 — 2.2.10; Art. 10 — 3.2.12.

[66] Art. 27 — 3.1.06; gegen den Preis, zu dem sie auf dem Markt verkauft worden waren, oder, sofern sich dieser nicht mehr ermitteln ließ, gegen 150 Piaster.

Neben diesen nachträglichen Veränderungen des Geltungsbereiches wurden auch schon im Vertrag selbst oft die Vorteile über die Angehörigen der europäischen Nationen hinaus erstreckt.

So trat Frankreich als Schutzmacht der Kapuziner-Mönche ungeachtet ihrer nationalen Zugehörigkeit in Tripolis[67] und Tunis[68] auf. In Algier wurde der „Père de la Mission“ den Franzosen zugerechnet[69]. Alle Mönche, die von Rom nach Tunis kamen, genossen den gleichen Schutz wie die Spanier[70].

Angehörige fremder Nationen, auf die sich der Vertrag nicht bezog, wurden dann wie die Angehörigen der Vertragsstaaten behandelt, wenn sie in einem der Vertragsländer wohnten und dort mit einem Angehörigen der Vertragsnation verheiratet waren, während umgekehrt Angehörige eines Vertragsstaates, die in einem fremden Land wohnten und verheiratet waren, als Untertanen jenes Staates betrachtet wurden[71].

Hinzuweisen ist noch darauf, daß die Kinder der Europäer, die in den Barbareskenstaaten geboren wurden, nicht zu Angehörigen der Barbareskenstaaten wurden. Ein sog. „ius soli“ war also den Barbaresken fremd[72].

V. Vertragsdauer

Mit Ausnahme einiger[73] Verträge, die auf einen Zeitraum von hundert Jahren geschlossen waren, war die zeitliche Geltung der Verträge unbefristet vereinbart. Durch Wendungen wie „for ever“[74], „ewig“[75] oder ähnlich kam dies zum Ausdruck.

Nach islamischer Theorie war der Abschluß nur für einen bestimmten Zeitraum[76], im allgemeinen bis zu zehn Jahren[77], erlaubt. Wurde

---

[67] Art. 26 — 2.2.04; Art. 35 — 2.2.07; Art. 29 — 2.3.01.

[68] Art. 19 — 3.1.08; Art. 14 — 3.2.01; Art. 25 — 3.2.05; Art. 14 — 3.2.08.

[69] Art. 25 — 1.1.20.

[70] Art. 14 — 3.2.19; außerdem sei noch auf 1.1.02 (*de Card* S. 14), Art. 4 — 1.3.14; Art. 18 — 2.2.03, aber auch Art. 12 — 2.3.06 hingewiesen.

[71] 1.1.05 (*de Card* S. 17 und 18); Art. 25 — 3.1.06; Art. 1 — 3.1.10.

[72] Vgl. Art. 18 — 1.2.15; Art. 6 — 2.1.01; Art. 5 — 3.1.03 und Art. 6 — 3.2.12.

[73] Art. 29 — 1.1.18; Art. 31 — 1.1.20; Art. 30 — 2.1.06; Art. 39 — 2.2.07; Art. 52 — 2.3.01; Art. 30 — 3.1.08; Art. 3 — 3.1.09; Art. 25 — 3.2.01; Art. 28 —3.2.05.

[74] So z. B.: Art. 1 — 1.1.19; Art. 1 — 1.2.20; 3.1.03 — „without alternation“; 2.2.13; Art. 1 — 3.2.12.

[75] Bzw. perpetual — perpetuelle: z. B. Art. 1 — 1.2.23; Art. 1 — 1.2.24; Art. 1 — 3.2.13; Art. 1 — 3.2.21.

[76] Vgl. *as-Shaybani (Khadduri* S. 154/155: „for a specified number of years“).

der Vertrag für eine längere Zeit abgeschlossen, so mußten sich die Muslime ein jederzeitiges Rücktrittsrecht vorbehalten[77].

Keiner der Verträge mit den Barbareskenstaaten enthielt einen Artikel, der dieser Forderung der islamischen Rechtslehrer hätte Genüge tun können. Es darf aber nicht die von Hartmann[78] betonte Verbindung aller islamischen Staatsverträge mit dem aman-Gedanken[79] vergessen werden. Aus diesen Vorschriften ergibt sich, daß der Vertrag von muslimischer Seite immer unter dem Vorbehalt des Fortbestandes der bei Vertragsabschluß bestehenden Verhältnisse eingegangen wurde. Dieser Umstand gleicht im wesentlichen dem, was in der europäischen Rechtslehre als „clausula rebus sic stantibus"[80] bekannt ist. Der wissenschaftliche Streit um die Zulässigkeit dieser Klausel entzündet sich letztlich daran, welche Veränderung der Umstände so wesentlich ist, daß eine Änderung des Vertrages unumgänglich und ein weiteres Festhalten am Vertrag unzumutbar ist[81].

Nach islamischer Theorie war dies immer schon dann der Fall, wenn wenn die Notwendigkeit (darura)[82] zur Einhaltung der Verträge nicht mehr vorlag. Daher kann diese Rechtsregel als ganz selbstverständlicher Bestandteil der Verträge angesehen werden, zumindest aus islamischer Sicht[83]. Hier ist allerdings nicht der Ort, diesem Problem weiter nachzugehen.

Entgegen diesen islamischen Theorien wird in allen Verträgen der Barbareskenstaaten die Unabänderbarkeit der Verträge betont.

Dem zum Trotz wurden aber die Verträge immer wieder aufgehoben. So ergibt sich aus Art. 5—2.1.08, daß 2.1.06 wirksam zum 31. 1. 1692 gekündigt worden war.

In Art. 5—1.3.01 ist vereinbart worden, daß „en cas de rupture" erst 30 Tage[84] nach einer Mitteilung hiervon die Feindseligkeiten aufgenommen werden dürfen. Auch waren für die Angehörigen beider Vertragsstaaten, die sich zur Zeit des „cas de rupture" im Land des anderen Staates befanden, bestimmte Regelungen vorgesehen, auf die im Zusammenhang mit der Rechtsstellung der Fremden nach den Verträgen zurückzukommen sein wird.

Aus allem ergibt sich, daß die Möglichkeit der Kündigung des Vertrages in Betracht gezogen werden muß.

---

[77] Vgl. oben S. 77.

[78] a. a. O. S. 1.

[79] Hierzu oben S. 74.

[80] Vgl. hierzu z. B. *Seidl-Hohenveldern,* Randziffer 281 ff.

[81] *Berber* I, S. 460/61.

[82] Oben S. 77.

[83] So auch *Hartmann* S. 22; vgl. auch *Sousa* S. 297 ff. und *Khadduri, Shaybani* S. 55.

[84] Nach Art. 14 — 1.3.08 betrug diese Frist 6 Monate; vgl. auch *Caillé* S. 73/74.

VI. Vertragsaufhebung

Eine Reihe von Verträgen[85] räumte beiden Parteien ein einseitiges Aufhebungsrecht ausdrücklich für den Fall ein, daß nach einer Vertragsverletzung der geschädigten Partei nicht die von ihr geforderte Satisfaktion gewährt worden war, wobei „un deni formel de justice" Voraussetzung war. Zum Teil[86] wurden auch Fristen vereinbart, innerhalb derer die Wiedergutmachung zu erfolgen hatte. Kam in dieser Zeit keine Einigung zustande, so wurde der verletzten Partei ausdrücklich die einseitige Aufhebung des Vertrages gestattet.

Neben diesen einseitigen Vertragsaufhebungen kamen auch viele einverständliche vor, wobei die spätere vertragliche Regelung der früheren vorging. Ein anschauliches Beispiel hierfür bietet 3.3.11, wodurch die Art. 6, 11, 12, 14 von 3.2.21 abgeändert werden. 1.3.16 beseitigt in einem Zusatz Unklarheiten hinsichtlich der Meistbegünstigungs-Klausel und ändert dadurch die vorangegangenen Verträge der USA mit Algier.

VII. Vertragsverletzungen[87]

Nicht nur die Feststellung der Normen ist von Bedeutung, sondern auch dessen, was als Sanktion auf ein gegen die Norm gerichtetes Verhalten folgen sollte.

---

[85] 1.1.02; Art. 12 — 1.1.12; Art. 22 — 1.1.17; Art. 23 — 1.1.18; Art. 26 — 1.1.20; Art. 1 — 1.2.06; Art. 1 — 1.2.24; Art. 11 — 1.3.11.

Art. 15 — 2.1.01; Art. 19 — 2.1.03; Art. 24 — 2.1.06; Art. 21 — 2.2.04; Art. 31 — 2.2.07; Art. 23 — 2.2.10; Art. 38 — 2.2.16; Art. 22 — 2.2.19; Art. 25 — 2.3.01; Art. 11 — 2.3.06; Art. 28 — 3.1.04; Art. 30 — 3.1.06; Art. 25 — 3.1.08; Art. 20 — 3.2.01; Art. 20 — 3.2.05; Art. 20 — 3.2.08; Art. 23 — 3.2.22; Art. 1 — 3.3.07; für Marokko vgl. *Caillé* S. 73.

[86] Z.B. Art. 15 — 1.3.09: 365 Tage; Art. 16 — 1.3.16: 3 Monate; Art. 15 — 2.3.03; Art. 24 — 3.2.07: 6 Monate.

[87] *Caillé* (S. 72 f.) bringt diese allgemeinen Regelungen unter der Überschrift „La rupture de paix", womit er diese Regeln nur auf die Vorschriften über das Unterlassen von Gewaltakten beschränkt. Weder die Verträge noch der Zusammenhang bieten hierfür Anlaß. Im Gegenteil zeigen die meisten Formulierungen der entsprechenden Artikel in den Verträgen, daß diese Regeln sich auf jede Art von Vertragsverletzungen beziehen sollten. (Vgl. z. B. Art. 22 — 1.2.10: „quelque chose contre cette [traité de] Paix".) Aus Art. 1 — 2.3.10 geht z. B. hervor, daß man auch die erzwungene Ausreise des Konsuls als Vertragsverletzung ansah. *Caillé* ist aber insofern zuzustimmen, daß Hauptanwendungsfall dieser Vorschriften die Übergriffe der Kaperschiffe waren.

Wichtigster Satz sehr vieler[88] Verträge hierzu war die Bestimmung, daß eine Vertragsverletzung nicht den Vertrag eo ipso beende, daß man sich vielmehr um eine friedliche Lösung aller aufkommenden Streitfragen bemühen solle. Hierbei spielte die Vereinbarung von Reparationszahlungen eine besondere Rolle.

Es wurde zunächst eine ganz allgemeine Ersatzpflicht für Vertragsverletzungen festgelegt[89]. In den folgenden Verträgen wurden dann für bestimmte Verletzungen ein genau bestimmter Schadensersatz vereinbart[90], der auch tatsächlich von beiden Seiten gezahlt worden zu sein scheint. Aus der Vielzahl der Begebenheiten seien einige herausgegriffen:

So findet sich unter 1.3.06 ein Briefwechsel zwischen Napoleon und Dey Mustafa, der gegenseitige offene Fragen klärt. In Art. 4—2.2.07 wurde vereinbart, daß alles, was entgegen Art. 25—2.2.04[91] von Tripolis beschlagnahmt worden war, an die Eigentümer zurückzugeben sei. In Anbetracht des Verfalls dieser Waren und Schiffe sollte Tripolis auch alle Schiffe voll ausgerüstet zurückgeben, die es nach Ablauf der Drei-Monats-Frist genommen hatte und die eigentlich rechtmäßig von Tripolis zu Prisen erklärt worden waren.

Für die Vertragsverletzungen, die von Seiten Tripolis' seit Abschluß von 2.2.04 bis zum Zeitpunkt der Vertragsaufhebung begangen worden waren, hatten Pascha, Bey, Dey, Diwan und Milice vor Unterzeichnung des neuen Vertrages 20 000 spanische Piaster an Frankreich zu zahlen. Da der Vertrag unterzeichnet wurde, ist anzunehmen, daß alle geforderten Leistungen von Tripolis erbracht wurden.

In Art. 3—1.3.03 verpflichtete sich Algier, den Franzosen den Wert der aus ihren Kontoren geraubten Waren zu ersetzen abzüglich desjenigen Betrages, den Frankreich an Lizenzen hätte zahlen müssen. Eine ähnliche Regelung findet sich in Art. 4—1.3.05, wo zur besseren Abwicklung die Einrichtung von Verrechnungskonten vereinbart wurde.

---

[88] Z. B. Art. 22 — 1.1.17; Art. 23 — 1.1.18; Art. 22 — 1.1.19; Art. 26 — 1.1.20; Art. 22 — 1.2.05; Art. 22 — 1.2.10; Art. 11 — 1.2.11; Art. 22 — 1.2.14; Art. 22 — 1.2.27; Art. 15 — 1.3.16; Art. 15 —2.1.01; Art. 23 — 2.1.03; Art. 21 — 2.2.04; Art. 11 — 2.2.05; Art. 38 — 2.2.16; Art. 23 — 2.3.01; Art. 28 — 3.1.04; Art. 30 — 3.1.06; Art. 25 — 3.1.08; Art. 20 — 3.2.01; Art. 22 — 3.2.12; Art. 20 — 3.2.19; Art. 11 — 3.3.07.

[89] So z. B. in Art. 21 — 1.1.17; Art. 26 — 1.1.18; Art. 21 — 1.1.19; Art. 22 — 2.1.03; Art. 11 — 2.2.09; Art. 23 — 2.2.10; Art. 4 — 3.1.01; Art. 6 — 3.3.05; Art. 11 — 3.3.07.

[90] Nur in Art. 4 — 3.1.10 verzichteten beide Seiten auf Ersatz der durch vorangegangene Vertragsverletzungen entstandenen Schäden.

[91] Diese Vorschrift bestimmte, daß allen Franzosen nach Aufhebung des Vertrages noch innerhalb von 3 Monaten die ungehinderte Ausreise mit allen ihren Gütern zu gestatten ist.

Gemäß Art. 2—1.3.14 war Algier zur Zahlung von 370 000 Piastern an England verpflichtet. Ähnliche Vorschriften finden sich noch in einer Reihe von Verträgen[92].

Aber nicht nur Reparationsverpflichtungen sollten die Einhaltung der Verträge bewirken. Häufig [93] wurde auch die Bestrafung von Untertanen vereinbart, wenn sie sich gegen den Vertrag verhielten. Aus dem Wortlaut geht allerdings nicht immer hervor, wem die Strafgewalt zustehen sollte.

So spricht z. B. Art. 4—3.2.06[94] von einer Bestrafung der betreffenden Tunesier als Piraten, was wohl nichts anderes bedeutet, als daß auch Frankreich das Strafrecht zustehen sollte.

In zwei Verträgen[95] ist eindeutig ausgesprochen, daß jeder Staat nur seine eigenen Angehörigen strafen konnte und daß er für den Fall, daß er einen Angehörigen des anderen Staates festgenommen hat, diesen seinem Heimatstaat, der zur Bestrafung verpflichtet war, ausliefern mußte.

Als Strafe wurde eine exemplarische Bestrafung wie für den „Störer der öffentlichen Ruhe" vereinbart[96]. In Art. 3—3.2.06 wurde die körperliche Züchtigung in Gegenwart des Konsuls vorgesehen. Sogar die Todesstrafe sollte auf Vertragsverletzungen stehen, wenn etwa die Korsaren sich schwere Übergriffe hatten zuschulden kommen lassen[97].

Die Konfiszierung des Schiffes[98] des betreffenden Vertragsstörers wird wohl die übliche Strafe gewesen sein.

In jedem Falle war aber auch der Reeder des Schiffes mit haftbar. Auch dies war ein Versuch, die Kaperschiffe zur Befolgung der Verträge anzuhalten.

Diese mehr repressiven Maßnahmen wurden ergänzt durch Versuche, von vornherein eine Vertragsverletzung zu erschweren. So stellte Algier nach 1.1.02 zwei Geiseln, die sich in Marseille aufhielten[99].

---

[92] Vgl. *Martens* Supplement 1, S. 202; Art. 3 — 1.3.09; Art. 19 — 2.1.03; Art. 3 — 2.1.04; Art. 5 und 11 — 2.1.06; Art. 5 — 2.1.08; Art. 7 — 2.3.10; Art. 27 — 3.1.04; Art. 28 — 3.1.06; Art. 2 — 3.1.08; Art. 1 — 3.1.09; Art. 2 — 3.2.06; Art. 4 — 3.2.16.

[93] In insgesamt 42 Verträgen; vgl. z. B. Art. 22 — 1.1.17; Art. 6 — 1.2.21; Art. 23 — 2.2.04; Art. 22 — 2.2.19; Art. 26 — 3.1.08; Art. 21 — 3.2.08.

[94] Entsprechend für Tripolis: Art. 12 — 2.2.07 und Art. 7 — 2.3.01.

[95] Art. 2 und 6 — 1.2.21; Art. 3 — 3.2.06; da eine derartige Vereinbarung in Art. 27 — 1.1.20 fehlte, geschah die Bestrafung des Kapitäns Prépaud (o. S. 16) rechtmäßig.

[96] „Comme pertubateur du repos public": z. B. Art. 22 — 1.2.10, Art. 22 — 1.2.23.

[97] Z. B. in 1.1.05 (*de Card* S. 19) und 2.2.12.

[98] So ausdrücklich Art. 7 — 2.3.01.

[99] *de Card* S. 14.

In 1.1.02[100] und Art. 11—1.1.03 hatte Algier sich dazu bereit gefunden zuzustimmen, daß die ausfahrenden algerischen Kaperschiffe zugunsten Frankreichs bzw. Hollands Kaution zu hinterlegen hatten, aus denen dann im Falle von Übergriffen die Geschädigten ihren Ausgleich erhalten sollten.

Man ließ sogar den Kapitänen und einem Mann der Schiffsbesatzung feierlich den Eid abnehmen, daß sie die Schiffe der Vertragspartner nicht belästigen würden[101].

In dem Grundsatz, daß man bei vertragswidrigen Handlungen um einen Ausgleich bemüht sein soll, drückt sich die Bereitschaft zu friedlicher Streiterledigung aus. Es überrascht daher, daß sich in den Verträgen der Barbareskenstaaten keine Vereinbarung über die Errichtung von Schiedsgerichten finden. Nur in Art. 6—3.3.05 läßt sich so etwas wie ein Ansatz hierzu finden: England sollte im Streitfalle zur Vermittlung angerufen werden.

VIII. Vertragsergänzung

Abgesehen von den Verträgen, die zur ausdrücklichen Ergänzung vorangegangener Verträge abgeschlossen wurden[102], wurde in zwei Fällen für den Fall einer Vertragslücke auf andere Verträge verwiesen.

Nach Art. 15—1.3.08 des Vertrages Algiers mit Portugal sollten für nicht vom Vertrag geregelte Fälle auf die Verträge Algiers mit England zurückgegriffen werden.

In Art. 15—2.1.01 sollten im gleichen Fall die Capitulationen Englands mit dem Sultan herangezogen werden. Nach Art. 24—3.2.07 bedurfte es zur Vertragsergänzung durch zukünftige Regeln einer Übereinkunft beider Parteien, die dem Vertrag als Bestandteil zugefügt werden sollte.

IX. Verhältnis zur Pforte

Häufig wird in den Verträgen auf den osmanischen Sultan in Konstantinopel Bezug genommen. So waren 1619[103] die Abgesandten Algiers nach Marseille gekommen, um Frankreich zu bestätigen „qui'ils n'ont autre intention que garder inviolablement les Capitulations et Traité de Paix qui sont entre les deux[104] Empires". Auch aus der weiteren Darstellung geht hervor, daß sich Algier in diesem Vertrag durchaus als Teil des osmanischen Reiches verstanden hat.

---

[100] *de Card* S. 13.

[101] Art. 4 — 1.3.10.

[102] So ergibt sich aus der Präambel von 1.2.13, daß der Vertrag 1.2.10 ergänzt werden sollte.

[103] Präambel 1.1.02.

[104] Frankreich und Osmanisches Reich.

Auch in 1.2.05 ist diese Unterordnung unter Konstantinopel deutlich ausgesprochen. Man fragt sich, weshalb dann noch besondere Verträge von Algier geschlossen wurden. Erklärlich ist dies nur, wenn man es als ein Anzeichen der beginnenden Selbständigkeit Algiers versteht[105].

Beachtung verdient in diesem Zusammenhang auch 1.1.03: In diesem Vertrage wird weitgehend auf die Capitulationen Bezug genommen, die Holland von der Pforte zugestanden worden waren (vgl. 1.1.01). In Art. 9 heißt es dann, man werde in Algier ein holländisches Konsulat errichten, was entgegen den Befehlen der Pforte, mit der man unzufrieden sei, geschehe.

Auch in späteren Jahren wurde in einzelnen Verträgen auf das Verhältnis zur Pforte Bezug genommen.

Nach Art. 25—1.2.24 war der Dey bereit, Beziehungen mit von Spanien empfohlenen Staaten aufzunehmen, sofern diese in Frieden mit der Pforte, „dont le Dey suivra toujours l'exemple", lebten.

Art. 13—2.2.06 ergibt, daß 2.2.06 mit ausdrücklicher Billigung der Pforte abgeschlossen worden war.

In Art. 12—2.1.06 ist von tripolitanischen Schiffen im Dienste der Pforte die Rede.

Nach Art. 3—3.1.01 sollten die Capitulationen zwischen Frankreich und der Pforte in Tunis und Frankreich publiziert werden, damit die Untertanen beider Staaten davon Kenntnis erhielten. In Art. 4 und 8—3.1.01 wird dann in Einzelfragen auf diese Capitulationen verwiesen. Nach der Präambel von 3.2.21 stand dieser Vertrag unter dem Schutz des Sultans (vgl. auch 1.2.11).

Neben diesen spezielleren Vorschriften wurde sehr oft[106] ganz allgemein vereinbart, daß die Capitulationen zwischen dem betreffenden europäischen Staat und der Pforte auch von dem jeweiligen Barbareskenstaat als verbindlich befolgt würden. Bemerkenswert ist hierbei, daß Algier seit 1689 nicht mehr einer solchen Formel zustimmte, während Tripolis und Tunis sie bis 1830 beibehielten.

Am 13. Oktober 1640 schrieb de Sourdis an den Pascha von Algier, er habe den Auftrag vom französischen König erhalten, mit Algier

---

[105] *Playfair* Scourge S. 26 f. berichtet, daß der algerische Pascha, als er vom englischen Konsul Tipton auf die durch die osmanischen Capitulationen den englischen Schiffen gewährte Sicherheit hingewiesen wurde, erklärte, er hoffe, daß seine Kaper einige englische Schiffe nehmen könnten.

[106] 1.1.02 (*de Card* S. 11); 1.1.05 (*de Card* S. 19); Art. 1 — 1.1.12; Art. 1 — 1.1.18; Art. 1 — 1.1.20; Art. 2 — 2.1.06; Art. 1 — 2.2.04; Art. 1 — 2.2.07; Art. 1 — 2.2.08; Art. 2 — 2.2.16; Art. 1 — 2.3.01; Art. 8 — 2.3.10; Art. 2 — 3.1.01; Art. 1 — 3.1.08; Art. 1 — 3.2.01; Art. 1 — 3.2.05; Art. 1 — 3.2.07; Art. 1 — 3.2.10; Art. 1 — 3.3.14.

einen Vertrag zu schließen, der inhaltlich den Capitulationen der Pforte an Frankreich entspreche[107].

Eine Bezugnahme auf Capitulationen mit der Pforte war nur bei den Staaten möglich, die solche von der Pforte erhalten hatten. Nur in den aufgeführten Fällen war dies der Fall. Bei allen übrigen Verträgen haben sich die Barbaresken recht wenig um die Befehle und Interessen der Pforte gekümmert und die Verträge ohne Rücksicht darauf abgeschlossen, ob der betreffende europäische Staat in Frieden mit der Pforte lebte.

Ein anschauliches Beispiel über den Wert dieser „Lippenbekenntnisse" zur Oberhoheit der Pforte bietet 3.3.10, wo der Bey von Tunis in einer Deklaration erklärt, daß alle Sklaven, die „le Sultan ottoman", „Notre Maître", im griechischen Krieg machen und nach Tunis bringen würde, dort als Kriegsgefangene behandelt und nicht als Sklaven verkauft werden würden. „Ceci est pourtant contraire aux ordres du Sultan, notre Maitre."

3.2.08 wurde „pendant le règne du Sultan Mahamout Empereur de l'Empire Ottoman" geschlossen.

X. Ratifikation

Nicht bei allen Verträgen finden sich Angaben hinsichtlich der Ratifikation. Das vorhandene Material läßt jedoch folgende Feststellungen zu:

1. Es wurde unterschieden zwischen dem Vertragsabschluß und der Ratifikation.

So schließt zum Beispiel 1.2.24 mit der Hoffnung, daß der Vertrag auch ratifiziert werden wird. 1.2.27 ist am 7. März 1796 durch Georg Washington mit Zustimmung des Senates ratifiziert worden. 3.3.14 enthält den Zusatz, daß „l'Empereur de France" den Vertrag ratifizieren werde. Art. 29—2.2.04; Art. 31—1.1.20 und Art. 29—1.1.18 machen die beiderseitige Ratifikation des Vertrages zur Pflicht. Sogar Fristen, innerhalb derer die Ratifikation zu erfolgen hatte, wurden vereinbart:

Art. 7—2.3.02: innerhalb von 3 Monaten;
Art. 29—2.2.19: innerhalb von 6 Monaten.
Art. 7—2.3.02 enthält noch die Besonderheit, daß die Ratifikationsurkunden in Tripolis ausgetauscht werden sollten. Die Ratifikationsurkunden von 1.2.11 sollten 150 Tage nach der Unterzeichnung des Vertrages ausgetauscht werden[108].

---

[107] *Plantet*, Deys I, S. 47.

[108] Vgl. im übrigen: Art. 12 — 1.1.17; 1.3.02; 1.3.08; 2.2.01; 3.1.09 und 3.2.16; auch 1.1.15.

2. Die Ratifikation wurde vom Staatsoberhaupt vorgenommen[109]. Es kam aber auch vor[110], daß der Kommandant der Flotte oder der Unterhändler zur Ratifikation ermächtigt waren. Abschluß und Ratifikation fielen dann zusammen.

XI. Inkrafttreten

Soweit hierzu Angaben in den Verträgen vorhanden sind, wird das Inkrafttreten mit Unterzeichnung[111] des Vertrages oder mit Ablauf des Tages der Unterzeichnung[112] bestimmt. Lediglich in 3.2.20 ist bestimmt, daß der Vertrag erst vier Monate nach Vertragsabschluß seine Wirkungen entfalten soll.

XII. Veröffentlichung

Um sicherzustellen, daß die Verträge auch von den Untertanen befolgt wurden, vereinbarte man oft die Veröffentlichung der Verträge in beiden Staaten[113]. Nach Art. 29—3.1.08; Art. 24—3.2.01 und Art. 24—3.2.08 sollte die französische Kopie des Vertrages versehen mit einer Bestätigung des französischen Konsuls und der tunesischen Regierung am Zollhaus im Hafen von Tunis angeschlagen werden, um in allen Streitfällen einen authentischen Vertragstext zur Hand zu haben.

Art. 9—2.3.10 enthält die genauen Angaben, wie der Vertrag in den verschiedenen Landesteilen von Tripolis zu veröffentlichen war.

Art. 6—3.3.19 sah die Publikation des Vertrages in allen tunesischen Gebieten innerhalb eines Monats vor.

XIII. Kurze Wertung

Die moderne Völkerrechtswissenschaft kennt sechs Stadien des Vertragsabschlusses[114]:

Bevollmächtigung, Verhandlung, Unterzeichnung, Ratifikation, Inkrafttreten und Veröffentlichung.

---

[109] So wurde 1.1.12 durch Ludwig XIV. mit einem Schreiben an den Diwan von Algier vom 7. September 1666 ratifiziert/*Plantet*, Deys I, S. 59; 2.2.12 wurde am 12. Redgeb 1165 nach der Hidjra durch Mehemed Pascha von Tripolis ratifiziert.
Vgl. auch 1.2.27; 2.2.08; 3.2.19 und 3.3.14.

[110] Z. B. 2.2.03; 2.2.13; 3.2.16; für Marokko siehe *Caillé* S. 68 f.

[111] Vgl. etwa Art. 21 — 1.1.17; Art. 22 — 2.1.03 oder Art. 2 — 2.3.06.

[112] So z. B.: Art. 1 — 1.1.19; Art. 1 — 1.2.27; Art. 1 — 1.3.11; Art. 1 — 2.2.01; Art. 1 — 3.3.05; Art. 1 — 3.3.07.

[113] So in Art. 12 — 1.1.12; Art. 29 — 1.1.18; Art. 31 — 1.1.20; Art. 30 — 2.1.06; Art. 28 — 2.2.04; Art. 53 — 2.3.01; Art. 5 — 3.1.09; Art. 25 — 3.2.01; Art. 28 — 3.2.05; Art. 1 — 3.2.08; Art. 1 — 3.2.19.

[114] Vgl. *Berber* I, S. 417.

Diese Stadien konnten wir im wesentlichen auch bei den Verträgen der Barbaresken beobachten, was wohl darin begründet ist, daß sich dieser Verlauf eines Vertragsabschlusses aus der Natur der Sache ergibt.

Somit ist festzustellen, daß keine Besonderheiten im Vergleich zur zeitgenössischen, europäischen Vertragspraxis bestanden haben[115].

3. Kapitel: Vorschriften mit öffentlich-rechtlichem Charakter

I. Frieden

Erinnern wir uns daran, was oben[116] über die islamischen Vorstellungen über das Verhältnis des Islam zu der nicht-muslimischen Umwelt gesagt wurde, so leuchtet ein, daß wichtigster Punkt der Verträge sein mußte, das Land des Krieges (dar-al-harb) zu einem Land des Vertrages (dar-al-sulh) zu machen. Wie wir sagten[117], sind beim Völkerrechtstyp des Zwischen-Ordnungen-Rechts nur dann Völkerrechtsnormen denkbar, wenn und solange der Bereitschaft zum Miteinanderleben das Bestreben, den anderen zu überwinden, weicht. Voraussetzung allen Völkerrechts ist hier daher die Vereinbarung eines friedlichen, d. h. nicht kriegerischen, Verhältnisses zueinander, woraus sich zumindest zeitweilig eine gegenseitige Anerkennung ergibt.

Dieser allgemeine Friedensschluß findet sich in allen Verträgen der Barbaresken, soweit sie nicht der Regelung bestimmter Einzelfragen galten.

„Friede", „paix", „peace", „pace" oder ähnliche Formulierungen deuten dies an[118].

Häufig[119] wurde noch ausdrücklich hervorgehoben, daß alle vorangegangenen Streitigkeiten beendet seien, daß die Beziehungen

---

[115] So auch *Caillé* für die marokkanischen Verträge (S. 138).

[116] Siehe S. 70 ff.

[117] S. 86

[118] Z. B. Art. 1 — 3.2.13: „ewiger Friede"; Art. 1 — 1.3.02; „paix constant, inviolable et universelle"; Art. 1 — 1.1.17: „a true, firm and inviolable peace"; Art. 1 — 2.2.09: „sincera amicizia"; Art. 1 — 1.2.18: „vaste en opregte Vrede".

[119] Aus der Vielzahl seien Art. 2 — 1.1.12; Art. 21 — 1.1.17; Art. 1 — 1.2.21; Art. 1 — 1.3.12; Art. 1 — 2.3.02; Art. 1 — 3.1.03; Art. 1 — 3.2.07; Art. 3 — 3.2.17 hervorgehoben. Interessant auch Art. 1 — 3.2.16, wonach diese Pflichten Tunis sofort, Frankreich dagegen erst ab Ratifikation (geschehen am 2. September 1770 durch de Broves) trafen.

wieder wie vor dem Bruch seien[120] und daß mit Abschluß des Friedens und der darin enthaltenen Regelungen über den Schadensersatz alle Forderungen aus der vor Vertragsabschluß liegenden Zeit abgegolten seien[121]. Hier wird das Bestreben erkennbar, möglichem Streitstoff den Weg zu versperren, um auch die Einhaltung des Friedens nicht von vornherein zu gefährden.

Neben dieser allgemeinen Friedensvereinbarung war man auch darauf bedacht, besondere Auswirkungen hervorzuheben.

So enden nach Art. 2—1.1.18; Art. 2—1.1.20 und Art. 3—2.1.06 alle feindlichen Akte zwischen den Untertanen und Schiffen Frankreichs und den Kaperschiffen („armateurs particuleurs") Algiers bzw. Tripolis'.

Häufig[122] wurde darauf hingewiesen, daß die Vertragspartner und ihre Untertanen vor Gewaltakten jeglicher Art der anderen Seite sicher seien: „reciproca sicurezza", wie es in Art. 1—2.2.09 heißt.

In Art. 3—2.2.15 und Art. 36—2.3.01 wurde ein besonderer Schutz aller Franzosen vor Beleidigungen jeglicher Art vereinbart, was sonst expressis verbis nur für den Konsul galt. In Art. 2—1.3.01 verpflichtet sich der Dey, allen seinen Schiffen die Einhaltung des Friedens zu befehlen, wie auch der französische Staat dies seinen Schiffen auftragen wird.

Wesentlich ist zu bemerken, daß der Frieden und seine Einhaltung als eine gegenseitige Pflicht verstanden wurde, während nach dem Recht des djihad doch zu erwarten gewesen wäre, daß einseitig von den Barbareskenstaaten den europäischen Nationen Sicherheit (aman) gewährt worden wäre. Die Formulierungen lassen aber in keinem Fall eine derartige einseitige aman-Verleihung erkennen[123].

Über die Folgen des Friedens für die einzelnen Ausländer wird im Zusammenhang mit der rechtlichen Stellung der Fremden referiert werden.

---

[120] So in den Präambeln zu 1.1.20, 1.3.03 und 2.3.01 sowie in Art. 2 — 3.3.02.

[121] Art. 1 — 1.2.20; Art. 1 — 1.2.21; Art. 1 — 2.1.01; Art. 28 — 2.2.04; Art. 39 — 2.2.07; Art. 42 — 2.3.01; Art. 1 — 3.1.03; Art. 25 — 3.2.08; Art. 6 — 3.2.16 und Art. 3 — 3.2.17; dagegen allerdings Art. 1 — 3.2.12; der „just debts" vom Verzicht ausnahm.

[122] So z. B. in Art. 1 — 1.1.07; Art. 1 — 1.1.19; Art. 5 — 1.2.17; Art. 1 — 1.2.25; Art. 5 — 1.3.09; Art. 1 — 2.1.01; 2.2.13; Art. 25 — 2.2.16; Art. 5 — 3.2.07; Art. 25 — 3.2.08; Art. 11 — 3.2.13; Art. 12 — 3.2.22; Art. 1 — 3.3.03.

[123] Mit Ausnahme von dem Vertrag 1.1.03. In Art. 33 — 1.1.03 erteilen Holland und Algier sich gegenseitig (!) „salvo conduyt", was wohl nichts anderes ist als die holländische Übersetzung von aman (engl. z. B.: safe conduct). Für die fränkisch-islamischen Staatsverträge im 13. Jahrhundert hat Hartmann darauf hingewiesen, daß diese sehr eng auch in der Formulierung mit dem aman-Recht zusammenhängen, siehe S. 5 ff., 12, 24 und Anlage A: Art. 1 (S. 36).

II. Kriegsfall

Unter dem Blickwinkel des islamischen Völkerrechts ist verständlich, daß die Aufhebung des Vertrages das Wiederaufleben des Kampfes zur Folge hatte.

1. Für diesen Fall mußten Regelungen für die Angehörigen eines Staates getroffen werden, die sich zum Zeitpunkt der Vertragsaufhebung im anderen Lande aufhielten. Fast immer betrafen diese Regeln dann die Europäer, die in den Barbaresken weilten. Es war ja gerade das Handelsinteresse der europäischen Staaten, welches sie Beziehungen zu den Barbaresken anknüpfen ließ.

Nach islamischer Rechtslehre mußte demjenigen, dem die Sicherheitszusage entzogen wurde, die Rückkehr zum Ort seiner Sicherheit gestattet werden. Diese Vorschrift traf sich mit den Interessen der Europäer, denen daran gelegen war, sich im Falle eines Krieges in Sicherheit bringen zu können.

So enthielten dann die Verträge die Norm, daß im Falle des Wiederauflebens der Kämpfe den betroffenen Europäern die Ausreise mit ihrer Familie und ihren Gütern zu gestatten sei[124]. Häufig hatte dieses Verlassen des Landes innerhalb einer bestimmten Frist zu erfolgen[125].

Während der Zeit zwischen der Kündigung des Vertrages und dem Ende dieser Frist hatten die Freiheits- und Schutzrechte der Verträge den gleichen Bestand wie im Frieden[126].

Nach Art. 23—1.2.24, Art. 13—3.2.11, Art. 21—3.2.12 und Art. 23—3.2.22 galten diese Rechte im Kriegsfall auch reziprok für die Untertanen der Barbareskenstaaten, die sich zum betreffenden Zeitpunkt in dem entsprechenden europäischen Land befanden[127].

2. Über Regeln, die im Kriege zu beachten gewesen wären, fehlt in den Verträgen vor 1800 jeglicher Hinweis.

Lediglich aus dem Zusammenhang mit dem Prisenrecht und der Sklaverei geht hervor, daß die im Krieg genommenen Schiffe als

[124] Art. 7 — 1.1.04; Art. 9 — 1.1.12; Art. 18 — 1.1.17; Art. 18 — 1.1.19; Art. 18 — 1.2.05; Art. 17 — 1.2.10; Art. 13 — 1.2.11; Art. 18 — 1.2.14; Art. 18 — 1.2.15; Art. 18 — 1.2.23; Art. 18 — 1.2.25; Art. 18 — 1.2.27; Art. 18 — 1.3.02; Art. 16 — 1.3.16; Art. 17 — 2.1.03; Art. 14 — 2.2.03; Art. 13 — 2.2.06; Art. 12 — 2.2.09; Art. 14 — 2.2.10; Art. 18 — 2.2.11; Art. 14 — 2.2.19; Art. 15 — 2.3.03; Art. 29 — 3.1.04; Art. 31 — 3.1.06; Art 19 und 20 — 3.2.13; Art. 20 — 3.2.07.

[125] In drei Monaten nach Art. 28 — 1.1.18; Art. 30 — 1.1.20; Art. 3 — 1.2.21; Art. 23 — 1.2.24; Art. 18 — 1.3.05; Art. 29 — 2.1.06; Art. 25 — 2.2.04; Art. 13 — 2.2.05; Art. 22 — 3.2.01 Art. 24 — 3.2.07; Art. 22 — 3.2.08; Art. 22 — 3.2.19; Art. 9 — 3.3.02.; in sechs Monaten: Art. 34 — 2.2.07; Art. 39 — 2.2.16; Art. 28 — 2.3.01 und Art. 27 — 3.1.08; innerhalb eines Jahres gemäß Art. 23 — 3.2.22.

[126] So ausdrücklich Art. 18 — 1.3.05.

[127] Zum Ganzen hinsichtlich Marokkos vgl. *Caillé* S. 74.

rechtmäßige Prisen angesehen wurden und daß die Kriegsgefangenen zu Sklaven wurden.

Zum letzteren trat nach 1815 eine Wandlung dahingehend ein, daß nach Art. 5—1.3.14; 1.3.17; 2.3.07; Art. 3—2.3.10; 3.3.05 und Art. 2—3.3.18 die im Kriegsfall gemachten Gefangenen nicht mehr Sklaven wurden, sondern entsprechend den Regeln des europäischen Kriegsrechts als Kriegsgefangene behandelt wurden. In Art. 16—1.3.09 und Art. 15—1.3.16 wurde weitergehend bestimmt, daß die Kriegsgefangenen nicht zu öffentlichen Arbeiten herangezogen werden durften und daß die Art der Einsperrung nicht strenger sein durfte, als zur Sicherheit der Wachmannschaften erforderlich war.

Nach zwölf Monaten sollten die beiderseitigen Gefangenen durch Vermittlung eines legitimierten Privatmannes Rang für Rang ausgetauscht werden[128].

In Art. 16—2.3.03 war nur der Austausch ohne weitere Angaben vereinbart, 3.3.06 regelte dies näher: nach Abschluß der Kämpfe sollten alle Kriegsgefangenen ohne Lösegeld ausgetauscht werden.

In 3.3.10 erklärte der Bey von Tunis, daß er diejenigen Gefangenen, die der Sultan im griechischen Kriege machen und nach Tunis bringen würde, nicht als Sklaven, sondern als Kriegsgefangene nach europäischem Recht behandeln wird.

III. Verhältnis zu Drittstaaten

Für den Fall, daß ein Vertragspartner im Kriege mit einem Drittstaat lebte, erwuchsen dem anderen Vertragsteil gewisse Pflichten.

Regelmäßig liefen sie darauf hinaus, daß er sich grundsätzlich neutral zu verhalten habe und unter gewissen Umständen zur Unterstützung des Vertragspartners verpflichtet war.

1. Viele[129] Verträge verboten es den Barbaresken, den Feinden des betreffenden europäischen Staates in irgendeiner Weise Hilfe zu leisten.

Nach Art. 8—1.2.24, Art. 11—3.2.01 und Art. 11—3.2.08 galt diese Pflicht auch reziprok für den europäischen Staat. Nach 1.1.02[130] bestand dieses Verbot sogar einseitig für Frankreich[131].

Eine derartige Unterstützung von Feinden war dadurch möglich, daß dem Feind Schiffe, Menschen oder andere kriegswichtige Güter zur Verfügung gestellt wurden. Wichtig war es zu verhindern, daß

[128] Vgl. über die ähnliche Regelung in marokkanischen Verträgen: *Caillé* S. 74/75.

[129] Z. B. Art. 15 — 1.1.18; Art. 16 — 1.1.20; Art. 7 — 1.2.11; Art. 12 — 2.2.04; Art. 7 — 2.2.05; Art. 14 — 2.3.01; Art. 16 — 3.1.08; Art. 11 — 3.2.19 und noch neun weitere Verträge; insgesamt 5 Verträge hiervon legten die gleiche Verpflichtung auch dem europäischen Staat auf.

[130] *de Card* S. 14; ebenso Art. 3 — 1.1.12.

[131] Algier verpflichtete sich als Gegenleistung dafür, nicht den Sklavenhandel mit Franzosen auf seinem Gebiet zu dulden.

die Kaperschiffe eines Barbareskenstaates im Falle des Friedensschlusses mit einem europäischen Staat zu einem anderen Barbareskenstaat, der keinen Frieden geschlossen hatte, auswichen, wie andererseits die Wirkungen des Friedens geschwächt wurden, wenn die Kaperschiffe anderer Barbaresken in den Häfen des Vertragspartners ausgerüstet wurden. Aus diesen Gründen wurde vielfach[132] ausdrücklich vereinbart, daß die Barbaresken keine Kaper- oder Kriegsschiffe anderen Barbaresken überlassen oder für diese ausrüsten durften. Liefen deren Kaper den Hafen des betreffenden Barbareskenstaates an, so durften sie nur Proviant aufnehmen und mußten danach den Hafen sofort verlassen[133].

2. Ein weiterer wesentlicher Punkt, der in diesen Zusammenhang gehört, war das Verbot des Handels mit Prisen, die der Drittstaat von einem Vertragspartner genommen hatte.

So galt[134] das allgemeine Verbot des Handels mit Prisen, die andere Barbareskenstaaten vom europäischen Vertragspartner genommen hatten. Kamen diese dennoch in die Häfen des betreffenden Barbareskenstaates, so mußte er sie sofort ausweisen, damit überhaupt nicht die Möglichkeit bestand, etwas zu verkaufen[135].

Nach Art. 12—3.1.04, Art. 12—3.1.06 und Art. 5—3.2.19 galten diese Pflichten reziprok für Frankreich und Spanien, die nicht den Verkauf von Prisen, die andere europäische Staaten von den Barbaresken genommen hatten, auf ihrem Staatsgebiet zulassen durften. Da nach 3.1.06 wiederholt[136] die Erneuerung aller vorangegangenen vertraglichen Vereinbarungen zwischen Tunis und Frankreich vorgenommen wurde, galt diese Norm als gegenseitig für die gesamte Zeit von 1672 an.

Da zur Zeit der Existenz der Barbareskenstaaten der Sklavenhandel einen wichtigen Teil des Handels mit Prisen bildete, wurde teilweise[137]

---

[132] Art. 7 — 1.1.17; Art. 7 — 1.1.19; Art. 16 — 1.1.20; Art. 7 — 1.2.14; Art. 7 — 1.2.15; Art. 7 — 1.2.17; Art. 7 — 1.2.23; Art. 7 — 1.2.25; Art. 7 — 1.2.27; Art. 7 — 2.1.03; Art. 7 — 2.2.03; Art. 7 — 2.2.10; Art. 7 — 2.2.11 und Art. 7 — 2.2.19.

[133] Z. B. Art. 17 — 1.3.09 oder Art. 7 — 3.2.07.

[134] Art. 4 — 1.1.07; Art. 4 — 1.1.08; Art. 4 — 1.1.10; Art. 9 — 1.1.13; Art. 9 — 1.1.17; Art. 9 — 1.1.19; Art. 16 — 1.1.20; Art. 9 — 1.2.05; Art. 9 — 1.2.10; Art. 9 — 1.2.14; Art. 9 — 1.2.15; Art. 9 — 1.2.17; Art. 9 — 1.2.18; Art. 9 — 1.2.23; Art. 9 — 1.2.25; Art. 9 — 1.2.27; Art. 17 — 1.3.09; Art. 18 — 1.3.16; Art. 4 — 2.1.01; Art. 9 — 2.1.03; Art. 8 — 2.2.03; Art. 8 — 2.2.10; Art. 8 — 2.2.19; Art. 17 — 2.3.03; Art. 4 — 2.3.04; Art. 5 — 3.1.01; Art. 12 — 3.1.04; Art. 12 — 3.1.06; Art. 7 — 3.2.07; Art. 5 — 3.2.19; Art. 3 — 3.3.03.

[135] Art. 5 — 1.2.21; Art. 17 — 1.3.09; Art. 7 — 3.2.07; Art. 5 — 3.2.15.

[136] Z. B. 3.2.17; 3.2.18 und Art. 1 — 3.3.02.

[137] Art. 25 — 3.1.04; Art. 5 — 3.2.01; Art. 8 — 3.2.05; Art. 5 — 3.2.08; Art. 8 — 3.2.11; Art. 5 — 3.2.19.

noch ausdrücklich der Handel mit Angehörigen des europäischen Vertragsteils verboten.

Art. 5—3.2.01, Art. 8—3.2.05 und Art. 5—3.2.08 verpflichteten den europäischen Staat zur reziproken Handhabung. Wollte jedoch der Konsul die Sklaven freikaufen, so war der Sklavenhandel zuzulassen[138]. Es sei darauf hingewiesen, daß man diesen Regeln nur in den Verträgen mit Tunis begegnet.

3. Neben diesen Regeln, die ein neutrales Verhalten[139] der Barbaresken sicherstellen sollten, gab es auch solche, die von ihnen die aktive Unterstützung des europäischen Vertragspartners gegen seine Feinde forderten, gleichgültig, ob diese Feinde andere islamische oder christliche Staaten waren.

Dies galt dann, wenn sich ein Schiff des europäischen Vertragsteils in den Hoheitsgewässern des Barbareskenstaates aufhielt und dort von seinen Feinden angegriffen wurde[140].

Auch hier wurde vielfach die reziproke Verpflichtung des europäischen Vertragspartners vereinbart.

IV. Diplomaten

1. Parlamentäre und Gesandte

a) Die Unverletzlichkeit der Parlamentäre und Gesandte war ein Rechtssatz des islamischen Völkerrechts[141]. Abu Jusuf[142] sagte: „Man kann ihm nichts anhaben und man rührt nicht an ihn noch an die Sachen, die Waffen, die Sklaven und die Vermögensstücke, die er bei sich hat."

Der Gesandte war schon wegen seiner Stellung in gleicher Weise sicher wie der Musta'min.

b) Sonderbotschafter wurden sehr häufig zu den Barbaresken gesandt. Im Zusammenhang mit dem Vertragsabschlußverfahren wurde schon darauf hingewiesen. Es würde zu weit führen, hier im einzelnen die Belege anzugeben[143].

c) Der Austausch von Botschaftern vollzog sich aber keineswegs einseitig: auch die Barbaresken entsandten ihrerseits Botschafter zu besonderen Anlässen. Das Institut ständiger Gesandtschaften aber ist in den Barbaresken unbekannt geblieben.

---

[138] So 3.2.01; 3.2.05; 3.2.08.

[139] Neutralität wird in Art. 4 — 2.3.04 und Art. 3 — 3.3.03 („inviolably neutrality") ausdrücklich als Grund angegeben.

[140] Einzelheiten unten bei „In den Küstengewässern".

[141] Vgl. z. B. *Hamidulla* S. 146 ff.; *Khadduri,* Law S. 116; *Mahmassani* S. 264 ff.; *Pütter* S. 58/59; *Reland* cap. 12,6; *Rechid* S. 421 f., 497 ff.

[142] in: Kitab al-charag S. 115 ff. (zitiert nach der deutschen Übersetzung in: *Hartmann* S. 55 ff.)

[143] Als ein Beispiel sei Art. 11 — 2.1.08 genannt, wo Dusault als „Envoyé de l'empereur de France" bezeichnet wird.

In Art. 19—1.3.05 wurde vereinbart, daß Salah Khodjx sich als vom Dey ernannter Botschafter nach Paris begeben würde.

Daß 1.1.02 von algerischen Gesandten in Marseille abgeschlossen wurde, ist schon berichtet worden[144]. Nach Art. 5—3.2.16 wurde ein „Ambassadeur" zum französischen König gesendet, der sich im Auftrage des Bey für die Vertragsverletzungen entschuldigen sollte. Um 1610 hielt sich Bulluk-Baschi in England auf[145]. Ramdane weilte 1660 als tunesischer Gesandter in Frankreich[146]. 1690 kam El-Amine als „Ambassadeur d'Algier" nach Frankreich[147]. Tripolitanische Gesandte erschienen 1714 in Frankreich[148] und 1750 in Wien[149].

Überwiegend korrespondierten jedoch die Herrscher unmittelbar miteinander, sofern Anlaß hierzu bestand[150].

2. *Agenten*[151]

Nach Art. 19—1.2.24 war der Dey dazu berechtigt, „une personne qualifiée" zu ernennen, „pour passer dans un port d'Espagne, en qualité d'Agent de la nation Algerienne".

Wohl im Zusammenhang hiermit ist eine Einrichtung zu sehen, die zwischen Frankreich und allen Barbaresken bestanden hat.

In 1.1.02[152] lassen sich deren Ursprünge dahin verfolgen, daß Algier zwei Mitglieder seiner Führungsschicht nach Marseille als Geiseln entsandte. Diese hatten unter anderem auch die Aufgabe, bei Klagen über Vertragsverletzungen klärend und helfend einzugreifen. Ihnen wurde von Frankreich ehrenvolle Behandlung zugesichert.

Art. 6—1.1.12 bringt dann dieselbe Regelung, ohne aber die beiden Algerier als Geiseln zu bezeichnen. In Art. 24—1.1.18 u. Art. 26—1.1.20 war die Entwicklung soweit fortgeschritten, daß nur noch ein Algerier zur Friedenssicherung und zur Vermittlung in Streitfällen nach Marseille entsandt wurde. In dieser Gestalt wurde dieses Institut dann von den übrigen Barbareskenstaaten übernommen[153]. Als Spanien in 1.2.24 einen Agenten Algiers in einem seiner Häfen zuließ,

---

[144] Siehe oben S. 106; vgl. dort auch hinsichtlich 2.2.14.

[145] *Playfair* Scourge S. 34.

[146] *Plantet,* Beys I, S. 150.

[147] *Plantet,* Deys I, S. 261 ff.; im übrigen siehe die Liste der tunesischen Gesandten in Frankreich bei *Plantet,* Beys II, vor S. 1 und III, S. V und LXXXII f.

[148] *Ferraud,* Annales S. 218.

[149] Extrablatt zur Wiener Zeitung Nr. 53 vom 4. Juli 1750.

[150] Viel Material hierzu hat *Plantet* in seinen beiden Werken gesammelt. Insgesamt aber ist dieser Briefverkehr nur teilweise bekannt.

[151] Vgl. hierüber *Krauske* S. 149 ff.

[152] *de Card* S. 14.

[153] in Art. 25 — 2.1.06; Art. 22 — 2.2.04; Art. 30 — 2.2.07; und Art. 24 — 2.3.01 für Tripolis, sowie durch Art. 21 — 3.2. 05 für Tunis, erneuert durch Art. 1 — 3.2.06; 3.2. 17 und 3.3.02.

ist daher zu vermuten, daß man dabei auf die in Frankreich vorhandenen Vorbilder zurückgriff.

3. *Chargés d'affaires*

Seit der Mitte des 18. Jahrhunderts bezeichneten sich viele Konsule auch als „chargé d'affaires"[154]. Ob dies nur eine zusätzliche Benennung ohne Aufgabenveränderung war oder ob die Stellung der Konsule anders verstanden wurde, geht aus den Verträgen nicht hervor.

Zu der Zeit, als in Frankreich der „Oberste Konsul" an der Spitze des Staates stand, nannten sich die französischen Konsule in den Barbareskenstaaten „commisaires", ohne daß in sachlicher Hinsicht irgendeine Änderung eingetreten wäre.

4. *Konsule*[155]

a) In 1.1.02[156] wurde die Aufgabe des französischen Konsuls so verstanden, daß er — wie die algerischen Geiseln in Marseille[157] — die Klagen über mögliche Vertragsverletzungen entgegennehmen sollte. Ihm sollte eine ehrenvolle Behandlung widerfahren, wie es dem Repräsentanten eines großen Monarchen gebührte.

Hier wird demnach der Konsul noch als ständiger Vertreter des französischen Königs verstanden[158]. Art. 6—1.1.12 führt zwar das gleiche Aufgabengebiet wie 1.1.02 an, erwähnt aber nicht mehr die Stellung des Konsuls als Vertreter des Königs. In Art. 17—1.1.18 war die Wandlung dann abgeschlossen. Frankreich erhielt hier das Recht, weiterhin einen Konsul in Algier zu haben „pour assister les marchands dans leurs besoins".

Diese Formulierung der Aufgaben des Konsuls tauchte dann später immer wieder, auch bei den anderen Barbareskenstaaten, auf[159].

---

[154] Vgl. z. B. 1.3.05; 2.2.15; 3.2.22 oder 3.3.02.

[155] Vgl. auch eingehende Untersuchung *von Martens*, Consulatswesen, die den Verhältnissen im osmanischen Reich gewidmet ist. Im Rahmen dieser Untersuchung mußte darauf verzichtet werden, eine Gegenüberstellung der dort bestehenden Verhältnisse mit denen der Barbareskenstaaten vorzunehmen.

[156] *de Card* S. 14.

[157] Siehe oben: 2. Agenten.

[158] Ähnliche Vorstellungen klingen in 1.1.03 an. Zwar konnte gemäß Art. 24 auch ein Kaufmann Konsul werden, immer mußte aber die holländische Regierung den Konsul in sein Amt einweisen (Art. 25). Vgl. auch *Krauske* S. 46.

[159] Art. 18 — 1.1.20; Art. 2 — 1.3.15; Art. 2 — 1.3.12; Art. 18 — 2.1.06; Art. 15 — 2.2.04; Art. 23 — 2.2.07; Art. 8 — 2.2.09: „per trattare gl'affori"; Art. 9 — 2.2.18; Art. 13 — 2.2.19; Art. 18 — 2.3.01: „commisaire général des relations commerciales"; Art. 18 — 3.1.08; Art. 13 — 3.2.01; Art. 14 — 3.2.05; Art. 13 — 3.2.08.

Von besonderem Interesse ist noch Art. 9—2.2.18, wo die reziproke Errichtung von Konsulaten vereinbart wurde. Im übrigen trifft aber auch bei den Barbaresken die Beobachtung Caillés zu, die er hinsichtlich Marokkos gemacht hat, daß nämlich diese Staaten keine Konsulate in fremden Ländern errichteten[160].

Dies ist aber auch nicht verwunderlich, wenn man sich daran erinnert, daß das Konsulatswesen in enger Verbindung mit dem Handel entstanden ist[161]. Handelsniederlassungen der Barbaresken größeren Umfangs gab es jedoch nicht in den europäischen Staaten, so daß kein Bedürfnis für eine gegenseitige Regelung bestand[162]. Das dürfte der wirkliche Grund für das Fehlen sein, denn auch dem islamischen Recht war die Einrichtung von Konsulen bekannt, wie sie etwa für die Araber in China bestanden haben[163].

b) Rechte und Pflichte[164].

1. Der Konsul genoß für seine Person, seine Angehörigen und sein Vermögen völlige Sicherheit. Hierin war eingeschlossen, daß er jeden Schutz vor Beleidigungen jeglicher Art erhielt[165]. Nach Art. 17—3.2.22 stand der Konsul unter dem ausdrücklichen Schutz von Tunis.

Janitscharen scheinen dem Konsul zum persönlichen Schutz zur Verfügung gestanden zu haben. Eindeutig geht dies aber nur aus Art. 20—1.1.20 hervor. Da jedoch die Verträge häufig erneuert wurden und die Nationen sich bei der Einrichtung eigener Konsulate vielfach[166] die schon anderen Staaten eingeräumten Vorrechte ausbedungen haben, ist sicher von einer allgemeineren Geltung auszugehen.

Nach Art. 17—1.3.05 war die Wohnung des französischen Commissaire als Asyl unverletzlich.

2. Eng verbunden mit dieser Sicherheit wurde dem Konsul völlige Freizügigkeit im Gebiet des betreffenden Barbareskenstaates zugestanden[167]. Art. 20 — 1.1.20 bestimmte ausdrücklich, daß der Konsul nach seinem Belieben reisen und Wohnung nehmen konnte. Nach

[160] *Caillé* S. 84.

[161] Vgl. z. B. *Nußbaum* S. 64.

[162] Abgesehen von den erwähnten Ausnahmen der Agenten in Frankreich und Spanien.

[163] *Sousa* S. 46.

[164] Vgl. auch *Caillé* für Marokko, S. 85 ff.

[165] Ausdrücklich so in 36 Verträgen, siehe z. B. Art. 6 — 1.1.08; Art. 17 und 18 — 1.1.13; Art. 17 — 1.2.05; Art. 2 — 1.3.17; Art. 18 — 2.3.01; Art. 15 — 3.1.03; Art. 16 — 3.2.07.

[166] Z. B. Art. 10 — 1.2.24; Art. 10 — 1.3.08; Art. 2 — 1.3.11; Art. 16 — 2.2.08; Art. 34 — 2.2.16 oder Art. 2 — 3.3.07.

[167] Ausdrücklich so in 36 Verträgen, siehe z. B. Art. 6 — 1.1.08; Art. 17 und 18 — 1.1.13; Art. 17 — 1.2.05; Art 2 — 1.3.17; Art. 18 — 2.3.01; Art. 15 — 3.1.03; Art. 16 — 3.2.07.

Art. 29 — 1.1.03 stand dem Konsul das Recht zu, auf dem Pferde durch Algier zu reiten.

3. Darüber hinaus standen dem Konsul eine Reihe weiterer Vorrechte zu:

Der Konsul durfte noch gemäß Art. 16 — 3.1.04 und Art. 16 — 3.1.06 sein Personal[168] nur unter Mitwirkung des Dey für jeweils drei Monate aussuchen. Aber schon nach Art. 20 — 3.1.08 stand dem Konsul das Recht der freien Wahl zu, ohne daß der Dey hierauf Einfluß nehmen durfte. Bei dieser Regelung, die auch in Algier und Tripolis galt, blieb es dann[169].

Nach Art. 19 — 2.1.06 und Art. 3 — 3.3.02 durfte der Konsul ungehindert an Bord der in den Hafen einlaufenden Kriegsschiffe gehen.

In seinem Hause war dem Konsul die Ausübung der christlichen Religion gestattet. Alle Angehörigen seiner Nation (Kaufleute und Sklaven) hatten das Recht, am Gottesdienst teilzunehmen[170].

Auf seinem Haus und, wenn er sich an Bord eines Schiffes befand, durfte er die Flagge der Nation hissen[171]. Der Proviant für sich und sein Personal war frei von Zoll und allen Abgaben[172].

4. Jeder Konsul hatte für diese Vorrechte Zahlungen zu erbringen. Zwar geht dies nur selten aus den Verträgen hervor, wird aber von allen Historikern[173] immer wieder hervorgehoben.

Die Tatsache der Zahlungen ergibt sich auch daraus, daß in Art. 45 — 2.3.01 ausdrücklich das Recht der Flaggenhissung frei von Zahlungen sein sollte. Nach Art. 46 — 2.3.01 durfte nur der Pascha über das Antrittspräsent des neuen Konsuls verfügen. In den Zusatzartikeln zu 2.3.05 und 2.3.06 ist auch die Höhe dieser Konsulargeschenke festgelegt worden: 4000 Piaster waren bei jedem Wechsel des Konsulats zu zahlen. Im übrigen war aber der Wechsel des Konsuls in das freie Belieben des europäischen Staates gestellt[174]. Nur

---

[168] Hierbei handelt es sich vor allem um den Dolmetscher (vgl. Art. 28 — 1.1.03), den Schneider und die Wachmannschaft. Eigenartig sind Art. 7 — 3.3.02 und Art. 11 — 3.3.14, wo von Maklern (censaux) im Dienste der Franzosen die Rede ist. Es konnte nicht geklärt werden, was es hiermit auf sich hatte.

[169] Ausdrücklich so in 37 Verträgen, vgl. z. B. Art. 3 — 1.3.17; Art. 38 — 2.3.01 oder Art. 4 — 3.3.02.

[170] Ausdrücklich in 45 Verträgen, z. B. Art. 6 — 1.1.08; Art. 2 — 1.3.15; Art. 13 — 2.2.03; oder Art. 2 — 3.3.07.

[171] So z. B. Art. 4 — 1.3.17; Art. 18 — 2.1.06; Art. 2 — 2.3.06 oder Art. 16 — 3.2.07.

[172] Z. B. Art. 21 — 1.1.18; Art. 21 — 1.2.15; Art. 20 — 1.3.09; Art. 22 — 2.1.06; Art. 34 — 2.2.16; Art. 21 — 2.3.01; Art. 23 — 3.1.08; Art. 18 — 3.2.05; Art. 18 — 3.2.19.

[173] Vgl. z. B. *Rohlfs* S. 882 für Marokko.

[174] *Plantet,* Deys II, S 586 führt 59 französische Konsule in Algier für die Zeit von 1564 bis 1827 auf.

Art. 16 — 3.1.04 und Art. 16 — 3.1.06 legten eine gewisse Beschränkung auf, da hiernach der scheidende Konsul erst nach Zahlung seiner Schulden das Land verlassen durfte. Wegen der schon mehrfach betonten Bezugnahme auf Verträge anderer Staaten und Erneuerung der vorangegangenen Verträge kann diese Regel als allgemein und ständig geltend angesehen werden. Diese Vereinbarungen wurden erst durch die Verträge beendet, die nach der Eroberung Algiers durch Frankreich mit Tunis und Tripolis geschlossen wurden. Hier wurde das Recht der freien Einrichtung von Konsulaten und das Ende aller Konsulargeschenke für alle europäischen Staaten von den Barbareskenstaaten zugestanden[175].

5. In Tripolis bestand die Besonderheit, daß die französischen und spanischen Kaufleute, die im Hafen von Tripolis ankamen, vor ihrem Antrittsbesuch bei den Regierenden von Tripolis zuerst ihren Konsul aufsuchen durften[176].

6. Die Rangverhältnisse der europäischen Konsule zu einander waren wiederholt Gegenstand vertraglicher Vereinbarungen.

Einerseits ließen sich europäische Staaten — so vor allem Frankreich[177] — den Vorrang ihrer Konsulen vor denen anderer Nationen einräumen. Andererseits wurde vereinbart, daß der Konsul des betreffenden europäischen Staates nicht gegenüber denen anderer Staaten zurückgesetzt werden durfte[178], so daß der Vorrang gewisser Nationen ausgeschlossen war.

Hier wird der ständige Kampf der verschiedenen europäischen Staaten um den Einfluß bei den Barbaresken erkennbar.

7. Seit Beginn der osmanenfreundlichen Politik Frankreichs unter Franz I. bemühten sich die französischen Herrscher darum, alleiniger Vertragspartner der Osmanen zu werden und zu bleiben, um in den ihnen gewährten aman auch die anderen europäischen Nationen — nach ihrem Belieben — aufnehmen zu können[179] und so zu einer

[175] Art. 5 — 2.3.10 und Art. 5 — 3.3.18.

[176] Art. 14 — 2.2.04; Art. 21 — 2.2.07; Art. 17 — 2.2.16 und Art. 16 — 2.3.01.

[177] Art. 7 — 1.1.12; Art. 17 — 1.1.18; Art. 18 — 1.1.20; Art. 6 — 1.3.03; Art. 16 — 1.3.05; Art. 18 — 2.1.06; Art. 15 — 2.2.04; Art. 23 — 2.2.07; Art. 1 — 2.2.15; Art. 18 und 34 — 2.3.01; Art. 15 — 3.1.04; Art. 15 — 3.1.06; Art. 18 — 3.1.08; Art. 13 — 3.2.01 und Art. 13 — 3.2.08; aber auch England: Art. 20 — 2.2.10.

[178] So ausdrücklich in Art. 20 — 2.2.19; Art. 18 — 3.2.07 und Art. 15 — 3.2.12; da aber häufig in den Verträgen auf die anderen Nationen Bezug genommen wurde (vgl. z. B. Art. 10 — 1.2.24; Art. 2 — 1.3.11; Art. 2 — 1.3.15; Art. 8 — 2.2.09), galt diese Vereinbarung über die ausdrücklich genannten Fälle hinaus noch in einer größeren Anzahl von Verträgen, die im einzelnen aufzuführen, den Rahmen dieser Kurzdarstellung sprengen würde.

[179] Darüber, daß der nicht-muslimische Partner einer muwada'ah den ihm erteilten aman mit Wirkung für den islamischen Bereich weitergeben konnte, vgl. *Kruse* pasim.

Schutzmacht aller europäischen Staaten zu werden[180]. Diese Bestrebungen gipfelten in dem Versuch, ein „Katholisches Protektorat" über die heiligen Stätten im Heiligen Land zu erhalten[181].

Auch in den Verträgen mit den Barbaresken erstrebte Frankreich eine Schutzmachtstellung für alle Staaten, soweit sie selbst nicht oder noch nicht mit den Barbaresken in vertraglichen Beziehungen standen.

Nach Art. 6 — 1.1.12, Art. 17 — 3.1.04 und Art. 17 — 3.1.06 erkannten alle Europäer den französischen Konsul als Protektor an und standen somit unter seinem Schutz. Ausgenommen waren die Engländer und Holländer, weil sie eigene Konsule hatten. Diese Regelung konnte sich aber nicht lange halten, vor allem deshalb, weil alle interessierten Staaten in unmittelbare Beziehung zu den Barbaresken traten und weil die Barbaresken später die Anwendung der Verträge nur auf die Angehörigen der betreffenden Nation des Vertragspartners beschränkt wissen wollten.

In den Verträgen Siziliens, Sardiniens und Portugals, die der Aktion Lord Exmouth's folgten, wurde vereinbart, daß der englische Konsul die Aufgaben der sizilianischen, sardischen und portugiesischen Konsule solange übernahm, bis diese eigene Konsule ernannt hatten[182].

8. Die Konsulargerichtsbarkeit wird im Zusammenhang mit der Gerichtsbarkeit dargestellt.

V. Gerichtsbarkeit

1. Streitigkeiten zwischen Muslim und Christ

Die religiöse Fundierung des islamischen Rechts und sein Grundsatz der Personalität[183] verboten die Anwendung des Rechts auf Nicht-Muslime. Die Folge hiervon war, daß die christlichen Fremden im islamischen Gebiet der islamischen Jurisdiktionsgewalt nicht unterlagen[184].

Klagte ein Türke oder Maure gegen einen Christen, so waren nicht die „juges ordinaires"[185] zuständig. Ausnahmen hiervon scheinen allerdings in Art. 9 — 1.3.11: „le juge du pay", Art. 9 — 2.3.06: „il

---

[180] Vgl. z. B. *Hartmann* S. 17 ff.

[181] *Hartmann* S. 19.

[182] Art. 1 — 1.3.11; 1.3.12; Art. 5 — 3.3.05 und Art. 13 — 3.3.07.

[183] *Sousa* stellt nur hierauf ab und leugnet den Einfluß der Religion, z. B. S. XI; wegen der engen Verbindung des islamischen Rechts mit der Religion wird eine derartige Scheidung nicht den Besonderheiten des Islam gerecht!

[184] Wie hier: z. B. *Young* I, S. 251.

[185] Siehe z. B. Art. 19 — 1.1.18.

giudice" und Art. 9 — 3.3.07: „il giudice" bestanden zu haben. Es ist jedoch möglich, daß hier eine falsche Überlieferung vorliegt.

Es wurde nämlich sonst immer[186] vereinbart, daß nur der Dey bzw. Bey in Person oder ein „conseil" aus ihm und Mitgliedern des Diwan zu entscheiden habe und die Einflußnahme der Landesgerichte ausgeschlossen sei. Überwiegend wurde noch bestimmt, daß der Konsul bei der Verhandlung zugegen sein durfte.

Art. 13 — 1.2.24 legte fest, daß die Entscheidung sich nach der Gerechtigkeit zu richten habe und daß man eine „reconciliation" zwischen den streitenden Parteien herbeiführen solle. Nach einigen Verträgen[187] war bei der Entstehung des Streites in einer Provinz nur der Kommandant dieser Provinz zur Entscheidung berufen.

Gemäß Art. 12 — 1.3.05 war zunächst der „commissaire Francois" (= Konsul) anzugehen, der, sofern er keine Einigung zustande brachte, die Angelegenheit den „premières autorités" unterbreitete.

Art. 14 — 3.3.14 sah vor, daß zunächst ein paritätisch besetztes Gremium aus französischen und tunesischen Kaufleuten in dem Falle, daß bei dem Streit eine den Handel betreffenden Frage zu entscheiden war, eine Einigung herbeiführen sollte. Blieb das Verfahren erfolglos, so entschieden Bey und Konsul gemeinsam.

2. *Delikt eines Christen*

Ein besonderes Problem der islamischen Rechtslehre war die Frage, wieweit ein Mustamin im Falle eines Deliktes der islamischen Gerichtsbarkeit unterliege[188]. Neben den Meinungen, er bleibe straflos, da das Recht nicht für ihn gelte, und denen, er sei voll verantwortlich wie ein Muslim, wurde später herrschend, man habe bei den Delikten zu unterscheiden zwischen solchen, die gegen Gottes Gebote verstoßen, und solchen, die gegen die muslimische Ordnung sind. Nur für die letzteren seien auch die Christen verantwortlich, denn über das, was Gott zustehe, habe der Muslim nicht zu entscheiden.

In den Verträgen war für den Fall, daß ein Christ einen Türken verletzte oder tötete, die Gerichtsbarkeit des Landes vereinbart[189].

---

[186] In insgesamt 45 Verträgen, vgl. z. B. Art. 15 — 1.2.25; Art. 15 1.2.27; Art. 14 — 2.2.08 oder Art. 7 — 3.1.03.

[187] Art. 19 — 1.1.18; Art. 21 — 1.1.20; Art. 20 — 2.1.06; Art. 17 — 2.2.04; Art. 25 — 2.2.07; Art. 9 — 2.2.09; Art. 31 — 2.2.16; Art. 11 — 2.2.19; Art. 16 — 3.2.05.

[188] Vgl. zum islamischen Strafrecht *Juynboll* S. 284 ff. (speziell S. 290 ff.); *Schacht, Bergsträsser* S. 96 ff. und *Schacht*, Origines S. 286; vgl. auch: *Schafi'i*, kitab al'umm VII, S. 325 f. (deutsche Übersetzung bei *Hartmann* S. 57 ff.)

[189] In insgesamt 45 Verträgen, vgl. z. B. Art. 11 — 1.1.12; Art. 7 — 1.1.10 Art. 16 — 1.2.05; Art. 11 — 2.2.03; Art. 23 — 2.3.01; Art. 21 — 3.1.04; Art. 9 — 3.2.11.

Art. 16 — 1.2.23 spricht z. B. vom „tribunal du pays"; Art. 20 — 3.2.12 vom „Cadi". In diesem Verfahren wurde dem Konsul die Aufgabe eines Verteidigers zugewiesen[190].

Hinsichtlich des Strafmaßes war bestimmt worden, daß die üblicherweise für Türken geltenden Strafen auch auf die Europäer angewendet werden sollten[191].

Entkam der betreffende Christ vor seiner Verurteilung, so konnten weder der Konsul noch andere Angehörige seiner Nation haftbar gemacht werden, was deshalb von Bedeutung war, weil die islamischen Strafen in den genannten Delikten auch in der Zahlung von Geld bestanden.

3. Streitigkeiten der Christen untereinander

a) der gleichen Nation

Auch in den Barbareskenstaaten galt[192] die bekannte[193] Einrichtung der Konsulargerichtsbarkeit.

Nach Art. 23 — 3.1.04 und Art. 23 — 3.1.06 erstreckte sich die Gerichtshoheit des französischen Konsuls auch auf alle diejenigen, die unter seinem Schutz standen[194].

Erwähnenswert ist noch, daß nach Art. 18 — 1.3.09 und Art. 19 — 1.3.16 der Konsul zur Vollstreckung seiner Entscheidung im Wege der Amtshilfe die Dienste der algerischen Regierung in Anspruch nehmen konnte.

b) verschiedener Nationen[195]

Art. 8 — 3.2.12 bestimmte für diesen Fall, daß nur der Pascha selbst zur Entscheidung berufen war.

Art. 8 — 1.3.06 und Art. 19 — 1.3.16 sah vor, daß die beiden Konsule der betroffenen Nationen gemeinsam die Entscheidung fällen sollten. Im übrigen fehlen Angaben hierzu.

VI. Schiffahrtsrecht

1. Auf dem Meere

Alle Verträge, soweit sie nicht die Regelung spezieller anderer Angelegenheiten betrafen, befaßten sich mit dem Verfahren, das zu

---

[190] So ausdrücklich z. B.: Art. 16 — 1.2.24; Art. 19 — 1.3.09; Art. 20 — 2.2.04; Art. 29 — 2.2.07 oder auch Art. 19 — 3.2.08.

[191] So heißt z. B. in Art. 16 — 1.1.17: „same manner than a Turk"; unklar ist die Bedeutung von Art. 16 — 1.2.15: „il reo verrà punito a tenore delli Leggi del suo Paese, cioè come si costuma in altri".

[192] Nach 50 Verträgen; vgl. z. B. Art. 15 — 1.1.19; Art. 10 — 1.3.08; Art. 8 — 2.1.01; Art. 18 — 2.3.03; Art. 23 — 3.1.04; Art. 13 — 3.2.19 oder Art. 17 — 3.3.14, wobei dem Urteil die heimatlichen Gesetze zugrunde gelegt wurden: „selon des loix de la Suede" (Art. 14 — 2.2.08).

[193] Siehe z. B. *Berber* I, S. 290, auch *Caillé* S. 92 ff. für Marokko.

[194] Vgl. oben S. 129.

[195] Vgl. *Hamidullah*, Appendix B.

beachten war, wenn sich Schiffe beider Vertragsparteien auf dem Meer begegneten. Denkbar war zunächst, daß es sich hierbei um zwei unbewaffnete Handelsschiffe handelte. In einem solchen Fall war die Möglichkeit eines Konfliktes ausgeschlossen, ein Bedürfnis zur vertraglichen Regelung bestand nicht. In keinem der Verträge sind folglich Bestimmungen hierzu getroffen worden. Probleme tauchten auf, wenn sich bewaffnete Schiffe gegenüberstanden. Auf europäischer Seite gingen die Interessen dahin, Sicherheit vor Übergriffen bewaffneter Barbaresken-Schiffe zu erlangen. Den Barbaresken war daran gelegen, im Falle der Begegnung mit einem gut gerüsteten europäischen Kriegsschiff nicht in einen Kampf verwickelt zu werden.

a) Aus dem Abschluß des Vertrages und dem dadurch eintretenden Frieden zwischen den Vertragspartnern folgte auch, daß die Schiffahrt auf dem Meere für die Angehörigen beider Staaten ungehindert und frei war[196]. Es ergab sich schon hieraus, daß auch die Kaperei gegeneinander verboten war[197]. Vielmehr sollten die Schiffe sich gegenseitig helfen und alle Ehren erweisen (z. B. Art. 4 — 2.2.05).

Die Sicherheit, die allen Untertanen der Vertragsteile durch den Vertrag gewährt wurde, wirkte sich auch dann aus, wenn diese Untertanen als Passagiere auf den Schiffen anderer Nationen fuhren, selbst wenn diese sich im Krieg mit dem betreffenden Staat befanden[198]. Diese Vereinbarung ergab sich für die Barbaresken zwangsläufig aus dem aman-Denken und stand in Übereinstimmung mit den europäischen Regeln[199].

Nicht im islamischen Rechtsdenken begründet war der Komplex derjenigen Vereinbarungen, die unter dem Satz „Frei Schiff — Frei Gut“[200] zusammengefaßt werden können.

In den Verträgen[201] mit den Barbaresken fand dieser Satz seine Ausgestaltung so, daß Menschen und Waren auf den Schiffen der Partner vor Raub eines der Kaperschiffe der Partner sicher waren, auch dann, wenn es sich um Personen oder Güter handelte, deren

---

[196] Ausdrücklich so in 87 Verträgen, siehe z. B. Art. 2 — 1.1.08; Art. 1 — 1.2.10; Art. 2 — 2.2.04; Art. 1 — 3.2.05.

[197] Dies wurde aber z. B. in Art. 2 — 1.1.02; Art. 2 — 1.2.11; Art. 3 — 2.1.061Art. 2 — 3.1.03 und Art. 3 — 3.2.12 noch besonders hervorgehoben.

[198] So nach der ausdrücklichen Vereinbarung in 32 Verträgen, z. B. Art. 19 — 1.1.13; Art. 19 — 1.2.05; Art. 5 — 1.2.24; Art. 5 — 1.3.09; Art. 10 — 2.2.06; Art. 6 — 2.3.04; Art. 6 — 3.2.01; Art. 6 — 3.3.07.

[199] Z. B.: *Perels* S. 190.

[200] Zur Geschichte dieses Rechtssatzes siehe *Perels* S. 233 ff., auch *Playfair*, Scourge S. 280.

[201] Aus den 55 ausdrücklichen Vereinbarungen seien folgende Belege angegeben:
Art. 3 — 1.1.17; Art. 3 — 1.2.18; Art. 5 — 1.2.24; Art. 4 — 1.3.09; Art. 3 — 2.2.10; Art. 2 — 2.2.18; Art. 9 — 3.2.05; Art. 3 — 3.2.12.

Heimatstaat nicht in vertraglichen Beziehungen mit dem Vertragsstaat stand, dessen Kaper das Schiff kontrollierten.

b) Dieser Grundsatz bereitete in der Durchführung gewisse Schwierigkeiten, weil bei einer Begegnung der Schiffe auf dem Meere die Nationalität dieser Schiffe festgestellt werden mußte.

Hierfür sollte zunächst[202] das Führen der Nationalflagge ausreichen. Da der Vertragspartner die Führung seiner Flagge auch Schiffen anderer Nationen überlassen durfte und diese dann in gleicher Weise vor Angriffen sicher sein sollten[203], war dem Mißbrauch Tür und Tor geöffnet. Schon sehr bald schuf man Abhilfe, indem die Schiffe Papiere zum Nachweis ihrer Nationalität mitführen mußten[204].

Nach Art. 10 — 2.2.07 und Art. 5 — 2.3.01 mußten die Kaperschiffe von Tripolis den Kaperbrief des Bey und ein Zertifikat des Konsuls über ihre Nationalität bei sich führen, um nicht als Freibeuter behandelt zu werden[205].

Hinsichtlich der Verträge mit Tunis galt die Besonderheit, daß $^2/_3$ der Besatzung Angehörige der betreffenden Nation sein mußten. Bestand die Besatzung zu mehr als $^1/_3$ aus Angehörigen fremder Staaten, so wurde der das $^1/_3$ übersteigende Teil rechtmäßig in die Sklaverei geführt[206]. Frankreich hatte in Art. 2 — 3.2.10 eine Senkung des Verhältnisses auf $^1/_2$ erreichen können. Diese Vorschrift ist durch keinen späteren Vertrag ausdrücklich oder stillschweigend etwa durch eine andere Regelung aufgehoben worden.

c) Bei den Papieren, die den Nachweis der Nationalität erbringen sollten, handelte es sich auf europäischer Seite um einen Seepaß der betreffenden Admiralität[207] und auf Seiten der Barbaresken um einen Paß versehen mit einem Zertifikat des betreffenden Konsuls[208]. Für beide Vertragspartner bestand die Pflicht, an ihre Schiffe die entsprechenden Papiere auszuhändigen[209], deren Muster häufig dem Vertrag als Anlage beigefügt war[210].

---

202 Vgl. z. B. Art. 7 — 3.1.01; Art. 2 — 3.1.03 und Art. 3 — 3.1.04.

203 So z. B. 1.1.02 (*de Card* S. 13); Art. 2 — 1.1.12; Art. 3 — 3.1.04 oder Art. 3 — 3.1.06.

204 Vgl. auch für die europäische Rechtsentwicklung: *Perels* S. 40: „Dieser Nachweis (der Nationalität des Schiffes) wird geführt durch die Flagge und die Schiffspapiere".

205 Vgl. hierzu auch *Perels* S. 40 und 48.

206 Art. 6 — 3.2.08; Art. 6 — 3.2.11; Art. 22 — 3.2.12; Art. 4 — 3.2.13; Art. 6 — 3.2.19 (ausdrücklich reziprok geltend); Art. 13 — 3.2.22; vgl. auch allgemein *Perels* S. 46 und für eine ähnliche mexikanische Praxis: *Schlikker* S. 65.

207 Siehe z. B. Art. 2 — 1.1.12 und Art. 4 — 2.2.03.

208 Z. B. Art. 4 — 1.2.25; auch Art. 4 — 1.2.17 und Art. 2 — 3.1.03.

209 Z. B. Art. 6 — 2.3.03; Art. 4 — 3.2.22 oder Art. 3 — 3.3.05.

210 Z. B. 1.1.16; Art. 6 — 2.1.06 (vgl. *Martens* Supplement 3, S. 95 — 2.2.16); Art. 4 — 3.2.05.

Für den Zeitpunkt zwischen Vertragsschluß und der Aushändigung der Papiere bestand meist eine Übergangsregelung, nach der innerhalb einer gewissen Zeit[211] auch ohne Pässe die Sicherheit der Schiffe gewährleistet war.

Die Pässe bzw. Zertifikate durften nur den Angehörigen der eigenen Nation erteilt werden[212]. Art. 4 — 1.2.27 bestimmte dieses Erfordernis genauer dahin, daß das Schiff „absolutely the property of citizens of the USA“ sein mußte.

Nach Art. 14 — 2.2.09 mußte der Staat, der gegen diese Vorschrift verstieß, Strafe zahlen.

Die Rechtsfolgen, die an das Fehlen eines gültigen Passes geknüpft wurden, variieren stark.

Die natürlichste Folge wäre gewesen, ein solches Schiff als rechtmäßige Prise zu betrachten. So läßt Art. 12 — 1.2.27 Schiff, Mannschaft und Waren rechtmäßig Prise werden: „as this Regency knows their friends by their passports“.

Art. 4 — 2.2.02 ließ das Prisenverfahren zu, sofern der Konsul unterrichtet wurde. Nach Art. 5 — 2.2.06 wurde dieses Prisenverfahren durch den Richter und den Diwan durchgeführt.

Daneben findet sich die Regelung, daß nur die Waren als Prise genommen werden konnte, Schiff und Besatzung aber freizugeben und sogar dem Reeder das Frachtgeld zu zahlen war[213]. Nach Art. 6 — 1.3.08; Art. 3 — 3.1.06 und Art. 4 — 3.2.07 sollte nichts zur Prise werden, wenn die Nationalität auf eine andere Weise als durch den Seepaß nachgewiesen werden konnte[214].

Das Verfahren der Kontrolle der Pässe und der Zertifikate sah nach den Verträgen[215] so aus, daß das Kriegs- oder Kaperschiff[216],

---

[211] Die Frist betrug 1 Jahr gemäß Art. 26 — 2.2.10; Art. 4 — 3.2.07 und Art. 4 — 3.2.12.
15 Monat nach Art. 4 — 1.1.17; Art. 4 — 1.2.15; Art. 4 — 1.2.17; Art. 4 — 1.2.23 und Art. 4 — 1.2.25.
18 Monate nach Art. 4 — 2.2.18 und Art. 4 — 3.2.21 in Anbetracht der Entfernung zwischen den USA und den Barbaresken.
Durch Art. 2 — 1.2.01 wurde der Termin vom 30. September 1700 auf Grund des Drängens von John Munden und des englischen Consuls Robert Cole auf den 30. September 1701 verschoben.

[212] Präambel 1.2.23; Art. 4 — 1.2.27; Art. 6 — 1.3.09; Art. 22 — 1.3.11; Art. 3 — 1.3.12; Art. 7 — 1.3.16; Art. 14 — 2.2.09; Art. 3 — 2.3.05; Art. 12 — 2.3.06; Art. 6 — 3.2.11; Art. 3 — 3.3.05 und Art. 12 — 3.3.07.

[213] So z. B. Art. 2 — 1.2.01.

[214] Die genommenen Gegenstände sollten bis zur endgültigen Klärung ihrer nationalen Zugehörigkeit nach Art. 3 — 3.1.06 dem Konsul in Tunis als Sequester übergeben werden; vgl. auch Art. 12 — 1.1.03.

[215] Z. B. Art. 4 — 1.2.18; Art. 4 — 2.2.08 oder Art. 5 — 3.1.08; nahezu wörtlich übereinstimmend außerdem noch in 45 Verträgen; über die Praxis vgl. aber die wiederholten Schilderungen bei *Eck*.

[216] Nur diesen stand das Recht zur Kontrolle zu, vgl. z. B. Art. 7 — 1.3.16.

welches kontrollieren wollte, eine Schaluppe aussandte, in der nur 2 Personen mehr, als zum Rudern erforderlich waren, sein durften. Diese beiden hatten das Recht, auch gegen den Willen des Kapitäns das Schiff zu betreten und die Papiere zu prüfen. Die Ladung durfte nicht angerührt werden[217]. Die Strafvorschriften für Vertragsverletzungen hatten hier ihre besondere Bedeutung[218].

Fuhren die Handelsschiffe im Konvoi, so genügte nach Art. 5 — 3.2.21 und Art. 5 — 3.2.22 die Auskunft des Kommandanten des Konvoi. Eine Kontrolle der Einzelschiffe fand nicht statt, vor allem um zu verhindern, daß diese sich dann in Quarantäne begebenmußten.

2. *In den Küstengewässern*

a) Innerhalb eines bestimmten Abstandes von der Küste war dem Vertragspartner das Nehmen von Prisen verboten. So durfte z. B. England in den algerischen Gewässern keine islamischen[219] oder christlichen[220] Schiffe nehmen.

Der Abstand wurde in Art. 7 — 1.1.18; Art. 9 — 1.1.20; Art. 8 — 2.1.06; Art. 6 — 2.2.04; Art. 12 — 2.2.07; Art. 7 — 2.3.01; Art. 7 — 3.1.08; Art. 6 — 3.2.05; Art. 11 — 3.2.12 mit 10 Meilen bestimmt. In allen übrigen Verträgen[221] galt die „Kanonschußweite“[222] (porteé des canons) als vereinbarte Grenze der Küstengewässer. Durch 3.2.20 einigte sich Frankreich mit Tunis dahingehend, daß unter Aufhebung der früher vertraglich vereinbarten 10[223]-Meilen-Zone auch für französische Küsten die „porteé des canons“ maßgebend sei. Somit galten seit 1795 einheitlich für Algerien und Tunis die Küstengewässer der Vertragsstaaten in Kanonenschußweite als Hoheitsbereich der betreffenden Staaten, wie sich aus dem Verbot des Prisen-Nehmens innerhalb dieser Zone ergibt.

Eine gewisse Ausweitung dieses Bereichs galt jedoch vor Häfen, wo in Sichtweite keine Prisen irgendwelcher Art genommen werden durften, um den Handel nicht zu gefährden[224].

---

217 So ausdrücklich z. B. Art. 6 — 3.2.21.

218 Vgl. hierzu z. B. Art. 6 — 1.3.09; Art. 4 — 1.3.10; Art. 6 — 1.3.16; Art. 4 — 2.3.09; auch 2.2.12 als Zusatz zu Art. 9 — 2.2.07, wonach diejenigen, die vertragswidrig die Schiffe und nicht nur die Papiere untersuchen und dadurch die Schiffe zur Quarantäne zwingen, hart bestraft werden sollen; sowie Art. 6 — 3.2.21 — allerdings aufgehoben durch 3.3.11.

219 Art. 3 — 1.2.20.

220 Art. 2 — 1.2.20.

221 Siehe z. B. Art. 4 — 2.3.05; Art. 4 — 3.3.07.

222 In Europa seit *Bynkershoek* (De dominio maris cap. 2) anerkannt, vgl. *Nußbaum* S. 189 und *Perels* S. 22.

223 Im Text heißt „30 milles“, was aber nur ein Druckfehler sein kann. Selbst bei Berücksichtigung der verschiedenen Meilen-Maße, ergeben „10 lieux“ (vgl. 3.1.08 und 3.2.05) nicht „30 milles“.

224 Z. B. Art. 4 — 2.3.06, im übrigen wie Anm. 221.

Nach Art. 4 — 1.2.24 erstreckte sich dieser Schutz auch auf ankernde Schiffe in Sichtweite des Landes, „da diese schon den Schutz der Küste genießen“[225].

Selten[226] wurde ausdrücklich vereinbart, daß die Kaperschiffe zu friedlichen Zwecken (innocent passage) durch diese Küstengewässer fahren durften. Aus dem engen Zusammenhang mit dem Recht[227], Häfen und Küste zum Schutz vor Unwetter, Feinden oder ähnlichem aufsuchen zu dürfen, ergibt sich aber, daß das Recht der „innocent passage“ in weit größerem Maße als indirekt vereinbart angesehen werden muß.

Die Einbeziehung der Küstengewässer in den Hoheitsbereich hatte zur Folge, daß die Schiffe der Vertragspartner in dieser Zone in Sicherheit — auch vor ihren Feinden — waren. Der Anliegerstaat durfte daher keinen Angriff eines Schiffs einer dritten Nation auf ein Schiff des Partners dulden, sondern mußte mit allen zur Verfügung stehenden Mitteln diesem Schiff zur Hilfe kommen[228]. Blieb diese Hilfe erfolglos oder konnte überhaupt keine geleistet werden, etwa weil sich der Vorfall an einem unbewachten oder unbefestigten Küstenstreifen abspielte, so war der Anliegerstaat verpflichtet, die Freigabe des genommenen Schiffes zu versuchen[229].

Es verdient, hervorgehoben zu werden, daß alle diese Vorschriften reziprok für beide Seiten galten, von wenigen Ausnahmen abgesehen, wo dies nicht ausdrücklich hervorgehoben wurde.

b) Schiffbruch

Die Sicherheit, die durch den Vertrag allen Untertanen der Vertragspartner zuteil wurde und die sich auf die Person und das Vermögen erstreckte, ging nicht verloren, wenn ein Schiff eines Untertanen einer Vertragspartei an den Küsten der anderen Schiffbruch erlitt.

Es bestand kein sogenanntes „Strandrecht“[230], auch die Besatzung blieb frei und durfte nicht in Sklaverei genommen werden. Die Bewohner der betreffenden Küste waren zur Hilfe verpflichtet. Für ihre

---

[225] So auch Art. 4 — 3.2.19 und Art. 4 — 3.3.07.

[226] Z. B. Art. 2 — 3.2.11.

[227] Siehe unten 3. b) und f).

[228] So nach 34 Verträgen, z. B. Art. 2 — 1.2.11; Art 4 — 1.2.24; Art. 10 — 1.3.09; Art. 6 — 2.2.04; Art. 6 — 2.2.08; Art. 7 — 3.1.04 oder Art. 10 — 3.2.22.

[229] Art. 12 — 2.2.07 und Art. 14 — 2.2.16.

[230] Ausdrücklich so in 61 Verträgen vereinbart; zum Beleg seien z. B. genannt: Art. 10 — 1.1.12; Art. 6 — 1.1.17; Art. 1 — 1.1.09; Art. 9 — 1.3.09; Art. 15 — 2.1.01; Art. 6 — 2.2.10; Art. 9 — 3.2.22 und Art. 8 — 3.3.07; über den Rechtszustand in Europa siehe *Perels* S. 134 ff., *Pütter* S. 119 ff.

Hilfe hatten sie nach einer Anzahl von Verträgen Anspruch auf angemessenen Lohn[231].

Für die geretteten Güter brauchte kein Zoll gezahlt zu werden, es sei denn, man habe sie in dem betreffenden Land verkauft.

In Art. 3 — 3.3.19 wurde ausdrücklich vereinbart, daß der Bey bei allen Verstößen gegen diese Vorschriften persönlich hafte. Sonst galten nur die üblichen Sanktionen, d. h. Rücktrittsrecht oder Reparationsleistung.

Wieweit diese Vorschriften eingehalten wurden, ist unklar. Frankreich hat sie jedenfalls befolgt, wie aus den Mitteilungen von de Boynes[232] hervorgeht. Überwiegend[233] war die reziproke Geltung vereinbart.

3. Häfen

a) Eine Reihe von Verträgen[234] verbot den Barbaresken, sich der Küste des europäischen Vertragspartners zu nähern. Die Gefahr, daß die Barbaresken vertragswidrig Seeraub betreiben würden, schien diesen Staaten[235] zu groß zu sein. Das Recht der innocent passage stand ihnen aber laut Art. 3 — 2.2.09; Art. 3 — 2.3.09 und 3.3.08 immerhin zu.

b) Bei allen anderen Verträgen[236] wurde die Öffnung der Häfen für die Schiffe der Vertragspartner unbeschränkt vereinbart, sofern dies nicht ausdrücklich reziprok geschah, ergibt sich dies aus dem Zusammenhang der übrigen Vertragsregeln.

Für die Barbaresken und die europäischen Staaten war von Bedeutung, daß sie das Recht hatten, in den Häfen des Partners Proviant zum Marktpreis zu kaufen[237], gewisse Reparaturarbeiten an den Schiffen durchzuführen, und sich zum Schutz vor Unwetter in die Häfen zurückzuziehen.

---

[231] Z. B. Art. 8 — 1.3.08; Art. 15 — 2.2.07; Art. 12 — 3.1.08 oder Art. 7 — 3.2.08.

[232] *de Boynes*, Naufrage 1764 (vgl. Literaturverzeichnis).

[233] Ausdrücklich zwar nur in 15 Verträgen (z. B. Art. 7 — 3.2.01; wegen der häufigen Bezugnahme und Erneuerung aber stillschweigend bedeutend häufiger.

[234] Art. 8 — 1.1.17; Art. 8 — 1.1.19; Art. 1 — 1.2.01; Art. 8 — 1.2.14; Art. 8 — 1.2.23; Art. 4 — 1.3.09; Art. 8 — 2.103 (erweitert durch Art. 24 — 2.2.03); Art. 3 — 2.2.09; 2.3.09; Art. 8 — 2.2.11; 3.3.08; nach Art. 8 — 1.1.04 durften die algerischen Kaper zwar holländische Häfen anlaufen, holländische Sklaven oder Renegaten durften jedoch, um Unruhe zu vermeiden, nicht von Bord gehen.

[235] Es waren England, Dänemark und Portugal (dieses reziprok).

[236] Siehe z. B. Art. 1 — 1.1.10; Art. 22 — 1.2.24; Art. 7 — 2.1.60; Art. 6 — 2.3.01; Art. 1 — 3.2.03 oder Art. 3 — 3.2.19.

[237] So konnte dann Port Mahon durch Käufe bei den Barbaresken versorgt werden, Art. 28 — 2.2.10 und Art. 12 — 3.2.12.

c) Der Konsul oder der Kapitän des Schiffes war verpflichtet, den Behörden der Barbaresken Nachricht vom Eintreffen des Schiffes zu geben, damit die christlichen Sklaven besser bewacht und Salut gegeben werden konnte[238].

d) Die einlaufenden Schiffe hatten Anspruch auf 21 Schuß[239] Salut, der vom Schiff beantwortet wurde[240].

e) Luden oder entluden die Schiffe Handelswaren, so mußten sie Ankergeld bezahlen, welches üblicherweise 25 Piaster betrug. Hinzu kamen 5 Piaster für die Hafenwachen[241].

f) Im Hafen war den Schiffen der gleiche Schutz wie in den Küstengewässern zu gewähren. Trafen im Hafen Schiffe des Vertragspartners mit Kriegs- oder Kaperschiffen von mit ihm befeindeten Nationen aufeinander, so mußte dem Schiff des Vertragspartners bei der Ausfahrt ein Vorsprung[242] eingeräumt werden, indem das andere Schiff entsprechend lange im Hafen festgehalten werden mußte, wobei in Tripolis mehrfach[243] eine Höchstfrist vereinbart wurde, bis zu der Schiffe festgehalten werden durften.

g) Kriegsschiffe der europäischen Staaten hatten das Recht, die Häfen der Barbaresken anzulaufen, ihre gemachten Prisen dort zollfrei zu verkaufen und Proviant aufzunehmen[244].

4. Prisen[245]

Es versteht sich von selbst, daß die Schiffe der Vertragspartner, sofern sie gültige Pässe besaßen und die richtige Flagge führten[246], nach Vertragsabschluß nicht mehr zu Prisen genommen werden durften[247]. Diejenigen aber, die vor dem Eintritt in die vertraglichen Beziehungen[248] oder nach rechtswirksamer Aufhebung des Vertrages genommen wurden, wurden als rechtmäßige Prisen angesehen.

---

[238] Z. B. Art. 6 — 2.2.02 oder Art. 9 — 3.2.13.

[239] Nach Art. 18 — 2.2.10 und Art. 18 — 2.2.19 waren es 27 Schuß, nach Art. 18 — 2.2.08 und Art. 18— 3.2.07 25 Schuß.

[240] Z. B. Art. 20 — 1.2.05; Art. 19 — 2.2.03 oder Art. 15 — 3.2.12.

[241] Vgl. Art. 13 — 3.1.08 statt vieler Verträge, die inhaltlich übereinstimmen.

[242] Zwischen einem und vier Tagen in den einzelnen Verträgen schwankend, vgl. Art. 10 — 2.3.03 mit Art. 6 — 3.2.13.

[243] Vgl. z. B. Art. 20—2.2.03; Art. 11 — 2.2.04; Art. 18 — 2.2.07 und Art. 13 — 2.3.01.

[244] So ausdrücklich in 29 Verträgen, z. B. Art. 10 — 1.2.15; Art. 14 — 2.1.01 oder Art. 12 — 3.2.12.

[245] Vgl. hierzu *Boutin* S. 155 ff. (speziell S. 169 ff.) und *Devoulx* — Le registre des prises maritimes.

[246] So ausdrücklich: Art. 11 — 3.1.03.

[247] Vgl. z. B. Art. 28 — 1.1.20; Art. 3 — 1.3.01; Art. 5 — 2.3.02; Art. 2 — 3.1.01 oder Art. 7 — 3.2.16.

[248] Vgl. 1.2.25 — *Martens* 4, S. 311.

Über das eigentliche Prisenverfahren enthielten die Verträge keine Angaben, denn dieses spielte während der Friedenszeiten keine Rolle für die Vertragsparteien.

Wichtiger war für sie, daß dem europäischen Schiff der Markt in den Häfen der Barbaresken zum Absatz der von ihm gemachten Prisen geöffnet wurde[249].

Art. 3 — 3.2.14 macht gut erkennbar, um was es hierbei ging:

Englische Kriegs- und Kaperschiffe durften außerhalb der tunesischen Küstengewässer Schiffe ihrer Feinde (Christen oder Muslime) nehmen und in Tunis verkaufen.

Ein weiterer wichtiger Punkt war sicherzustellen, daß die Schiffe oder die Waren, die ein Barbareskenstaat zur rechtmäßigen Prise erklärt und an einen europäischen Händler[250] verkauft hatte, nicht durch Kaperschiffe des betreffenden Barbareskenstaates dem Europäer abgenommen wurden, wenn er die Gegenstände nach seinem Heimatstaat überführte. Aus diesem Grunde wurde der Prise das „certificate of condemnation and bill of sale“ mitgegeben, was wie ein Paß Sicherheit gewährte[251].

5. Quarantäne[252]

In Art. 2 — 1.3.11; Art. 2 — 1.3.12; Art. 2 — 2.3.05; Art. 2 — 2.3.06; Art. 2 — 3.3.05 und Art. 2 — 3.3.07 wurden die Häfen bestimmt, die die Schiffe zur Quarantäne aufsuchen mußten, wenn sie von den Barbaresken kamen. Diese Vorschriften scheinen streng befolgt worden zu sein, so hat z. B. 1830 der algerische Dey bei seiner Fahrt ins Exil nach Livorno sich in Neapel in Quarantäne begeben[253].

VII. Tribute

Obgleich die meisten Verträge schamhaft darüber schweigen, unterliegt es keinem Zweifel[254], daß die europäischen Staaten Zahlungen für die Verträge an die Barbaresken erbracht haben[255]. Erst im Jahre 1830 wurde dem ein Ende gesetzt[256].

---

[249] Z. B. Art. 11 — 2.2.02; interessant auch Art. 5 — 3.1.04; wonach solche Prisen ausgenommen waren, die man von den Türken genommen hatte.

[250] Nach Art. 7 — 2.3.03 galt dies reziprok.

[251] Z. B. Art. 5 — 2.2.18; auch Art. 8 — 1.2.25 und Art. 8 — 3.2.07.

[252] Vgl. hierüber auch *Perels* S. 131 f. und *Young* III, S. 129 ff., der die Bemühungen um eine internationale Regelung der Quarantäne schildert.

[253] *Martens* Supplement 15, S. 48.

[254] Vgl. z. B. *Plantet,* Deys I, S. LXVIII f.; *Bernard* S. 83.

[255] Darüber, daß nach islamischer Ansicht das Verlangen von Tribut geradezu die wichtigste Voraussetzung zur Erlaubtheit einer muwada'ah ist, vgl. *Kruse* passim.

[256] Art. 5 — 2.3.10 und Art. 4 — 3.3.19, siehe aber auch schon Art. 2 — 1.3.16.

Aus einigen Verträgen ergibt es sich aber dennoch, daß und wieviel an die Barbaresken gezahlt wurde. In Art. 10 — 2.2.18 bestätigt der Bey den Erhalt der Zahlungen für den Vertrag und die Freundschaft. 1.2.12 wird durch 1.2.25 unter der Bedingung erneuert, daß jährlich 12 000 Zechinen an Algier gezahlt werden[257].

Nach 1.2.27 erhielten die USA den Frieden gegen eine jährliche Leistung von gleichfalls 12 000 Zechinen[258].

Weitere Vereinbarungen ähnlichen Inhalts finden sich in einigen weiteren Verträgen, die hier aber nicht mehr erwähnt zu werden brauchen.

4. Kapitel: Vorschriften mit privatrechtlichem Charakter

I. Personenrecht

1. Freiheit

Die allgemeine Sicherheitsvereinbarung durch den Vertrag wirkte sich für den einzelnen Angehörigen des Vertragsstaates in einer Reihe besonderer Freiheitsrechte aus.

Sie genossen im Aufenthaltsstaat völlige Freizügigkeit im Reisen[259] und waren beim Abschluß von Handelsgeschäften ungebunden[260]. Auf dem Gebiete des Vertragspartners durften sie nicht zu Sklaven gemacht noch als solche verkauft werden. Wurden sie als Sklaven dorthin gebracht, so war der Vertragsstaat verpflichtet, für ihre sofortige Freilassung zu sorgen[261].

2. Religionsfreiheit

Für die Christen in den Barbareskenstaaten ergab sich die Freiheit der Religionsausübung schon daraus, daß sie im Hause des Konuls am Gottesdienst teilnehmen durften[262].

Den Türken in Frankreich war in reziproker Anwendung dieser Vorschriften Religionsfreiheit gewährt worden[263].

Wollte ein Christ seinen christlichen Glauben aufgeben und Moslem werden, so galt, daß er für drei Tage zur Bedenkzeit im Hause des Konsuls blieb und erst danach seinen Entschluß vor dem Diwan

---

[257] Siehe *Martens* 6, S. 311.

[258] *Martens* 6, S. 558.

[259] Art. 6 — 3.1.04 und Art. 6 — 3.1.06 legten dies ausdrücklich reziprok fest.

[260] Siehe z. B. Art. 14 — 1.2.15; Art. 6 — 2.1.01 oder Art. 11 — 3.2.13.

[261] Vgl. Art. 3 — 1.1.12; Art. 8 und 9 — 1.1.18; Art. 5 — 2.2.09; Art. 5 — 3.2.01; Art. 7 und 8 — 3.2.05 oder Art. 5 — 3.2.19.

[262] Besonders deutlich so: Art. 11 — 1.2.14.

[263] Art. 17 — 1.1.18; Art. 18 — 1.1.20; Art. 14 — 1.3.09; Art. 15 — 1.3.16; Art. 18 — 2.1.06; Art. 15 — 2.2.04; Art. 23 — 2.2.07; Art. 18 — 2.3.01; Art. 18 — 3.1.08; Art. 13 — 3.2.01; Art. 14 — 3.2.05; Art. 13 — 3.2.08; Art. 13 — 3.2.19.

bekanntgeben konnte[264]. Offensichtlich sollte damit verhindert werden, daß Christen gewaltsam oder unter Alkohol zum Glaubenswechsel gebracht würden oder daß man sie unter der Behauptung, sie hätten konvertiert, zurückhielt[265]. Hatte der Christ Zuflucht zu einem heiligen Ort genommen, so wurde sein freier Entschluß als hinreichend sicher angesehen und die Bedenkzeit beim Konsul entfiel. Bedenkt man, daß nach Artikel 2 — 1.2.22 sogar die Kasernen der Janitscharen als heiliger Ort angesehen wurden, so erkennt man die Zweifelhaftigkeit dieser Ausnahme.

3. *Ausreiserecht*

Hierzu ist das Grundsätzliche schon im 3. Kapitel, II, 1. dargestellt worden. Es bleibt hinzuzufügen, daß dieses Recht nicht dadurch ausgeschlossen wurde, daß der Fremde im Lande geboren wurde. Die Anwendung des Grundsatzes des „ius soli" wurde ausdrücklich abgelehnt[266]. Auch wurde dieses Recht nicht dadurch beschnitten, daß der Christ sich länger als ein Jahr im Lande aufhielt. Er wurde nicht dhimmi, dem das Verlassen des dar-al-islam verboten war[267].

4. *Persönliche Haftung*

Ein wesentlicher Punkt der Verträge bestand darin, daß die ausschließliche persönliche Haftung für Schulden vereinbart wurde. Eine Kollektivhaftung aller Angehörigen einer Nation für Schulden, die einer ihrer Angehörigen machte, war ausgeschlossen. Nur im Falle der schriftlichen oder öffentlichen Bürgschaft mußten sie für fremde Schulden einstehen[268].

5. *Erbrecht*

In dem Falle, daß ein Christ in den Barbareskenstaaten starb, hatten die islamischen Herrscher kein „ius abinagii"[269], vielmehr galt die freie Erbfolge nach dem Recht ihres Heimatstaates. War der Erbe oder ein Testamentsvollstrecker zugegen, so wurde ihm der Nachlaß übergeben. In allen übrigen Fällen erhielt ihn der Konsul, der für die weitere Abwicklung sorgte[270].

---

[264] Vgl. z. B. Art. 2 — 1.2.22 oder Art. 33 — 2.2.16.

[265] Nach Art. 6 — 1.1.04 war eine gewaltsame „Bekehrung" zum Islam ungültig.

[266] Z. B. Art. 18 — 1.2.15; Art. 6 — 2.1.01; Art. 5 — 3.1.03 und Art. 6 — 3.2.12.

[267] Im Gegensatz zum islamischen Recht (s. S. 76).

[268] So 51 Mal Gegenstand vertraglicher Vereinbarungen, vgl. z. B. Art. 14 — 1.1.19; Art. 21 — 2.1.06 oder Art. 13 — 3.2.07.

[269] Vgl. z. B. *Pütter* S. 130 ff. (droit d'Aubaine) oder auch die Konvention zur Aufhebung des Droit d'Aubaine zwischen Frankreich und Österreich vom 24. Juni 1766 *Wenck* III, S. 587.

[270] So in 53 Verträgen, vgl. z. B. Art. 13 — 1.2.18; Art. 12 — 2.2.08 oder Art. 12 — 3.3.03.

Diese Normen galten auch reziprok für die Untertanen der Barbareskenstaaten in Frankreich und Spanien[271]. Art. 12 — 2.2.08 bestätigt das Recht der Christen, ihre Toten „en cimetière de la nation" zu beerdigen. Ansonsten fanden sich keine vertraglichen Regelungen über diesen Gegenstand.

II. Sklaverei

1. Ende mit Vertragsschluß

Aus der grundsätzlichen Rechtlosigkeit, in der sich sowohl nach teilweiser europäischer wie einhelliger islamischer Auffassung die Angehörigen der jeweils anderen Rechtsordnung befanden, ergab sich zwangsläufig, daß bei gegenseitiger Gefangenschaft der Gefangene zum Rechtlosen, d. h. Sklaven, wurde.

Aus der mit dem Vertrag verbundenen Anerkennung des anderen als Rechtssubjekt ergab sich dann, daß vom Vertragsschluß an keine Angehörigen der Vertragsstaaten in den Vertragsstaaten zu Sklaven gemacht werden durften[272].

2. Handel, Auslösung, Tausch

Diejenigen aber, die vor dem Vertragsschluß zu Sklaven geworden waren, blieben auch weiterhin Sklaven. Es bestand für den Konsul oder andere Angehörige der betreffenden Nation, selbst wenn sie mit dem Sklaven verwandt waren, keine Pflicht, den Sklaven freizukaufen. Der Sklavenhandel mit diesen war frei und ohne irgend einen Zwang[273]. Häufig[274] wurde jedoch vereinbart, daß die Sklaven gegen einen festen Betrag (durchschnittlich 150 Piaster pro Person) ausgelöst wurden. Besaßen beide Seiten Sklaven voneinander, so bot sich der Weg des Austausches an[275]. Da aber die Barbaresken immer mehr Christen als Sklaven hatten als umgekehrt, wurde für den darüber hinaus noch vorhandenen Teil der Christensklaven ein Lösegeld vereinbart, z. B. nach 3.1.05: 175 Piaster für jeden weiteren Franzosen, nach Art. 2 — 2.3.03: ein Pauschalbetrag von 60 000 Dollars.

Zur genauen Feststellung, wieviele Sklaven der betreffenden christlichen Nation in dem Barbareskenstaat waren, wurde zum Teil[276] vereinbart, daß innerhalb einer gewissen Zeit eine Registrierung der Sklaven durchzuführen war.

---

[271] Nach 12 Verträgen, vgl. z. B. Art. 22 — 1.1.20; Art. 14 — 1.2.24; Art. 21 — 2.1.06; Art. 20 — 2.3.01; Art. 22 — 3.1.08; Art. 17 — 3.2.08.

[272] Aus der Vielzahl der Verträge vgl. Art. 3 — 1.1.07; Art. 43 — 2.3.01 oder Art. 14 — 3.1.04.

[273] Z. B. Art. 12 — 1.2.25; Art. 11 — 2.2.08 oder Art. 11 — 3.2.07.

[274] In 22 Verträgen, z. B. Art. 6 — 2.1.04.

[275] Vgl. z. B. Art. 3 — 1.3.16; Art. 3 — 3.2.05 oder Art. 25 — 3.2.08.

[276] Art. 5 — 1.1.20; Art. 11 — 2.1.06; Art. 11 — 2.1.08; Art. 8 — 2.2.07; 3.1.05; Art. 9 — 3.1.08; Art. 5 — 3.2.06.

3. Freigabe

Nachdem die Barbaresken nach 1816 die Aufhebung der Sklaverei erklärt hatten, wurde die Freigabe aller Gefangenen ohne Lösegeld vereinbart[277].

Nach Art. 6 — 2.2.07; Art. 19 — 2.1.03; Art. 2 — 2.1.04; Art. 11 — 2.1.06; Art. 5/11 — 2.2.08; Art. 2 — 3.1.06[278]; Art. 9 — 3.1.08; Art. 2 — 3.1.09; Art. 1 — 3.1.10 und Art. 5 — 3.2.06 wurden alle diejenigen Sklaven, die entgegen vorangegangenen vertraglichen Vereinbarungen zu Sklaven gemacht worden waren, ohne Lösegeld sofort frei. Da diese Vereinbarungen oft (vgl. z. B. Art. 8 — 2.2.07) die Freigabe von der Unterzeichnung des Vertrages oder ähnliche Sicherungen vorsahen, kann davon ausgegangen werden, daß sie auch tatsächlich erfüllt wurden.

4. Ein wichtiger Gegenstand der Verträge betraf die Frage, wie zu verfahren sei, wenn Sklaven sich auf ein Schiff vor der Küste retteten. Es wurde z. B. schon die abenteuerliche Lebensgeschichte des St. Vincent de Paul angedeutet[279], der auf diese Weise seine Freiheit wiedererlangte. Von wenigen Ausnahmen abgesehen[280] waren diese Regeln einseitig auf die Situation zugeschnitten, daß sich Christen — gleich welcher Nation — auf ein Schiff des christlichen Vertragspartners flüchteten. Hier galt folgendes:

a) Eine Reihe von Verträgen[281] sah vor, daß der Sklave ohne irgendwelche Einwendungen zurückzugeben sei. Nach Art. 11 — 1.2.15 mußte das Schiff sogar zurückkehren, wenn der Sklave erst auf hoher See entdeckt wurde. Daß diese Vorschrift von europäischer Seite streng beachtet wurde, scheint wenig wahrscheinlich. In Art. 11 — 2.1.01; Art. 12 — 3.1.03 und Art. 11 — 3.1.04 wurde vereinbart, daß bei einer erfolgreichen Flucht eines Sklaven der Konsul nicht verpflichtet war, dem Besitzer den Kaufpreis zu erstatten. Ausgenommen war der Fall, daß der Konsul beauftragt worden war, die Flucht zu verhindern; dann hatte er den Kaufpreis oder, sofern dieser nicht mehr zu ermitteln war, 300 Piaster zu zahlen.

b) Später entwickelten sich die Vereinbarungen dahin, daß die Flucht auf ein Kriegsschiff zur Freiheit des Sklaven führte, ohne daß

---

[277] Art. 3 — 2.3.10 und Art. 2 — 3.3.18 und 3.3.19.

[278] Unklar ist hier, ob es sich nicht in Wirklichkeit um einen Austausch handelte, weil beide Parteien ihre Sklaven freigeben sollten.

[279] Siehe oben S. 12.

[280] 1.2.24; 3.2.19; 3.2.21 und 3.2.22.

[281] Art. 11 — 1.2.05; Art. 11 — 1.2.14; Art. 11 — 1.2.15; Art. 11 — 1.2.17; Art. 11 — 1.2.23; Art. 24 — 1.2.24; Art. 11 — 1.2.25; Art. 14 — 3.2.11; Art. 6 — 3.2.22 und Art. 6 — 3.2.21, der jedoch durch 3.3.11 ausdrücklich aufgehoben wurde.

ein Lösegeld zu zahlen war[282]. Aus diesem Grunde bestand dann auch die Pflicht, die Ankunft eines solchen Schiffs zu melden, damit die Sklaven besser bewacht werden konnten[283].

III. Handel[284]

1. Wichtigster Punkt war, daß ab Inkrafttreten des Vertrages der beiderseitige Handel völlig frei war. Die Kaufleute waren an keine Preise oder Abschlüsse gebunden[285]. Art. 2—3.3.05 spricht von „un libre communication et correspondance commerciale sous des conditions reciproques", womit der Sinn aller dieser Vereinbarungen zusammengefaßt ist.

Das Laden der Schiffe war frei[286], die Barbareskenstaaten durften nicht den Frachtraum in den europäischen Schiffen zwangsweise belegen. Ließen Kaufleute der Barbareskenstaaten Waren auf europäischen Schiffen gegen Zahlung des Frachtgeldes[287] transportieren, so wurde über diese Waren ein besonderes Verzeichnis geführt[288].

2. Aus dem Grundrecht der Handelsfreiheit folgte das Recht der Niederlassungsfreiheit. Viele Verträge[289] galten den besonderen Ver-

---

[282] So nach 19 Verträgen. Vgl. z. B. Art. 11 — 1.1.13; Art. 11 — 1.1.17; Art. 13 — 1.3.09; Art. 11 — 2.1.03; Art. 6 — 2.2.01; Art. 6 — 2.2.02; Art. 17 — 2.2.03; Art. 16 — 2.2.19; Art. 19 — 3.2.01; Art. 9 — 3.2.13; hierbei wird verschiedentlich (siehe z. B. Art. 10 — 3.2.07) hervorgehoben, daß die Flucht auf ein Handelsschiff nicht zur Freiheit führt. Bemerkenswert auch Art. 19 — 3.2.19, der die gleichen Normen im Falle der Flucht eines muslimischen Sklaven auf ein Schiff des Barbareskenstaates reziprok gelten läßt. Über die hervorgehobene Stellung der Kriegsschiffe vgl. auch *Perels* S. 94 ff.

[283] Vgl. oben S. 138 und die Verträge in Anmerkung 282.

[284] Hier wurden nur die wichtigsten Punkte erwähnt und nicht auf die überaus vielfältigen Einzelheiten eingegangen. Zum Handel selbst vgl. das ausführliche Werk von *Masson* (siehe Literaturverzeichnis).

[285] Ausdrücklich so in 52 Verträgen vereinbart, vgl. z. B. Art. 3 — 1.1.18; Art. 2 — 2.2.04 oder Art. 1 — 3.1.04.

[286] Vgl. z. B. Art. 14 — 1.1.17; Art. 17 — 2.1.06 und Art. 12 — 3.2.01.

[287] Vgl. Art. 14 — 1.2.27; Art. 11 — 3.1.08; Art. 12 — 3.2.22 und Art. 10 — 3.2.11; nach Art. 8 — 3.2.06 erarbeitete der „Commisaire général des douanes de Tunis" unter Assistenz des Konsuls eine Tarifliste für den Transport tunesischer Waren an Bord französischer Schiffe; gemäß Art. 12 — 3.2.22 hatte beim Streit über Fracht ein Komitee von Kaufleuten Stellung zu nehmen.

[288] Art. 3 — 1.2.06; Art. 30 — 2.2.04; Art. 4 — 3.2.12 und Art. 17 — 3.2.13.

[289] Vgl. die Zusammenstellungen bei *de Card* S. 4 f., 6 f., 8 f., 104 f., 106 f.

hältnissen der Kontore der europäischen Staaten. Auf die Einzelheiten dieser Verträge kann nicht eingegangen werden. In den Staatsverträgen wurde nur öfter[290] vereinbart, daß Konzessionen erteilt werden würden.

3. Für die eingeführten Waren war Zoll vom Wert (ad valorem — Art. 14 — 3.2.22) zu entrichten. Die Höhe betrug in Algier zunächst[291] 10%, wurde später aber auf 5% gesenkt[292]. Ausnahmen bildeten Art. 3—1.1.04 und Art. 2—1.2.14, nach denen nur 3% zu zahlen waren. In Tunis und Tripolis waren 3% zu erlegen[293], nach Art. 10—3.2.08 und Art. 17—3.2.13 jedoch dann 10% bzw. 8% ,wenn die Waren aus einem mit Tunis im Kriege stehenden Lande stammten. Konnten die eingeführten Waren nicht abgesetzt werden, so entfiel die Zollzahlung. Art. 3 — 3.3.12 sowie Art. 5 und 6 — 3.3.14 verweisen auf Zollisten, die aber leider nicht veröffentlicht wurden. Nur Art. 21 — 3.2.07 befaßte sich mit dem Zoll für ausgeführte Waren. Auch diese wurden mit 3% Zoll belegt.

Der Handel mit Kontrebande, die in den Verträgen meist genau beschrieben wurde, war frei von Zoll[294].

Dies war jedoch das Ergebnis einer langen Entwicklung. Nach Art. 5 — 1.1.03 wurden diejenigen holländischen Schiffe, die Kontrebande an Bord führten, ohne weiteres zur rechtmäßigen Prise erklärt, da der Handel mit Kontrebande verboten war. Noch nach Art. 10 — 3.2.08 durfte deren Laden oder Entladen nur mit besonderer Erlaubnis geschehen. Allmählich änderten sich aber die Ansichten und die Barbaresken erkannten den Wert, den die Kontrebande für sie hatte.

Wie z. B. Art. 11 — 2.2.04 oder Art. 14 — 1.1.18 galten diese Zollvorschriften reziprok auch für die Barbaresken in den europäischen Ländern. Teilweise wurden die Barbaresken aber genauso wie alle Ausländer im europäischen Staat behandelt: z. B. Art. 20 — 2.2.16.

4. Den Verträgen mit den Barbaresken war die sog. „Meistbegünstigungsklausel“ nicht fremd[295]. Vorteile, die einer dritten Nation eingeräumt wurden, galten hiernach auch in Ansehung des Vertragspartners.

---

[290] Z. B. Art. 2 — 1.3.03.

[291] Z. B. Präambel 1.1.07 und Art. 2 — 1.1.17 (zu diesem siehe Art. 2 — 1.2.03, der den Zoll auf 5% senkt).

[292] Z. B. Art. 2 — 1.2.15 und Art. 2 — 1.2.23.

[293] Z. B. Art. 2 — 2.2.02 und Art. 11 — 3.2.05.

[294] Z. B. Art. 2 — 1.1.19; Art. 3 — 2.2.01 oder Art. 18 — 3.2.12.

[295] Art. 1 — 1.3.09; Art. 1 — 1.3.16; Art. 37 — 2.2.07; Art. 24 — 2.2.10; Art. 37 — 2.2.16; Art. 9 — 2.2.18; Art. 23 — 2.2.19; Art. 31 — 2.3.01; Art. 1 und 11 — 2.3.03; Art. 6 — 3.2.06; Art. 14 — 3.3.11.

5. Kapitel: Bewertung der Verträge

I. Ihre rechtliche Natur

Hinsichtlich der Capitulationen des osmanischen Reiches herrscht weitgehend die Ansicht vor, sie seien einseitige Verleihungen von Vorrechten seitens der Sultane[296].

Die Argumentation hierfür bezieht ihre Gründe aus der von Hartmann[297] betonten Verbindung der Capitulationen mit den islamischen Vorstellungen vom djihad und aman und legt die Capitulationen nur nach islamischem Recht als Bestätigung oder Verzicht der durch die sharia gebotenen Pflichten der Muslime Fremden gegenüber aus[298].

Unsere empirische Betrachtung der Verträge der Barbaresken hat ergeben, daß keine enge Verbindung mit dem Recht des djihad gegeben war und daß ein großer Teil der Vertragsregeln im Widerspruch zum religiösen Recht stand. Hingewiesen sei vor allem auf die Dauer der Verträge[299].

Auch vom Inhalt her war festzustellen, daß keineswegs nur einseitige Verleihungen Gegenstand der Verträge waren, sondern daß in sehr erheblichem Umfang reziproke Verträge geschlossen wurden. In einer zusammenfassenden Betrachtung kann gesagt werden, daß dies immer dann der Fall war, wenn die Interessenlage auf europäischer Seite und auf der Seite der Barbareskenstaaten gleich war. Es sei an die Vorschriften über die Paßkontrolle, das Sklavenrecht und die Handelsvorschriften erinnert. Aber auch das islamische Recht schreibt nicht zwingend vor, daß die Muslime keine zweiseitigen Verträge abschließen dürfen. Kruse hat als das Wesen der muwada'ah herausgestellt, daß sich in ihrem Rahmen eine Rechtsordnung entfalten kann, die ausschließlich auf den Zwang der Notwendigkeit gegründet ist. Die muwada'ah kann sich demnach auch nach islamischer Lehre von den Vorschriften des islamischen Rechtes lösen, wie wir es bei den Barbaresken beobachten konnten.

Die Verträge der Barbareskenstaaten mit den europäischen müssen daher zumindest als virtuell zweiseitig verstanden werden, auch wenn

---

[296] Vgl. statt vieler *Berber* I, S. 211; *Hartmann* S. 28; *Janson* S. 50 ff. (speziell S. 54 ff.); *Nußbaum* S. 61/62; *Seidl-Hohenveldern,* Völkerrecht Randziffer 768.

[297] a. a. O. S. 1, 24.

[298] Vgl. *Janson* S. 55, der ausführt, es fehle die für zweiseitige Verträge vorauszustezende Willenseinigung: „denn auf moslimischer Seite war dieser Wille nach Maßgabe des eigenen Staatsrechts — in diesem Falle der Dhimmi — und Mustamin-Bestimmungen — gebildet worden, denen nicht der Charakter zweiseitiger Verträge innewohnte.“

[299] Vgl. im übrigen auch oben S. 105 Anm. 37, S. 107 Anm. 58 und S. 141 Anm. 267.

sich diese Natur nicht in jedem Vertrag so deutlich ausprägte wie in 1.2.24.

Nur eine solche Betrachtungsweise wird aber auch der Rolle des Staatsvertrages im Völkerrechtstyp des Zwischen-Ordnungen-Rechts gerecht, wonach schon in der Bereitschaft des friedlichen Verkehrs miteinander eine zweiseitige Erscheinung offenbar wird. Diese Erkenntnis ist auch eine Anregung, die traditionelle Ansicht über die Natur der osmanischen Capitulationen zu überdenken.

Die Verträge werden aber auch nicht deshalb zu einseitigen, weil das islamische Recht von der freien Widerrufbarkeit ausging. Für die Verträge der Barbaresken jedenfalls kann dieser Satz des islamischen Rechts kaum Geltung beanspruchen. Die Vielzahl der Schadensersatzleistungen wegen Vertragsverletzungen beweist, daß die Barbaresken die geschlossenen Verträge als verbindlich und nur in den in den Verträgen vorgesehenen Fällen[800] als aufhebbar ansahen.

II. Wirksamkeit der Verträge

Auch eine relative Unwirksamkeit der Verträge widerspräche der hier vorgetragenen Meinung nicht. Es ist eine Besonderheit des Völkerrechts, daß wegen des Fehlens einer mit Machtmitteln ausgestatteten übergeordneten Instanz völkerrechtliche Verträge nicht immer voll erfüllt werden, ohne daß hiergegen Sanktionen unternommen werden können. Dieser Umstand hat bekanntlich dazu geführt, daß von einigen Autoren dem Völkerrecht jeglicher Rechtscharakter abgesprochen wurde[801].

Es muß aber ernsthaft bezweifelt werden, ob die fast einhellig hervorgehobene Unwirksamkeit der Verträge mit den Barbaresken den Tatsachen entspricht. Diese Ansicht stellt wohl zu Unrecht nur auf die nicht zu leugnenden ständigen Übergriffe der Kaperschiffe ab. Daß gerade hier viele Vertragsverletzungen vorkamen, liegt in der Natur dieser Einrichtung.

Es muß berücksichtigt werden, daß die Verträge über die Seerechtsvorschriften hinaus einen weiten Bereich der Regelung umfaßten. In diesem Bereich sind aber nur selten Vertragsverletzungen bekannt geworden. Jahrhundertelang wurden die Vorschriften über den Handel, die Gerichtsbarkeit, die Erbfolge, das Konsulatswesen usw. strikt befolgt. So erwiesen sich die Verträge mit den Barbareskenstaaten als ein taugliches Mittel auch bei aller Verschiedenheit der geistigen Grundlagen der Vertragspartner in einem beschränkten Umfange friedlichen Verkehr zu ermöglichen.

---

[800] Die Bedeutung der „clausula rebus sic stantibus" muß hier unbeachtet bleiben, da kein Fall bekannt ist, wo man sich hierauf berufen hätte.

[801] Vgl. hierüber *Seidl-Hohenveldern,* Völkerrecht Rand-Ziffern 9 ff.

TEIL IV

Die rechtliche Beurteilung der Barbareskenstaaten

1. Abschnitt: Die vertretenen Meinungen

1. Grotius

Die Stellungnahme von Grotius zu den Barbaresken ist unklar. Im 3. Buch[1] von De jure belli ac pacis erörtert er eingehend das Recht der Rückkehr — Postliminium.

Mit dem Postliminium hatte es folgende Bewandtnis: Im römischen Recht[2] galt für den Fall, daß ein Römer in Kriegsgefangenschaft geraten und dadurch Sklave, d. h. rechtlos, geworden war, daß seine bürgerlichen Rechte wie z. B. das Eigentum, nicht aber auch die Ehe[3], während seiner Gefangenschaft nicht untergingen, sondern in der Schwebe blieben. Gelang ihm die Rückkehr, so kam ihm das ius postliminium zu gute: Er trat in seine alte Rechtsstellung weitgehend so wieder ein, als hätte er nie seine Rechtsfähigkeit verloren. Starb er jedoch in der Gefangenschaft, so waren seine Rechte bereits zum Zeitpunkt der Gefangennahme erloschen[4].

Bei der Fortwirkung der römischen Rechtsgedanken in Europa nimmt es nicht wunder, daß das ius postliminium auch Eingang in das Völkerrecht gefunden hat.

Grotius veränderte den ursprünglichen Sinn dadurch, daß er das Postliminium auf die Sachen anwandte, die in feindliche Hand gerieten. Nach § 3 des 9. Kapitels hat das Postliminium nur in dieser Art noch Bedeutung. In § 14 wird dieses Recht hinsichtlich beweglicher Sachen weitgehend eingeschränkt.

Zum Schluß dieses Kapitels[5] stellt Grotius dann fest, daß die Gefangennahme (ius captivitatis) und die Regeln des Rückkehrrechtes (postliminium) im Frieden (extra bellum) zwischen den Christen und auch im Verhältnis zu den meisten mohammedanischen Staaten nicht mehr Anwendung finden. Eine Ausnahme bestehe jedoch gegenüber „unzivilisierten Völkern"[6] (gens barbara). So sei, während er schreibe

---

[1] 9. Kapitel.

[2] *Gaius*, Institutionen 1, 129; Digesten 49, 15, 5.

[3] Die Ehe blieb aufgelöst und unterlag nicht dem Postliminium, vgl. *Kaser* S. 224/225.

[4] *Kaser* S. 67.

[5] § 19.

[6] Übersetzung von *Schätzel* S. 497.

(dum haec scribo), vom obersten Pariser Gerichtshof unter Nicole Verdun entschieden worden: Algerier hatten französisches Eigentum geraubt, und andere hatten es später wieder genommen. Der ursprüngliche Eigentümer verlangte nun von ihnen Herausgabe. Das Gericht entschied, daß der ursprüngliche Eigentümer sein Eigentum verloren habe (capta belli jure mutasse dominum) und daß die späteren Erwerber rechtmäßig Eigentümer geworden seien.

Unklar bleibt jedoch, wieso hier das Postliminium angewandt wurde. So stellt Grotius dann auch fest, das Gericht habe das Postliminium nicht auf Schiffe bezogen. Grotius' Begründung, daß den Barbaresken gegenüber das Postliminium angewendet werde, besteht also letztlich darin, daß es — im konkreten Fall — eben nicht angewandt wurde.

Jedenfalls ist dieser Stelle zu entnehmen, daß Grotius die Barbaresken zu den Völkern ohne Kultur gerechnet hat.

2. *Gentili*

Alberici Gentili berührt in seinen „Hispanicae Advocationis Libri Duo" die Barbaresken im 1. Buch, Kapitel IV. Kapitel XV ist überschrieben:

„De Anglis, qui per piratas Hispanis rapta emerunt, interventu fisci Regis Barbaria".

Gentili tritt hier dafür ein, daß die Engländer, die die Sachen von den Barbaresken gekauft haben, diese den ursprünglichen Eigentümern zurückgeben müssen, da sie gewußt haben, daß sie die Sachen von Piraten kauften. Sie könnten nicht einwenden, die Gegenstände von einem Staat gekauft zu haben (emptum de fisco esse)[7], selbst dann nicht, wenn sie sie dort von einer öffentlichen Stelle (de domo publica) oder von Staatsbeamten (a ministris publicis) erworben hätten. Alles würde dort von Staats wegen gehandelt, so daß die Käufer immer bösgläubig gewesen seien.

In Kapitel XXII: „De possessione his non auferenda, vel movenda, qui emisse dicuntur res raptas per piratas, atque etiam ex ipsis piratis" vertritt er scheinbar einen entgegengesetzten Standpunkt[8]. Hier war es so, daß Engländer von englischen Piraten Waren gekauft hatten, die diese Venetianern geraubt hatten.

Gentili trägt vor[9], es sei zwar anerkannt, daß man von Piraten nichts erwerben könne, dies gelte jedoch nur für Piraten einer fremden Nation. Da hier Engländer von Engländern gekauft haben, hätten die späteren Erwerber rechtmäßig Eigentum erworben. Gentili weicht demnach nicht von seiner Stellungnahme hinsichtlich der Bar-

---

[7] Classics S. 67.
[8] Zumindest nach der Ansicht *Nußbaums,* S. 110.
[9] Classics S. 102.

baresken ab, wie Nußbaum meint[10]; denn Kapitel XXII behandelt überhaupt nicht die Barbaresken.

Es dürfte feststehen, daß Gentili eine Völkerrechtspersönlichkeit der Barbaresken ablehnte[11].

3. Bynkershoek[12]

Waren Gentilis Äußerungen zu den Barbaresken durch konkrete Fälle ausgelöst, was ihnen den Charakter des Zufälligen, ja sogar Willkürlichen gab, so ist Bynkershoeks Erörterung über die Barbaresken weit systematischer. In seinen „Quaestionum Juris Publici libri Duo" lautet das 17. Kapitel im 1. Buch[13]:

„De Piratica, et an Barbari in Africa sint piratae".

Sein Ansatz ergibt sich aus der einleitenden Fragestellung:

„Es ist von Bedeutung zu wissen, welche Personen als See- oder Straßenräuber gelten, da das von ihnen geraubte Gut nicht den Eigentümer wechselt und daher auch nicht den Regeln über das Postliminium unterliegt."[14]

Bynkershoek versteht unter Postliminium, daß die in einer Auseinandersetzung zwischen Staaten genommenen Sachen rechtmäßig den Eigentümer wechseln und nur unter bestimmten Voraussetzungen dem ursprünglichen Eigentümer wieder zufallen. Entscheidend war, daß das Institut nur dann galt, wenn zwei Staaten miteinander kämpften. Wurden die Sachen von Räubern genommen, so blieben sie im Eigentum des ursprünglichen Eigentümers, der von jedem späteren Erwerber die Herausgabe verlangen konnte.

Als Piraten definiert Bynkershoek: „Wer ohne staatliche Ermächtigung auf dem Meere bzw. auf dem Lande raubt, wird als Pirat bzw. als Räuber bezeichnet."[15] Bynkershoek wendet sich dann verschiedenen Einzelproblemen im Hinblick auf die Erteilung von Kaperbriefen zu (S. 122/123), um hiernach fortzufahren: „Wenn aber Alberico

---

[10] S. 110.

[11] So wurde er später auch immer verstanden.

[12] Gleicher Ansicht wie *Bynkershoek* soll schon in der 1. Hälfte des 17. Jahrhunderts Sir Leoline Jenkins gewesen sein, der als Richter von Wales berühmt wurde. Trotz der Durchsicht von sieben seiner Werke konnte ich keine entsprechende Äußerung finden. Ähnlich verhält es sich mit *Molloy* (de jure maritimo S. 33, § 4), der die Barbaresken als Staaten angesehen hat, die sich der Oberhoheit der Pforte entzogen haben (vgl. *Bishop* S. 211 und *Twiss* § 62). Das Werk von *Molloy* war mir nicht zugänglich.

[13] S. 121 (Text von 1737 nach Classics).

[14] Interest scire, qui piratae ac latrones sint, nam ab his capta dominium non mutant, neque adeo postliminio egent, S. 121.

[15] Qui autem nullius Principis auctoritate, sive mari, sive terra, rapiunt, piratarum praedonumque vocabulo intelleguntur, S. 122.

Gentili und andere die sogenannten Barbaresken in Afrika zu den Piraten zählen und einen Eigentumswechsel bei ihrer Beute verneinen, so kann dem aus keinem vernünftigen Grunde gefolgt werden."[16]

Die Barbaresken seien keine Piraten, „sondern Staaten, die ein umgrenztes Staatsgebiet besitzen, worin sie Staatsgewalt ausüben, und mit denen bald Frieden, bald Krieg herrscht, nicht anders als mit anderen Völkern, weswegen sie den übrigen Staaten rechtlich gleichgestellt werden müssen"[17].

Das zeige sich daran, daß die europäischen Staaten, unter ihnen auch die holländischen Generalstaaten, wiederholt mit den Barbaresken Verträge abgeschlossen haben.

Dann bringt Bynkershoek die Definition des „iustus hostis" nach Cicero.

Bynkershoek wendet dann diese Definition auf die Barbaresken an und kommt zu dem Ergebnis, daß die Barbaresken alle Anforderungen erfüllen. „Sie besitzen sogar eine gewisse Achtung für Bündnisse und Friedensverträge, wie sie die übrigen Staaten zu haben pflegen, die doch meistens auf ihren eigenen Vorteil bedachter sind als auf die Einhaltung von Verträgen."[18] Ein völliges Einhalten von Verträgen könne man nicht verlangen, denn auch die anderen Staaten würden sich nicht so verhalten.

Bynkershoek sichert das gewonnene Ergebnis dann noch durch einen Hinweis auf Huber ab, indem er ausführt, „daß sie sogar dann den Namen und die Rechtsstellung eines Staates nicht verlören, wenn sie das Recht nicht in dem gleichen Maße wie die anderen beachteten"[19].

Zum Beleg seiner Auffassung führt er weiter an, daß Gesandte[20] zu den Barbaresken geschickt und daß die von ihnen gefangenen Europäer sogar von Staats wegen aus der Sklaverei ausgelöst würden. Er weist noch auf den besonderen Fall hin, daß am 15. Juli 1664 die Generalstaaten ein englisches Schiff, das sie den Algeriern entrissen hatten, ohne Gegenleistung an die englischen Eigentümer auslieferten. Das habe aber darauf beruht, daß die Algerier das Schiff

---

[16] Quod autem Albericus Gentilis aliique eos, qui Barbari in Africa vocantur, jure / piratarum censent, et eorum occupatione dominium mutari negant, nulla ratione defendi poterit, S. 123/124.

[17] Sed Civitates, quae certam sedem, atque ibi Imperium habent, et quibuscum nunc pax est, nunc bellum, non secus ac cum aliis Gentibus, quique propterea ceterorum Principum jure esse videntur, S. 124.

[18] Habent etiam rationem aliquam pacis et foederis, ut solent habere reliquae Gentes, sui commodi, quam foederum plerumque studiosiores, S. 124.

[19] Quin si vel injustius agant, propterea tamen Civitatis nomen et jus non amittere recte, S. 124.

[20] Auf die Bedeutung des Gesandtenrechts bei der Ausbildung der Vorstellungen über die Völkerrechtspersönlichkeit wurde schon hingewiesen. S. o. S. 50.

widerrechtlich während des Friedens genommen hatten und daß deshalb kein Eigentumswechsel eingetreten sei[21].

Bynkershoek geht bei seiner Beurteilung der Barbaresken demnach von einem *Begriff des Staates* in seiner Eigenschaft als oberster Kriegsherr aus.

Danach bringt er Merkmale, die eine *Anerkennung* durch die anderen Staaten belegen, wie Vertragsabschluß, Gesandtenaustausch und offizielle Auslösung von Sklaven. Nach einem Hinweis darauf, daß sie dem Grundsatz „pacta sunt servanda" eine gewisse Achtung zollen, steht für ihn fest, daß die Barbaresken volle Völkerrechtspersönlichkeit besitzen und daher Mitglieder der Völkerrechtsgemeinschaft sind.

Der von ihnen betriebene Seeraub geschieht nach seiner Ansicht daher mit staatlicher Ermächtigung, so daß er als Kaperei anzusehen ist.

4. Vattel

Unklar ist Vattels Haltung den Barbaresken gegenüber. Im Zusammenhang mit der Frage, welchen Anteil ein Staat an den Handlungen seiner Bürger haben kann[22], legt er dar, daß der Staat für die Handlungen seiner Bürger einstehen muß[23]. Erweist sich der Staat als unfähig, rechtswidrige Handlungen seiner Untertanen gegen Angehörige anderer Staaten zu unterbinden, so dürfen diese Staaten gegen den Staat und seine Untertanen vorgehen[24].

Dann heißt es:

„Mit nicht geringerer Berechtigung dürfen sich die christlichen Nationen gegen die Barbaresken-Staaten zusammenschließen und diese Schlupfwinkel der Seeräuber zerstören."[25]

Aus allem muß geschlossen werden, daß Vattel den Barbaresken Staatscharakter zuspricht, zugleich aber die Aktionen der europäischen Staaten gegen sie als rechtmäßig betrachtet.

5. Georg Friedrich von Martens

In seinem „Précis", der zuerst 1789[26] erschien, erwähnt[27] Martens, daß europäische Staaten durch Verträge Handelsvorteile an den

---

[21] S. 125.

[22] Vgl. die Überschrift des Kapitel VI von Buch II.

[23] Vgl. § 78.

[24] Vgl. hierzu auch die Darstellung *Bartolus* über die Repressalie, s. o. S. 41.

[25] Deutsche Übersetzung von *Euler,* Klassiker des Völkerrechts III, S. 220.

[26] Deutsche Ausgabe 1796: Einleitung in das positive Europäische Völkerrecht.

[27] S. 394, ähnlich auch in: Versuch über Caper S. 44 Anm. n).

Küsten Afrikas erhalten haben. Diese Feststellung bezieht sich wohl auf die Barbareskenstaaten.

Zwar hatte Martens, was schon in dem Titel „Précis du droit des gens moderne de l'Europe" zum Ausdruck kommt, in Fortführung der Gedanken Mosers[28] das Völkerrecht als Recht auf Europa beschränkt[29].

Alexandrowicz[30] hat für Ost-Indien darauf hingewiesen, daß das Interesse von Martens in seinen Vertragssammlungen weit über den europäischen Bereich hinausging. Gleiches können wir für die Barbareskenstaaten feststellen: Auch ihre Verträge hat Martens weitgehend im „Recueil" berücksichtigt.

Alexandrowicz hat aus den Widersprüchen bei Martens gefolgert[31], „that he considered the de facto existing Asian[32] Powers as being endowed with de jure status within the law of nations irrespective of their formal recognition by European States. It could not have been otherwise as they had, since the sixteenth century, been treaty making entities (as acknowledged by Martens)."

Dieser wohlbegründeten Ansicht Alexandrowicz's können wir uns für die Barbaresken anschließen. So erhält dann auch die Erwähnung[33] der Handelsverträge mit Nordafrika ihren Sinn.

6. Hegewisch

Hegewisch geht bei seiner Erläuterung der Frage: „Ist es recht, daß wir die Algerier, Tunetaner und Tripoletaner Seeräuber nennen?" davon aus, daß diese Frage sich von selbst beantworte, wenn der wahre Ursprung des immerwährenden Krieges der Barbaresken wider die Christen untersucht worden sei[34].

Hierzu führt er aus[35], daß dieser Krieg ein den Barbaresken „abgerungener Verteidigungskrieg"[36] sei. Portugal und Spanien hätten aus rein selbstsüchtigen Motiven und ohne Veranlassung seitens der nordafrikanischen Staaten[37] deren Länder besetzt und sie so in die Arme der Türken getrieben. Durch die Verleihung Maltas an die

---

[28] Vgl. *Nußbaum* S. 201.

[29] Precis S. 58/59, wo in der Ausgabe von 1864 hinzugesetzt ist, daß die Vereinigten Staaten von Nordamerika und größtenteils die südamerikanischen Staaten, ja sogar in einem gewissen Umfange die Türkei, daran teilhätten.

[30] Introduction S. 158 ff.

[31] Introduction S. 162.

[32] Entsprechend wäre hier statt „Asian" — „Barbary" zu lesen.

[33] Precis S. 394.

[34] S. 18.

[35] Vgl. vor allem S. 26 ff.

[36] S. 22.

[37] Vgl. aber o. S. 3.

Johanniter mit dem Auftrag, beständig gegen die Barbaresken Krieg zu führen[38], sei der Krieg immer aufrecht erhalten worden, der wegen des engen Zusammenhalts der christlichen Nationen[39] sich schließlich als Kaper gegen alle Christen als „öffentliche" Feinde[40] richtete.

Zwar leuchtet nicht ein, wie Hegewisch den Staatscharakter der Barbaresken daraus ableiten will, daß sie angegriffen wurden[41], sein Beitrag ist jedoch ein informatives Spiegelbild der zeitgenössischen Diskussion. So bezieht er entschieden Stellung gegen Raynal[42], der die Barbaresken als bloße Seeräuber bezeichnet hatte.

7. Sir W. Scott (später: Lord Stowell) in:

The Helena

Ähnlich oft wie die Ausführungen Bynkershoeks wurden auch die Darlegungen[43] von Scott in dem Fall des Schiffes The Helena (1801) später zitiert[44].

Der Entscheidung lag folgender Sachverhalt zugrunde: Ein englisches Schiff — The Helena — war von einem algerischen Kaper genommen worden[45]. In Algier wurde es zur Prise erklärt und vom Dey an einen spanischen Kaufmann aus Minorka veräußert. Dieser verkaufte es weiter an einen Kaufmann aus London. Als das Schiff in den Hafen von London einlief, machte der ursprüngliche englische Eigentümer sein Eigentum geltend.

Das Gericht, „The High Court of Admirality", wies ihn jedoch ab.

Kernfrage war, ob durch die Wegnahme seitens der Algerier das Eigentum des Klägers untergegangen war oder ob es, da die Wegnahme als ein Akt von Piraten anzusehen war, weiterbestehen blieb. Die Beantwortung dieser Frage hing davon ab, ob die Algerier mit staatlicher Ermächtigung handelten[46].

Das Urteil führt aus, daß „many years ago" die Barbaresken nicht als Staaten galten, „but they have long acquired the character of

---

[38] S. 21.

[39] S. 23.

[40] Wohl in der Bedeutung von iustus hostis, S. 24.

[41] Vielleicht sieht er in dem Angriff eine Anerkennung als gleichberechtigter Partner.

[42] S. 25, 30.

[43] Text bei *Bishop* S. 211.

[44] Vgl. *Dahm* I, S. 80 Anm. 20; *Eagleton* S. 112 Anm. 59; *Fenwick* S. 137 Anm. 10; *Hyde* S. 770; *Twiss* § 61 S. 82; *Wheaton,* Elements § 37 S. 49.

[45] Leider fehlt jede Jahresangabe, so daß nicht festgestellt werden kann, ob zwischen Algier und England beim Zeitpunkt der Wegnahme Krieg oder Frieden herrschte.

[46] Schon 1615 war dem marokkanischen Gesandten Samuel Pelagii von englischen Gerichten bestätigt worden, daß sein Seeraub keine spolatio sed legalis captio war; vgl. „The King against Marsh" British International Law Cases Band 3, S. 768; London 1965.

established governments, with whom we have regular treaties, acknowledging and confirming to them the relations of legal states."

Das Gericht nimmt dann noch zu der Frage Stellung, wie weit sich unterschiedliche Rechtsvorstellungen auswirken. Seine Ausführungen hierzu sollen wegen der besonderen Bedeutung im Zusammenhang zitiert werden: „Although their notions of justice, to be observed between nations, differ from those which we entertain, we do not, on that account, venture to call in question their public acts. As to the mode of confiscation, which may have taken place on this vessel, whether by formal sentence or not, we must presume it was done regularly in their way, and according to the established custom of that part of the world. That the act of capture and condemnation was not a mere private act of depredation, is evident from this circumstance, that the Dey himself appears to have been the owner of the capturing vessel; at least he intervenes to guarantee the transfer of the ship in question to the Spanish purchaser. There might perhaps be cause of confiscation, according to their notions, for some infringement of the regulations of treaty; as it is by the law of treaty only that these nations hold themselves bound, conceiving that there is no other law of nations, but that which is derived from positive compact and convention."

Besondere Beachtung verdient, daß Scott zwischen den jeweiligen internen Rechtsvorstellungen und dem zwischen Staaten mit verschiedenen Grundlagen zu beachtendem Recht, welches sich nur im Rahmen der Verträge manifestiert, unterscheidet. Es überrascht dann, daß er nicht näher auf dieses Vertragsrecht eingeht.

8. Nau

In seinen „Grundsätzen des Völkerseerechts" erwähnt Nau auch die Barbaresken. Er führt eine Reihe von Verträgen auf[47] und zitiert für die Frage: Gehören die Staaten von Nordafrika zu den Seeräubern? Gentili und Bynkershoek als gegensätzliche Meinungen[48]. Seine eigene Ansicht wird aber nicht erkennbar.

9. Herrmann

In seinem Buch: „Über die Seeräuberei im Mittelmeer" beschäftigt sich Herrmann mit der Frage: „Sind durchgreifende Maßregeln gegen die Barbaresken gerecht?"[49]

Wie Hegewisch so vermittelt auch Herrmann ein gutes Bild der allgemeinen Diskussion um die Barbaresken. Dies gilt vor allem des-

[47] S. 166 ff.

[48] S. 174 ff.

[49] S. 343—358, französisch unter dem Titel: Appel... vgl. Literaturverzeichnis.

halb, weil sich Herrmann eingehend mit allen Ansichten auseinandersetzt.

Für Herrmann selbst sind die Barbaresken „Völker ohne Ehre" mit einem „Hang zur Seeräuberei", wo die Regierung „diese schimpfliche Erwerbsquelle mit den Privatpersonen theilt"[50].

Diese Tatsachen widerlegen nach Herrmann die Ansicht, die Barbaresken seien „Völker, die ihre nationalen Zwecke verfolgen, und den Begriff der Menschheit, welche sie darstellen, möglichst auszuprägen suchen"[51]. Wie die mittelamerikanischen Flibustier hätten sich die Barbaresken nur zum Raube zusammengetan, weshalb sie nichts als Piraten seien. Als islamische Staaten seien sie „Feinde der Menschheit"[52], die nicht geduldet werden könnten. Alle friedlichen Versuche, „in diesen stumpfen Seelen Dankbarkeit, Liebe, Treue, Achtung gegen Menschenrechte einzuflößen"[53], seien vergeblich gewesen. Die Verträge hätten sie nur zu ihrem eigenen Vorteil genutzt. Daher sei die „Vertilgung der Seeräuber notwendig"[54]. Die Tränen der Opfer[55], die Ehre der Tribut zahlenden Staaten[56], der Welthandel[57] und der „Bildungstrieb der Menschheit"[58] mache sie zur Pflicht, daß das Mittelmeer den Völkern Europas gehöre. Dieser Krieg sei „ein gerechter, ein heiliger Krieg"[59]. „Dem Blute, für diese Sache versprüzt, entkeimen Palmen der Unsterblichkeit, und die Völker, welche es opferten, wohnen in Ehre und Segen."

Daß Herrmann die Meinung vieler ausdrückte, zeigt Kreyssing in seiner Rede an die Stifter des „Antipiratischen Vereins zu Hamburg", wo deutsche Vereinsgläubigkeit die Beseitigung der Barbaresken erstrebte[60].

Aber nicht nur Deutsche bemühten sich um die Vertilgung der Barbaresken. Vor allen anderen ist hier das Wirken des Engländers Sidney Smith zu nennen[61].

---

[50] S. 345.
[51] S. 344.
[52] S. 347.
[53] S. 349.
[54] S. 350.
[55] S. 350.
[56] S. 351.
[57] S. 352.
[58] S. 354.
[59] S. 355.
[60] *Kreyssing* S. 157 ff.
[61] Vgl. *Plantet,* Deys S. LXX ff. Sidney *Smith* veröffentlichte 1814 in Turin einen Aufsatz (Memoire sur la necessité et les moyens de faire...), der Herrmann weitgehend als Vorbild diente.
Auf die Initiative von *Smith* geht es zurück, daß die Frage der Barbaresken auf dem Wiener Kongreß verhandelt wurde.

Wesentliches Merkmal aller dieser Meinungen ist es, daß sie die europäischen Staaten auf Grund ihrer kulturellen Überlegenheit zur Vernichtung der Barbaresken für berechtigt hielten.

10. Klüber

Klüber, der das „droit des gens moderne de l'Europe" darstellt, erwähnt an drei Stellen die Barbaresken.

In § 116[62] teilt er mit, daß in den Verträgen der europäischen Staaten mit der Pforte und den „Etats barbaresques" Geschenke an diese vereinbart wurden. In § 178[63] verweist er „sur les ambassades mendiantes des Barbaresques" auf Schlötzers Angaben und in § 285[64] erwähnt er bei der Erörterung der Regel, daß innerhalb der Hoheitsgewässer Schutz vor Kaper besteht[65], auch, daß derartige Vereinbarungen mit den Barbaresken getroffen wurden.

Diese sehr knappen Angaben lassen jedoch erkennen, daß Klüber zumindest in einem gewissen Umfang eine Völkerrechtspersönlichkeit der Barbaresken annimmt, weil sie mittels Verträgen an der Völkerrechtserzeugung teilgenommen haben.

11. Wheaton

In seinen „Elements of International Law" führt Wheaton aus[66], daß tributpflichtige Staaten in ihrer Souveränität nicht beeinträchtigt würden, wenn die Tributzahlung ihre Handlungsfreiheit nicht beeinträchtige. Hierbei weist er auf die Zahlungen der europäischen Staaten an die Barbaresken hin.

Das Verhältnis der Barbaresken zur Pforte sei „very anomalous". Zwar bestehe zeitweise eine Unterordnung, was aber nicht verhindere, daß die Barbaresken als unabhängige Staaten von den europäischen Staaten anerkannt würden. Zwar habe man sie früher als Piraten betrachtet, inzwischen seien sie aber vollberechtigte Mitglieder der Völkergemeinschaft geworden.

Auch in seiner „Histoire" erwähnt Wheaton kurz die Barbaresken[67]: „La Barbarie . . . doivent plutôt être regardés comme des états vassaux que commes des provinces soumises."

Sieht man beide Stellen zusammen, so wird man Wheaton dahingehend verstehen müssen, daß er trotz der Bezeichnung Vasallenstaaten die Barbaresken als voll handlungsfähige Völkerrechtssubjekte angesehen hat. Diese Auslegung wird bestätigt, dadurch, daß sich Wheaton zum Belege seiner Ansicht auf Bynkershoek und auf „The Helena" beruft.

---

[62] S. 148.
[63] S. 234 Anm. a).
[64] S. 360 Anm. b).
[65] Vgl. oben S. 135.
[66] § 37 — S. 48 f.
[67] Band 2, S. 239/240 — § 28.

12. Twiss

Umfangreicher sind die Äußerungen Sir Travers Twiss' in seinem Buch „Le droit des gens ou des nations", wo — soweit ersichtlich — zum erstenmal in der völkerrechtlichen Literatur ein eigenes Kapitel den Verhältnissen des osmanischen Reiches gewidmet ist[68]. In § 64[69] kommt Twiss auf die Niederlassungen der Pforte an der Barbaresken-küste zu sprechen:

Algier, Tunis und Tripolis. Er beschreibt kurz die Geschichte der Barbaresken[70]. In § 65[71] vertritt er den Standpunkt, daß die Konsule in den Städten der Barbaresken nicht bei diesen, sondern bei der Pforte akkreditiert seien, da das Recht zur Einrichtung von Konsulaten in den Barbareskenstaaten den europäischen Staaten[72] von der Pforte eingeräumt wurde. Zwar ist diese Beobachtung richtig, aber weder finden sich nach 1680[73] solche Vereinbarungen mit der Pforte noch besagt die bloße Gewährung durch die Pforte etwas über die tatsächlichen Verhältnisse aus[74].

Gerade die besonderen Verträge mit den Barbaresken sprechen dafür, daß das Zugeständnis seitens der Pforte nur ein ohnmächtiger Versuch war, die Wirklichkeit in Übereinstimmung mit ihren Wünschen zu bringen. Entscheidend kam es doch immer darauf an, ob die Barbaresken bereit waren, der Einrichtung eines Konsulates zuzustimmen.

Twiss zitiert dann auch die Ansichten Molloys, um abschließend[75] festzustellen, daß die Barbaresken „de-jure"-Untertanen der Pforte gewesen seien. Zwar hätte diese keinen Einfluß auf die Besetzung der Ämter ausüben können, jeder neue Regent habe sich aber sein Amt von der Pforte bestätigen lassen. Auch hätten sie ein Kontingent zur Armee des Sultans beigesteuert.

13. Ortolan

In seinen „Règles internationales et Diplomatie de la mer" berührt Ortolan auch die Barbaresken[76].

---

[68] § 61 ff., S. 81 ff. und § 264 S. 433 ff.

[69] S. 87.

[70] S. 87 bis S. 90, wobei er die Wendung „comme de vrais repais de pirates, ursurpent le caractère de corps politiques", S. 87, benutzt.

[71] S. 90.

[72] Er verweist auf die Capitulation mit England vom September 1675 (vgl. *Noradounghian* I, S. 159).

[73] Capitulation mit Holland, *Noradounghian* I, S. 174 (Art. 17).

[74] Aus einem französischen Schreiben aus dem Jahre 1795 geht eindeutig die Akkreditierung beim Dey von Algier hervor, *Plantet,* Deys, II, S. 453.

[75] § 65 S. 91.

[76] Buch II, S. 224 —226.

Ihre Aktionen, so meint er, waren gegen jedes Völkerrecht. Dennoch hätten sich die europäischen Staaten dazu herablassen müssen, mit diesen Räubern Verträge zu schließen. Dank des Eingreifens Frankreichs sei nun endlich Frieden eingetreten.

14. Cauchy

Im geschichtlichen Teil seines Buches berührt Cauchy im Zusammenhang mit Maßnahmen, die gegen Piraten unternommen wurden, auch die Barbaresken[77].

Er wirft die Frage auf, ob eine Vereinigung von Piraten den Namen eines „peuple" verdienen können. Dies führt ihn im Anschluß an Grotius[78] zur Unterscheidung einer zeitweiligen Vereinigung zur Begehung von Verbrechen von den organisierten Völkern, die entgegen „la morale du genre humain" handeln, wie als beschämendes Beispiel die Barbaresken. Solche „monstruosités sociales" hätten aber keinen langen Bestand[79]. Die verletzten Völker würden früher oder später Rache an ihnen nehmen[80].

15. Bluntschli

Wieweit die Vorstellung vom gerechten Kriege, in dem nur ein Staat als gerechter Feind, als Kriegs-Feind, auftreten kann, nachwirken, zeigt Bluntschlis Formulierung[81]: „Piraten sind niemals Kriegspartei, auch wenn sie als Kriegsmacht organisiert sind."

Er fügt hinzu, daß gegen sie nicht Krieg geführt, sondern Strafgerichtsbarkeit mit kriegerischen Mitteln ausgeübt wird. Die italienischen Briganti und die Flibustier rechnet er zu solchen Piraten.

„Dagegen wird ein Staat, welcher seinen Einwohnern Seeräuberei verstattet, wie . . . die afrikanischen Raubstaaten, trotzdem zur Kriegspartei, wenn er Krieg führt. Die einzelne völkerrechtswidrige Handlungsweise zerstört nicht den Rechtscharakter eines Staates, wenn sie gleich seine Ehre befleckt."

16. Friedrich von Martens

In § 61 seines Völkerrechtslehrbuches[82] bespricht Martens die Barbaresken, wozu er Algier, Tripolis und Tunis rechnet.

Sein besonderes Interesse findet die Frage, ob die Barbaresken selbständige oder abhängige Staaten waren. Er stellt fest, daß die

---

[77] Band I, S. 154.

[78] De jure belli ac pacis Buch 3, Kap. 3, § 2.

[79] a. a. O. S. 155.

[80] Cauchy erwähnt noch die Frage der Rechtmäßigkeit eines Krieges gegen sie, vgl. *Grotius,* De jure belli Buch 2, Kap. 20 § 40 und *Wolff,* Jus gentium § 637.

[81] Nr. 513.

[82] S. 258.

Beys von Tunis zwar ihre Selbständigkeit zu wahren wußten[83], aber dennoch die „Suzerainetät des Sultans nicht in Abrede" stellten und ihm sogar einen Tribut entrichteten, „den sie allerdings als freiwillige Darbringung bezeichneten"[84]. Auch die europäischen Staaten hätten dieses Abhängigkeitsverhältnis anerkannt, indem sie sich an die Pforte gehalten hätten[85], die den Geschädigten auch Ausgleich gezahlt hätte. Das „de-jure"-Vasallenverhältnis dürfe man nicht in Zweifel ziehen. Ausdrücklich wendet er sich gegen die französische Auffassung, daß Tunis als selbständiger Staat ohne Einflußnahme der Pforte zum Abschluß des Bardo-Vertrages von 1881, befugt gewesen sei[86]. Später[87] bezeichnet Martens Tunis als halbsouveränen Staat seit 1881. In diesem Zusammenhang erwähnt er die Barbaresken vor 1830 noch einmal, so daß wohl geschlossen werden kann, daß er die Barbaresken auch für diese Zeit als halbsouverän ansieht. Auch eine weitere Erwähnung der Barbaresken im Zusammenhang mit dem Sklavenhandel[88] bringt keine Klarheit.

17. von Holtzendorff

Im Handbuch[89] wird die Frage gestellt, ob Tunis selbständig war. „Einerseits beanspruchte der Sultan oberlehnsrechtliche Befugnisse", wie Investiturrecht und Tributzahlungen, „andererseits ignorierte er auswärtige Angriffe, denen die Barbaresken von Zeit zu Zeit ausgesetzt waren". Erst 1881 sei durch den Bardo-Vertrag Klarheit geschaffen worden.

18. von Liszt

Zweimal erwähnt von Liszt in seinem Lehrbuch die Barbaresken. Zunächst[90] weist er auf die Konsulargerichtsbarkeit in den „sog. Barbareskenstaaten". Weiter[91] stellt er fest, daß „der staatlich autorisierte Seeraub der nordafrikanischen Barbareskenstaaten Marokko, Algier, Tunis und Tripolis" seit 1830 verschwunden sei.

19. Schlikker

In seiner Dissertation „Über die völkerrechtliche Lehre der Piraterie" berührt Schlikker auch kurz die Barbaresken[92].

---

[83] S. 258.

[84] S. 259.

[85] Er weist auf zwei Vorgänge hin (1791 und 1826), vgl. hierzu auch S. 287.

[86] Vgl. hierüber *Holtzendorff* II, S. 115 Anm. 8 (S. 117) und die Dissertation von *Meier*.

[87] S. 287.

[88] S. 328.

[89] Band 2, S. 114/115.

[90] S. 211.

[91] S. 299.

[92] S. 42/43.

Zu den Merkmalen der Piraterie rechnet er, daß sie ohne staatliche Autorisation vorgenommen wird. Er fragt dann, ob eine Ermächtigung des Staates als solche gegen das Völkerrecht verstoßen könne[93]. Die von den Barbaresken ihren Untertanen erteilten Ermächtigungen seien nicht „mit den Grundsätzen des Völkerrechts . . . der zivilisierten Nationen . . . in Einklang zu bringen“[94]. Allerdings gelte das Völkerrecht nicht, „da diese nicht zur Völkerrechtsgemeinschaft rechneten“[94].

20. Montmorency

Unter dem vielversprechenden Titel „The Barbary States in international law“ findet sich in den Transactions der Grotius Society ein Beitrag von Montmorency.

Eigentlicher Zweck dieser Ausführungen ist es jedoch, die deutsche U-Boot-Kriegsführung im 1. Weltkrieg mit dem Verhalten der Barbaresken gleichzusetzen.

Zu diesen trägt Montmorency vor, sie hätten mit Unterstützung der Pforte das Mittelmeer beherrscht. „And no one hesitated to call it piracy.“[95] Er setzt hinzu, daß „these Barbary pirates . . . agents of well organised States“ waren. Er vertritt den Standpunkt, daß Piraterie nicht durch staatliche Ermächtigung rechtmäßig werde[96], sondern immer gegen das Völkerrecht verstoße, so daß Piraten in jedem Fall als „hostes humani generis“[97] anzusehen seien.

Die Barbaresken könnten daher auch nicht „as belonging to family of nations“[97] angesehen werden.

Montmorency erwähnt[98], daß die europäischen Staaten verschiedentlich Verträge mit den Barbaresken geschlossen haben, und die Aktion Lord Exmouths in Verfolg der Ziele des Wiener Kongresses[99].

Sein abschließendes Urteil ist, daß die Barbaresken „the most insolent federation for crime in history“[100] gewesen seien, bevor die Deutschen den unbeschränkten U-Boot-Krieg erklärten. Dennoch hätten die europäischen Staaten die Verbrechen der Barbaresken geduldet, sie als „international equals“[100] behandelt und Verträge mit ihnen abgeschlossen.

---

[93] S. 41/42.
[94] S. 42.
[95] S. 87.
[96] S. 88, wo er sich gegen *Jenkins, Bynkershoek* und *Hall* wendet.
[97] S. 88.
[98] S. 89—92.
[99] S. 92.
[100] S. 93.

21. Hyde

Hyde[101] stellt fest, daß Piraten keine Autorität besitzen, die von Staaten zu achten wäre. Selbst ein Auftrag eines Staates könne nicht ihre international-rechtliche Illegalität aufheben. Hierzu merkt[102] er unter Hinweis auf „The Helena“ an:

„At the close of the 18th century the Barbary powers had by no means abandoned their regular depredations under official authority on merchant vessels generally.“

Hyde wendet sich dagegen zu sagen, „a state cannot be piratical“. Für ihn waren die Barbaresken Piraten, obgleich sie mit staatlichem Auftrag handelten[103].

22. Eagleton

Die gleiche Ansicht wie Hyde vertritt auch Eagleton, wenn er sagt[103]: „It is not the absence of authorization which renders them pirates, for a state may engage in piracy.“ Auch er verweist hierfür auf „The Helena“. Nach Eagleton liegt Piraterie immer dann vor, wenn mehr private als politische Ziele verfolgt werden.

23. Fenwick

Fenwick meint[104], daß die Zulassung nicht-christlicher Staaten zur europäischen Völkerrechtsgemeinschaft Schwierigkeiten gemacht habe. Die Entscheidung hierüber sei von den Großmächten nach der Möglichkeit der Befolgung von völkerrechtlichen Pflichten getroffen worden.

„The Barbary Pirates, while given some degree of official recognition of their legal personality during the eighteenth and early nineteenth century by conclusion of treaties with them, failed to improve their conduct sufficiently to be admitted into the family of nations before they lost their personality altogether.“

Auch er weist auf „The Helena“ hin[105].

24. Verdroß

Im Kapitel der Völkerrechtsgeschichte[107] seines Lehrbuchs wird erwähnt[108], daß die Pforte ihre Statthalter in Nordafrika angewiesen

---

[101] S. 770.

[102] S. 770 Anm. 15.

[103] S. 112, Anm. 59.

[104] S. 137.

[105] Anm. 10 S. 137: eine bemerkenswerte Entscheidung.

[106] Nach Art. 14—16 der Genfer Konvention über die Hohe See vom 29. 4. 1958 (UNTS Band 450, S. 82) kann ein Staatsschiff (government ship) keine Piraterie begehen.

[107] In der 5. Auflage von *Verosta* verfaßt.

[108] S. 65.

habe, mit Kaperei gegen die spanische Schiffahrt vorzugehen. Die lokalen Machthaber hätten sich bald selbständig gemacht, „als Barbareskenstaaten Seeraub in großem Stil" betrieben und zahlreiche Verträge mit europäischen Staaten abschlossen. Verdroß selbst führt Tunis als Beispiel für den Fall an, daß in einem zusammengesetzten Staat ein Staatsteil gegen den Willen des Gesamtstaates seine Kompetenz zu selbständigen auswärtigen Beziehungen erweitert und in diesem Bereich von dritten Staaten als partielles Völkerrechtssubjekt anerkannt wird[109].

25. *Reibstein*

Reibstein teilt nur mit[110], daß die Barbaresken Seeraub von Staats wegen betrieben und gegen Geld und Waffenlieferung bereit waren, hierauf zu verzichten. Die Verträge, die mit ihnen deswegen geschlossen wurden, wären „von ihnen im allgemeinen strikt eingehalten"[111] worden.

26. *Dahm*

Dahm vermerkt[112], daß schon lange vor der förmlichen Aufnahme der Türkei in die europäische Staatengemeinschaft 1856 die islamischen Staaten „in gewissen Grenzen" als Völkerrechtssubjekte anerkannt wurden. So seien die Barbaresken schon von Bynkershoek als echte Staaten geschildert worden. Dahm verweist dann auf Wheaton und „The Helena".

27. *Wörterbuch des Völkerrechts*

In der ersten Auflage hatte Pröbster[113] Tunesien als unabhängig durch selbständige Vertragsschlüsse, als abhängig in Belehnungen und Freitagsgebet sowie in der militärischen Unterstützung der Pforte gesehen.

Heilborn[114] meinte, das Verhältnis zwischen der Türkei und Tunis vor 1881 sei „nie recht klargestellt" gewesen.

Auch die zweite Auflage bekundet nur ihr Interesse an den Beziehungen der Barbaresken zur Pforte, ohne auf die Völkerrechtspersönlichkeit einzugehen. Freudenberg[115] stellt fest, daß die türkische Herrschaft immer mehr an Effektivität verloren habe, so daß Tunis seit dem 17. Jahrhundert als selbständiger Staat anzusehen sei.

---

[109] S. 195/186.
[110] Völkerrecht I, S. 447.
[111] a. a. O. S. 448.
[112] Völkerrecht I, S. 80 Anm. 20.
[113] Band 3, S. 1096.
[114] Band 3, S. 1098.
[115] Band 2, S. 460.

28. Bedjaoui

Bedjaoui erörtert[116] die Frage der Völkerrechtspersönlichkeit Algiers an Hand der Gesichtspunkte des Staatsgebietes, des Staatsvolkes, der Organisation der öffentlichen Gewalt, der Unabhängigkeit und der Teilnahme am zwischenstaatlichen Verkehr. Diese „politico-juridiques"-Normen der Gegenwart (S. 18) wendet er auf Algier an, wenn auch seiner Absicht nach nicht in voller Strenge, und gelangt so zu einer Bejahung der Völkerrechtspersönlichkeit Algiers vor 1830.

Hervorzuheben ist, daß er die Oberhoheit des Khalifen ebenfalls[117] nur als „moralisches Band" (S. 20) versteht und Algier folglich als unabhängigen Staat begreift. Bemerkenswert ist seine These, Algier hätte über alle anderen Staaten „un droit prééminent de police en Méditerrané" (S. 20) ausgeübt. Er läßt jedoch offen, worauf sich ein solches Recht gründete und worin es sich äußerte.

29. Truyol y Serra

Truyol y Serra sagt über die Barbaresken, sie seien "théoriquement vassaux de la Porte, mais devenus en fait indépendants". Er berichtet dann über Bynkershoek, Gentili und andere und weist auf die Tatsache der wiederholten Vertragsschlüsse hin[118].

30. von Glahn

Von Glahn weist darauf hin, daß nicht nur die Pforte, sondern auch die Barbaresken Capitulationen vergeben haben, in denen den Europäern gewisse Privilegien eingeräumt wurden[119].

31. Seidl-Hohenveldern

(Greytown-Fall)

In seinem Völkerrechtslehrbuch fügt[120] Seidl-Hohenveldern der Betrachtung der verschiedenen Elemente des Staates die Bemerkung an, daß auch beim Vorliegen aller übrigen Elemente ein Staat nicht gegeben sei, wenn die Vereinigung völkerrechtswidrige Zwecke verfolge, wie im 18. Jahrhundert gewisse Piratenstaaten im Karibischen Meer.

Es fragt sich, ob diese Ausführungen auch auf die Barbaresken bezogen werden müssen, da auch sie wiederholt als Piratenstaaten bezeichnet wurden.

Die Ansicht, daß selbst beim Vorliegen aller Merkmale eines Staates ein rechtswidriger Staatszweck die Gemeinschaft der Menschen

[116] S. 18 ff.

[117] Siehe oben S. 68.

[118] L'expansion S. 129 f.

[119] S. 301/302.

[120] Randziffer 453.

nicht zum Staat werden lasse, findet sich schon bei Augustinus. Wie er den Krieg mit dem Recht verband[121], so wurde für ihn auch der Staat nur durch das Recht gerechtfertigt. Staaten ohne Gerechtigkeit seien nichts anderes als große Räuberbanden[122]. Augustinus wendet die Staatsdefinition Ciceros[123] auf die Räuberbanden an, indem er feststellt, daß

1. es sich um eine Mengenmenge handle,
2. sie von der Macht eines Herrschers geführt,
3. ein Gesellschaftsvertrag (pactum societatis) vorhanden sei und
4. die Beute nach einem „Gesetz" verteilt werde.

Dieses Vorgehen soll diejenigen Staatslehren bloßstellen, die nicht den Staatszweck der Rechtsverwirklichung mit in die Staatsdefinition einbeziehen.

Bei Grotius begegnen wir der gleichen Argumentation wieder[124]. Der amerikanische Präsident Pierce benutzte 1854 ähnliche Argumente, um das Vorgehen Amerikas gegen die nicaraguische Stadt Greytown zu rechtfertigen[125].

Greytown (auch: San Juan del Norte), an der heutigen Grenze zwischen Nicaragua und Costarica an der Mosquito-Küste gelegen, hatte von den örtlichen Machthabern die Selbständigkeit verliehen erhalten. Die aus vielen Nationen zusammengewürfelten etwa 300 Einwohner dieser Stadt hatten der amerikanischen Accessory Transit Company ein Stück ihres Gebietes, die Punta Arena, abgetreten. Im Februar 1853 forderte der Stadtrat die Räumung der Punta Arena und den Abbruch der dort errichteten Gebäude, weil öffentliche Interessen dies erforderten. Auf Grund dieser Forderung entwickelten sich Streitigkeiten, in die im Mai 1854 auch der amerikanische Staatsminister für Zentralamerika, Borland, zufällig verwickelt wurde. Borland konnte für eine Nacht sein Haus nicht verlassen und wurde von einer aufgebrachten Menge leicht verletzt.

Die amerikanische Regierung entsandte daraufhin das Kriegsschiff „Cyane" nach Greytown, das, als keine Genugtuung zu erhalten war, am 13. Juli 1854 die Stadt völlig zerstörte. Präsident Pierce rechtfertigte dieses Vorgehen im wesentlichen damit, daß die Gemeinschaft von Greytown nicht so organisiert gewesen sei, daß sie überhaupt als Träger von völkerrechtlichen Pflichten in Erscheinung treten

---

[121] Vgl. o. S. 36.

[122] De civitate Dei, lib. IV, 4: Remota ... iustitia quid sint regna nisi magna latrocinia?

[123] De republica I, 39: Est igitur res publica coetus multitudinis iuris consensu et utilitatis comminione sociatus.

[124] De jure belli Buch 3, Kap. 3 § 2.

[125] Vgl. die Dokumente und ausführliche Darstellung bei *Moore* Band 7, S. 112—116, 346—354 und die Erwähnung bei *Hyde* S. 1659/1660; vgl. auch ähnliche Vorstellungen, wenn Jefferson Virginia als „Barbary of the Union" bezeichnete, vgl. *Sumner* S. 11.

konnte. Sie sei daher ein Hort von Piraten gewesen, gegen die die USA mit Gewalt hätten vorgehen dürfen[126].

Es zeigt sich, daß im Falle von Greytown die Verhältnisse sich erheblich von denen der Barbaresken unterschieden:

Es sind keine Verträge mit Greytown geschlossen worden, so daß man nicht von einer irgendwie gearteten Anerkennung sprechen kann. Die Organisation scheint tatsächlich so lose gewesen zu sein, daß man überhaupt nicht von einer organisierten Form einer menschlichen Gemeinschaft sprechen konnte. Außerdem muß Greytown dem europäischen Völkerrecht zugerechnet werden, so daß auch die europäischen Normen voll Anwendung finden.

Insgesamt erweist sich demnach der Vergleich mit Greytown — wie auch mit anderen karibischen Piratenstaaten — als für die Barbaresken unergiebig. Das Argument, ein völkerrechtswidriger Staatszweck verhindere die Entstehung eines Staates, kann für den Völkerrechtstyp des Zwischen-Ordnungen-Rechts nicht gelten, denn wir haben das Fehlen gemeinsamer Wertvorstellungen, nach denen sich die Völkerrechtswidrigkeit bestimmen ließe, als das Charakteristikum dieses Völkerrechtstyps herausgearbeitet.

II. Abschnitt: Zusammenfassung und eigene Stellungnahme

Eine zusammenfassende Betrachtung der mitgeteilten Meinungen zu den Barbareskenstaaten zeigt, daß hauptsächlich drei Problemkreise erörtert wurden.

1. Das Verhältnis der Barbareskenstaaten zur Pforte

Soweit sich die Autoren mit dieser Frage beschäftigen, stoßen sie sehr schnell auf den Widerstreit von formeller Abhängigkeit und tatsächlicher Selbständigkeit. Es steht in der Tat völlig außer Zweifel, daß die Barbaresken die Majestätsrechte dem osmanischen Sultan vorbehielten[127] und daß ihre Herrscher von der Pforte in ihrer Stellung bestätigt wurden[128]. Ebenso eindeutig ist, daß die Pforte keinen Einfluß auf die Politik und die Besetzung der Ämter seit ungefähr 1620 nehmen konnte.

Dieses unklare Verhältnis zur Pforte fand seinen Niederschlag auch darin, wie die Pforte selbst in ihren Verträgen und Firmanen[129] die Barbaresken behandelte.

---

[126] *Moore* S. 353.

[127] Vgl. z. B. den Anhang zu *Frank* S. 215 ff., wo die tunesischen Münzen abgebildet sind, die alle auf den Namen des jeweiligen osmanischen Sultans lauten.

[128] Der Dey von Algier erhielt von der Pforte einen Ehrenkaftan, *Bernard* s. 54.

[129] Die Firmane gleichen Verwaltungsordnungen für die Provinzen.

In sehr vielen Capitulationen der Pforte an europäische Staaten wird auch auf die Barbaresken Bezug genommen[130]. Der Inhalt der betreffenden Artikel läßt sich dahin zusammenfassen, daß die Pforte den europäischen Staaten den Abschluß besonderer Verträge mit den Barbaresken erlaubte, daß sie sich verpflichtete, die Barbaresken zu solchen Verträgen anzuhalten oder daß einzelne Artikel auch im Hinblick auf die Barbaresken gelten sollten[131].

In dem umfangreichen Werk von Aristarchi-Bey ist nur an einer Stelle[132] das Verhältnis der Pforte zu Nordafrika erwähnt: Ein Firman an Tunis aus dem Jahre 1887 (!) ist dort abgedruckt, worin Tunis als Provinz des osmanischen Reiches bezeichnet wird. Weiter wird angeordnet, daß das Freitagsgebet in der Moschee und die Münzprägung im Namen des Sultans zu erfolgen haben, „ainsi que cela s'est toujour pratiqué".

Youngs „Corps de droit ottoman" verzeichnet nur „le vilayet de Tripoli, annexé 1835"[133].

De Testa gibt im 1. Band eine Anzahl von Verträgen wieder, die Tunis und Tripolis mit Frankreich abschlossen[134]. Er betont jedoch zugleich, daß diese Verträge die Unabhängigkeit der Barbaresken vermehrt haben. Die Pforte habe diesen Zustand anerkannt, indem sie auch formell die Erlaubnis zum Abschluß solcher Verträge erteilte.

Im Gesetzbuche der Lehen des Sultans Achmed I. (1603—1617), wie es von Tischendorf mitgeteilt wird, sind zwar die Barbaresken als Überschrift aufgeführt, nähere Angaben fehlen jedoch hierzu.

Aus allem ergibt sich eine Bestätigung der hier vertretenen These, daß die Beziehungen der islamischen Teilreiche zum Khalifen wegen des Fehlens jeglicher unmittelbarer Interventionsmöglichkeiten des Khalifen vornehmlicher religiöser Natur waren. Die Barbaresken müssen folglich als politisch unabhängige Gemeinwesen gelten.

Der Zeitpunkt der Unabhängigkeit läßt sich etwa auf das Jahr 1620 festlegen, wenngleich die Pforte erst später auch auf die Entsendung von Paschas verzichtete. Es wurde dargelegt, daß die

[130] Siehe *Noradounghian* I, S. 89, 91, 97 (Art. 19), 98 (Art. 20/21), 138 (Art. 12), 159 (Art. 47), 174 (Art. 17), 249 (Art. 11), 269 (Art. 8), 275 (Art. 17), 281/282 (Art. 11/12),313 (Art. 16), 325 (Art. 12), 348 (Art. 17), 369 (Art. 62), 374 ff.; II, S. 54 f., 67; *Wenck* I, S. 490.

[131] So heißt es z. B. in Art. 8 der Capitulation vom 22. 12. 1739 (*Noradounghian* S. 269): „In Anbetracht, daß das Königreich Schweden Verträge mit den Provinzen (Odjaks) Algier und Tunis abgeschlossen hat und sich bemüht, baldigst einen Vertrag mit den Herrschern in Tripolis zu schließen, sollen die vorgenannten westlichen Herrscher von der Hohen Pforte, da sie unter ihrer Oberhoheit stehen, auf das Schärfste angewiesen werden, diese Friedensverträge strikt einzuhalten."

[132] Band II, S. 147 f.

[133] Band I, S. 28.

[134] Band I, S. 320 ff.

Paschas, die in der Zeit zwischen 1620 und 1660 in den Barbaresken-staaten residierten, mehr die Funktionen ständiger Gesandter als die von Regenten ausübten. Es ist sicher auch kein Zufall, daß die europäischen Staaten seit etwa 1620 in eigene vertragliche Beziehungen zu den Barbareskenstaaten traten.

Es fragt sich nun, wie der Vorgang des Unabhängigwerdens rechtlich zu beurteilen ist.

Für die Zeit von 1518 bis 1620 waren die Barbaresken zweifelsfrei Provinzen des osmanischen Reiches. Nach europäischen Begriffen kann in Tripolis[135] und Tunis[136] offenbar von einer Rebellion gesprochen werden. In Algier dagegen ist zu bedenken, daß die Begründung der türkischen Oberhoheit auf einem Vertrag zwischen Khaired-Din und der Pforte beruhte, so daß die Weigerung, den Pascha der Pforte in Algier zu dulden[137], auch als Kündigung dieses Vertrages gedeutet werden kann. Da aber über Inhalt und Einzelheiten des Vertrages nichts bekannt ist, vor allem nicht, ob er überhaupt eine Kündigungsmöglichkeit vorsah, so wird man den Vorgang der Loslösung vom osmanischen Reich auch in Algier als Rebellion ansprechen können. Dies gilt jedoch nur für europäische Rechtsvorstellungen. Nach muslimischen Völkerrecht blieben die Barbaresken Untertanen des osmanischen Sultans, da sie diesem, worauf es nach islamischen Rechtsvorstellungen ja nur ankam, die Majestätsrechte vorbehielten.

Für den Rechtstypus des Zwischen-Ordnungen-Rechts entscheiden nur die tatsächlichen Verhältnisse, d. h. wie frei die Barbaresken in ihren Entschlüssen waren. Somit erklären sich die scheinbar unversöhnlich sich gegenüber stehenden Ansichten zu den Barbaresken als eine logische Folge des jeweils eingenommenen Blickwinkels der verschiedenen Rechtsordnungen.

2. *Zum Staatscharakter der Barbareskenstaaten*

Gegen den Staatscharakter der Barbareskenstaaten wurde, wie wir sahen, vorgebracht, daß die Barbareskenstaaten unzivilisierte, barbarische Völkergemeinschaften gewesen seien, die sich gegen jedes Völkerrecht verhalten hätten. Es kann hier dahinstehen, ob dieses Urteil im Vergleich zu den europäischen Verhältnissen[138] Bestand haben kann; denn es muß zunächst gefragt werden, ob sich die europäischen Staatsvorstellungen überhaupt auf die Barbaresken übertragen lassen.

---

135 Siehe oben S. 31.

136 Im Jahre 1590, siehe oben S. 22 ff.

137 Vgl. oben S. 15.

138 Es sei als Beispiel auf den Malteserorden hingewiesen, der, was schon oft betont wurde (vgl. z. B. *Bernard* S. 56), nichts anderes als die Barbaresken betrieb: Seeraub von Staatswegen gegen Andersgläubige.

Der Versuch Bedjaouis, die europäischen staatsrechtlichen Begriffe auf die Barbaresken anzuwenden, macht die grundlegenden Unterschiede deutlich. Daß in Nordafrika Menschen auf einem Gebiet lebten, wer wollte das bezweifeln? Ob jedoch in den Barbaresken-„staaten" wirkliche Staatsgewalt ausgeübt wurde, erscheint fraglich. So fehlt z. B. den Barbaresken das Gesetzgebungsrecht — wie allen islamischen Staaten. Auch findet sich in der europäischen Terminologie kein Begriff, der angemessen die Staatsform der Barbaresken erfassen könnte.

Wegen der konstitutiven Wirkung der Anerkennung im Völkerrechtstyp des Zwischen-Ordnungen-Rechts kann jedoch die Frage nach der Staatlichkeit auf sich beruhen. Für die Völkerrechtspersönlichkeit ist sie in diesem Rechtstyp unerheblich.

3. Der Seeraub der Barbaresken

Die vor allem bei den amerikanischen Autoren anzutreffenden Erörterungen darüber, ob auch der staatlich betriebene Seeraub Piraterie ist, verkennen die Rechtslage vor der Pariser Seerechts-Deklaration von 1856. Bis zu diesem Zeitpunkt war es im europäischen Rechtskreis erlaubt, daß ein Staat Privaten Kaperbriefe erteilte. Es wäre nun aber doch verfehlt, diese Gedanken auf die Barbaresken zu übertragen, wie Schlikker vorschlägt, wenn er meint, die Frage, ob die Barbaresken Kaperei oder Piraterie betrieben haben, sei danach zu entscheiden, ob die Barbaresken wirkliche Staaten gewesen seien.

Die Vorstellung vom Staate als dem alleinigen Kriegsherrn, der sein Kriegsführungsrecht ausnahmsweise auch Privaten übertragen kann, ist die Frucht der speziellen europäischen Entwicklung am Ende des Mittelalters und beruht auf den Gedanken vom bellum-iustum, wie oben gezeigt wurde. Dem Islam ist eine solche Entwicklung, die das Kriegsführungsrecht als Vorrecht des Staates verstand, fremd geblieben. Zwar ist die Führung des djihad eine der vornehmsten Pflichten des Imam. Daneben bleiben aber alle Muslimen zum Kampf gegen die Ungläubigen aufgerufen, wie dargelegt wurde. So ist der islamischen Geschichte das Privatkriegertum in vielen Erscheinungsformen bekannt[139]. Daß der Seeraub der Barbaresken in den Rahmen des djihad einzuordnen ist, ergibt sich aus der von vielen als besonders verwerflich hervorgehobenen Tatsache, daß die Regenten der Barbaresken, wenn man so will: die Staaten, zu $^1/_5$ am Erlös der „Raubzüge" beteiligt waren. Daß der djihad — vor allem durch die Teilnahme vieler Renegaten — seinen religiösen Sinn vielfach verlor und zu einem „guerre de rapine"[140] absank, kann wegen der engen

[139] Siehe z. B. *Noth* S. 61 ff. und den Artikel „ghazi" in der Encyclopaedia of Islam Band II, S. 1043 ff.

[140] *Bernard* S. 55 f.

Verknüpfung der verschiedenen Motive im djihad nicht zu einer anderen Beurteilung führen.

Der Annahme, Algier hätte im Mittelmeer polizeiliche Befugnisse besessen, fehlt jede Grundlage. Sie könnte allenfalls darauf gestützt werden, daß nach den Verträgen Algier das Recht zur Paßkontrolle eingeräumt war. Dieses Recht stand aber in gleicher Weise allen anderen Barbaresken und den europäischen Kriegsschiffen zu, so daß man mit gleicher Berechtigung behaupten kann, daß auch diese „un droit prééminent de police" besessen haben.

Ergebnis:

1. Die Barbaresken waren nicht Mitglieder der abendländisch-christlichen Völkerrechtsgemeinschaft.

Eine Annäherung hieran bahnte sich seit 1816 zwar an, als die Barbaresken allmählich Seeraub und Sklaverei aufgaben, bevor es jedoch zu einer dauerhaften Eingliederung kam, verloren die Barbaresken ihre Selbständigkeit.

2. Die dennoch vorhandenen vielfältigen Beziehungen zwischen den europäischen und den Barbareskenstaaten bildeten ein eigenes Völkerrecht, das in Teil III dieser Arbeit in den Grundzügen beschrieben wurde und das dem Völkerrechtstyp des Zwischen-Ordnungen-Rechts zuzurechnen ist. In diesem Völkerrecht waren die Barbaresken Völkerrechtspersönlichkeiten.

3. Fragt man danach, was die vorliegende Untersuchung für unsere Zeit Wertvolles vermitteln kann[141], so ist darauf hinzuweisen, daß beim Zusammentreffen zweier ideologischer Ordnungen Völkerrecht nur im Rahmen der geschlossenen Verträge, die ihrerseits einen Mindestbestand von gemeinsamen Wertungen voraussetzen, besteht und daß nur die Anerkennung über die Subjekte dieses Völkerrechts entscheidet.

---

[141] *Seidl-Hohenveldern,* Völkerrecht Randziffer 52.

Kolibri 360 GmbH
Ferdinand-Jühlke-Straße 7
99095 Erfurt, Deutschland
produktsicherheit@kolibri360.de